당신이 **길**입니다

# 당신이 ─── 길 입니다

친절한 화두 명상 지침서

달마 김준영 지음

민족사

# 당신이 길입니다

초판 1쇄 인쇄 | 2025년 4월 15일
초판 1쇄 발행 | 2025년 4월 21일

지은이 | 김준영

펴낸이 | 윤재승   펴낸곳 | 민족사

주간 | 사기순

기획편집 | 정영주   기획홍보 | 윤효진   영업관리 | 김세정

출판등록 | 1980년 5월 9일 제1-149호
주소 | 서울 종로구 삼봉로 81 두산위브파빌리온 1131호
전화 | 02)732-2403, 2404   팩스 | 02)739-7565
홈페이지 | www.minjoksa.org
페이스북 | www.facebook.com/minjoksa
이메일 | minjoksabook@naver.com

ⓒ 김준영, 2025
ISBN 979-11-6869-085-1 (03220)

※책값은 뒤표지에 있습니다. 잘못된 책은 바꿔 드립니다.
※저작권법에 의하여 보호를 받는 저작물이므로 무단으로 복사,
　전재하거나 변형하여 사용할 수 없습니다.

이번 생의 내가
다음 생의 나에게 주는
궁극의 선물
선禪

## 머리말

이 책은 경북 봉화 축서사(鷲棲寺)에서 선을 전하고 계시는 금곡무여(金谷無如) 스님의 권유로 쓰게 되었습니다. 스님은 제 스승이십니다. 오래전 스님을 뵙고부터 거칠고 조잡했던 저의 공부가 많이 참신해졌음을 느낍니다.

스님께서는 집필의 기준을 이렇게 주셨습니다.

불자만이 아니라 모든 분이 읽을만하고, 중학생 정도만 돼도 이해할 수 있어야 하며, 참선을 처음 접하는 분들에게 실질적으로 도움이 되어야 한다!

전에도 책 쓰기를 권유하신 적이 두어 번 있었지만, 선뜻 실행에 옮기지 못했습니다. 이번에도 꽤 오랫동안 고민했습니다. 그러다가 문득 제 서원(誓願)이 떠올랐습니다. 이 서원은 어느 날부터인가 자연스럽게 생긴 것인데 '우주라는 공간에 고통받는 생명이 하나라도 있다면 나 또한 계속 태어나 그 생명의 행복을 돕겠다!'라는 보살의 서원입니다. 이 서원을 떠올리자 자연스럽게 이런 생각이 들었습니다.

'다음 생에서도 나는 분명 참선을 할 것이다. 그때 선의 길라잡이가 있다면 얼마나 좋을까. 일단 다음 생의 나를 가르치는 마음으로 쓰자!'

보살의 서원이 지금의 제게는 감당하기 버겁지만 당장 책을 쓸만한 동기로는 충분했습니다. 쓰는 과정에서 제 공부나 필력의 한계를 많이 느끼기도 했지만, 처음 참선을 접하고 이해하고 수행하는 데 이 정도면 되겠다는 생각도 듭니다.

이 책은 선의 이론서가 아닙니다. 실천 안내서입니다. 이론은 선을 정확하게 이해하고 수행하는 데 꼭 필요한 만큼만 썼습니다. 반면 실제 수행 부분은 지나치다 싶을 만큼 자세하게 쓰려고 노력했습니다. 처음 선을 수행할 때부터 화두를 해결할 때까지의 과정을 총 6단계로 나누었습니다. 그리고 각 단계별로 수행의 포인트, 마음의 상태와 의미, 다음 단계로 가기 위한 수행 방법 등을 자세하게 설명했습니다.

본래 선의 전통에서는 이처럼 단계를 두지는 않습니다. 그런데 제 경험에 따르면, 단계를 나누어 설명했을 때 처음 선을 접하는 분들이 훨씬 이해가 빠르고 여유로운 수행이 된다는 생각이 들었습니다. 만약 누군가 이 안내에 따라 선을 수행해서 확고한 믿음이 생길 만큼의 체험이 일어난다면, 그때는 이 책의 내용은 모두 버려도 될 것입니다.

선의 체험은 수행자의 성격이나 선호하는 것에 따라 다양하게 일어납니다. 다양한 체험은 때에 따라 수행자를 속이기도 합니다. 작은 체험은 작게 속이고 큰 체험은 크게 속입니다. 아쉽게도 이런 것을 직접적으로 책에 담지는 못했습니다. 그런 체험들은 매우 역동적이어서 참선의 현장에서만 확인되는 경우가 대부분이기 때문입니다. 그렇지만 이 책의 내용을 잘 살펴본다면 수행을 방해하거나 왜곡시키는 경험과 생각에서 벗어날 수 있는 분명한 길을 찾게 될 것입니다.

축서사에서는 지금도 매월 세 번째 토요일에는 어김없이 무박 이일 참선 법회가 열립니다. 토요일 저녁에 스님의 법문을 시작으로 일요일 새벽까지 철야 정진을 합니다. 일요일 아침에 다시 스님을 모시고 궁금한 것을 직접 여쭙고 가르침을 받습니다. 이것은 단순해 보이지만 수행에 매우 도움이 되는 법회입니다. 코로나 팬데믹 기간을 제외하고는 20년이 넘도록 이어지고 있습니다.

이 법회에서는 초심자(初心者)를 위한 교육이 별도로 진행됩니다. 처음 참선에 입문하는 분, 아직 선에 대한 이해가 깊지 않은 분, 선 수행에 대한 확신이 생기지 않는 분, 종교를 가지고 있지 않거나 이웃 종교를 믿는 분 등 매번 다양한 분들이 참석하십니다.

저는 이 법회의 '초심자반'에서 17년째 선에 대한 안내를 해 오고 있습니다. 처음에는 모든 면에서 어설프고 겉돌던 분들이 점차 선의 가르침을 흡수하면서 향기 나는 수행자가 되어가는 것을 지켜봤습니다. 축서사라는 공간과 시간, 스님의 가르침, 수행하는 도반(道伴)들까지 모든 게 늘 진정으로 고맙습니다.

지금까지 참으로 많은 분들과 선을 통해 만나왔습니다. 제가 선을 안내한다고는 하지만 또 다른 면에서 이분들은 순간순간 제 스승이 되어 주셨습니다. 선을 수행하는 동기가 무엇인지, 무엇을 힘들어하는지, 어떤 것을 자주 오해하는지, 무엇을 하면 안 되는지 등 그분들과 경험을 나누면서 저 또한 많이 배울 수 있었습니다. 이러한 숱한 경험을 이 책에 온전히 담으려고 노력했습니다.

선은 지금 '나에게 없는 행복'을 찾아 나서는 것이 아닙니다. 역설적이게도 지금 있는 그 자리, 지금 경험하는 괴로움, '지금 존재하는 그대로가 행복'임을 깨닫고 확인하기 위해서 하는 것입니다. 선의 행복은 추상적인 개념이 아닙니다. 삶의 매 순간에 실재하는 지복(至福)입니다. 선에서의 깨달음은 목표이기도 하지만 철저한 과정의 결과이기도 합니다. 설령 깨달음까지 도달하지 못한다 해도 과정 과정마다 반드시 그에 상응하는 보람과 가치를 줍니다.

선은 누구에게나 열려 있습니다. 그냥 선택하면 됩니다. 선은 어렵지 않습니다. 어려워서 못하는 것이 아니라 선택하지 않아서 못하는 것입니다. 선에는 옛날과 지금이 없습니다. 늘 지금입니다. 선의 전통은 2천 년이 넘지만, 그 가르침은 늘 '지금 이 순간'을 가리키고 있습니다. 이 책을 통해 단 한 사람이라도 선의 지혜와 행복을 온전히 경험할 수 있다면, 그것이 곧 저의 더없는 행복입니다.

흔쾌히 '나한 미소'라는 작품의 사진을 제공해 주신 최규영 작가님과 참선 자세의 그림을 그려주신 안지수님께 감사드립니다. 전국의 사찰에서 선을 전하시는 모든 스님들께 감사드립니다. 도시에서 선이나 명상을 통해 이웃의 행복을 돕고 계시는 많은 재가수행자들께도 감사드립니다.

이 책을 쓰면서 저 또한 선에 대한 모든 것을 재점검하게 되었습니다. 이처럼 소중한 계기를 만들어 주신 스승님께 삼배를 드립니다.

이제 글을 마무리하면서 하나의 서원을 더해 봅니다. 이 책을 읽고 선을 수행하시는 분은 물론, 우연히 제목만 읽게 되는 분들까지도
  결국에는 선의 지혜와 행복이 꽃피우기를…
  언젠가는 자기 존재에 대한 깨달음이 일어나기를…

2025년 3월

달마 김준영

목차

- 머리말 ··· 006

선禪 ··· 015

괴로움 ··· 019

수행修行의 문 ··· 027

선禪의 문 ··· 047

- 문 앞에서 ··· 048
- 제1문 : 지식이 아닌 체험 ··· 050
- 제2문 : 직지인심 ··· 058
- 제3문 : 공안, 화두 ··· 082
- 제4문 : 조사선, 간화선 ··· 086
- 제5문 : 선 수행과 업장 소멸 ··· 090
- 제6문 : 선 수행의 공덕 ··· 096

## 공안公案의 세계 ··· 099

- 공안이란? ··· 100
- 깨달음에 대한 온전한 가르침 ··· 101
- 완전성을 가리키는 손가락 ··· 102
- 자비심으로 지은 깨달음에 드는 문 ··· 103
- 일생일대의 문제 ··· 104

## 수행의 로드맵 ··· 107

- 자기의 완전성에 온전하게 귀의하는 마음 ··· 109
- 오래도록 포기하지 않는 마음 ··· 109
- 공안의 결택 ··· 110

## 준비할 것들 ··· 113

- 공안의 결택 : 조주의 개 ··· 114
- 공안문 작성 ··· 122
- 스승을 찾을 것 ··· 123

## 예비수행 ··· 125

- 조주무자 공안과 인연을 깊게 하기 ··· 126
- 수식관 ··· 128
- 수식관 방법 ··· 130

- 묻고 답하기 〈예비수행〉 … 136
- 체크 포인트 〈예비수행〉 … 149

## 간화선看話禪, 그 깨달음의 원리 … 151

- 소염시로 선 수행의 핵심을 드러내다 … 152
- 최초의 화두 수행자는 고타마 붓다! … 156
- 도저히 전할 수 없는 것을 전하는 것이 선의 가르침 … 158

## 본수행 … 161

- 조주의 개, 무자 공안 … 162
- 참구한다는 것이 무엇일까? … 163
- 망상, 혼침, 무기와 화두 참구 … 165
- **참구 1단계** : 무색중생인 망상을 해탈시키기 … 172
- **참구 2단계** : 화두, 그 '알 수 없음'에 충분히 몰입하기 … 196
- **참구 3단계** : 수행의 본류에 들다 … 230
- **참구 4단계** : 본연의 고요함을 만난다 … 247
- **참구 5단계** : 에고는 죽고 본래 지혜가 발현된다 … 259
- **참구 6단계** : 깨달음, 보임 … 272

## 깨달음 이후, 중도中道의 삶 … 277

- 수처작주 입처개진 … 278

## 당부의 말씀　　　　　　　　　　　… 281

- 반드시 선지식을 모시고 수행할 것　　… 282
- 오늘 하루 사용법　　　　　　　　　… 282
- 노파심의 잔소리　　　　　　　　　… 285

## 맺는 말씀　　　　　　　　　　　… 289

- 선은 당신께 드리는 궁극의 선물　　… 290
- 무여 스님의 소참 법문(2024. 10. 축서사 선열당)　… 291

## 부록 : 참선의 자세　　　　　　　… 295

- 다리 갈무리 방법　　　　　　　　　… 297
  1) 결가부좌 2) 반가부좌 3) 평좌
- 수인법 : 손의 갈무리 방법　　　　　… 303
  1) 법계정인 2) 금강인
- 방석의 사용법　　　　　　　　　　… 306
- 좌선의 자세 : 칠지좌법　　　　　　… 308

# 선 禪

"노행자야!"
"예"
"지금 그 대답을 입술이 했나 마음이 했나?"
"마음이 했습니다!"
"그래? 그럼 그 대답한 마음을 내놓거라!"
"…………"
주장자로 얻어맞다.


"스님, 선이 무엇입니까?"
"이것이다!"
"무엇이 있다고 이것이라 하십니까?"
주장자로 얻어맞다.

선禪이 무엇인가요?

선이란 당신에게 본래부터 갖춰져 있는 완전성完全性을 뜻합니다. 당신뿐만 아니라 모든 생명이 가지고 있는 완전성을 포괄적으로 이르는 말입니다. 생명이 가지고 있는 궁극의 '청정淸淨한 마음'이라고도 합니다.

모든 생명이 본래 완전하다는 말인가요?

그렇습니다. 모든 생명은 그 성품이 본질적으로 완전합니다. 사람의 모양을 하고 있든 짐승이나 벌레의 모양을 하고 있든 신의 모양을 하고 있든 모든 존재의 참다운 본성은 완전성입니다. 그래서 모든 생명의 가치는 평등합니다. 이 생명의 완전성을 불성佛性, 신성神性이라고도 부릅니다.

같은 불교라고 해도 각 나라나 전통에 따라 가장 핵심이 되는 내용이 다른 것 같습니다. 선에서 가장 중시하는 가르침이 무엇인가요?

전체적으로는 다 같은 붓다의 제자이고 붓다의 가르침을 수행하는 것이지만, 시대에 따라 지역에 따라 강조하는 내용이 조금씩 다릅니다. 남방 불교에서는 사성제를, 티벳 불교에서는 이타심을 가장 강조하고 있습니다. 그렇다면 선에서 가장 중시하는 가르침은 무엇일까요? 순수한 선의 입장에서는 당신이 '본래부터 깨달아져 있는 완전한 존재'라는 것 하나만을 이야기합니다. 이것이 모든 존재에게 선이 전하는 제일의 비전입니다. 또한 모든 존재에게 전하는 궁극의 선물입니다.

당신은 이미 깨달아져 있는 존재입니다. 당신은 본래부터 완전한 존재입니다. 당신뿐만 아니라 모든 생명이 그렇습니다. 가장 궁극의 차원에서 완전하지 않은 생명은 없습니다.

완전하다는 의미가 무엇인가요?

당신은 본래 완전한 만족의 존재라는 뜻입니다. 당신은 모든 결핍으로부터 자유롭다는 뜻입니다. 당신은 모든 두려움으로부터 자유롭다는 뜻입니다. 당신은 모든 고통으로부터 자유롭다는 뜻입니다. 당신은 당신이 가지고 있는 모든 생각과 감정으로부터 자유롭다는 뜻입니다.
왜냐하면, 당신은 본래 완전한 지혜의 존재이기 때문입니다.

참선(參禪)은 무엇인가요?

참선은 당신이 모든 마음의 장애, 번뇌, 기쁨이나 슬픔, 즐거움이나 괴로움, 교만, 어리석음, 탐욕과 분노, 무기력함 등에서 벗어나 당신의 본래 모습인 완전성과 하나가 되는 것입니다.

# 괴로움

이것이 즐거움이라 할 때
저것이 괴로움이라는
그림자가 생긴다.

괴로움이라는
그림자가 있는 즐거움은
결국, 괴로움이다.

당신이 나에게 완전한 존재라고 말하지만, 나는 매 순간 갖가지 고통과 걱정 속에 있습니다. 나에게 완전한 존재라고 이야기하지만 내가 완전하다는 것을 전혀 알 수도 느낄 수도 없습니다. 그런데 어째서 나에게 완전한 존재라고 하는 것인가요?

지금 당신이 참을 수 없는 고통 속에 있다고 해도, 바다와 같은 슬픔이 있다고 해도, 온산을 태우는 불길 같은 분노 속에 있다고 해도, 그것이 당신의 온전함, 완전함을 부정할 근거는 되지 못합니다.

당신의 완전성을 부정하는 것은 비구름이 가득한 하늘에는 태양이 없다고 하는 것과 같습니다. 진정, 비가 내리는 하늘에는 태양도 없는 것인가요? 비 오는 날에도 비구름 너머에서 태양이 빛나듯 고통, 슬픔, 분노에 당신이 일그러져 가는 순간에도 그 너머에서 당신의 완전성은 빛나고 있습니다. 그 너머에서 완전한 고요함으로 괴로워할 수 있게, 슬퍼할 수 있게, 분노할 수 있게 비춰주고 있습니다.

삶에 별다른 어려움이 없고, 순간순간 내가 바라던 것이 차례대로 이루어질 때 나는 기쁨과 즐거움을 느낍니다. 회사와 가정에서도 무탈한 시간을 보낼 때, 문득 행복함을 느끼기도 합니다. 이것이 나의 완전성을 느끼는 것인가요?

바라는 것이 모두 이루어지고, 회사에서도 성취감을 느끼고, 가정에서도 근심 걱정이 없어서 기쁨과 즐거움, 행복을 느끼는 것이 당신이 본래 갖추고 있는 완전성을 인정하는 근거가 되지는 않습니다. 근심 걱정이 비구름이라면, 바라는 것이 이루어져 느끼는 기쁨, 즐거움, 행복은 흰 구름과 같습니다.

당신이 기쁨, 즐거움, 행복에 젖어 있을 때도, 그 너머에서 당신의 완전성은 빛나고 있습니다. 그 너머에서 완전한 고요함으로, 당신이 기뻐할 수 있게, 즐거워할 수 있게, 행복을 느낄 수 있게 비춰주고 있습니다.

일상에서 바라는 것들이 뜻대로 이루어지고 별 탈 없이 편안하고 행복한 것도 나의 완전성을 느끼는 것이 아니라고요?

그렇습니다.

어려울 때 고통과 근심 걱정이 나의 완전성이 아니라는 것은 알겠는데, 바라는 대로 일이 잘 풀려서 기쁘고 편안하고 행복한 것 또한 완전성이 아니라는 것은 이해가 안 됩니다.

무엇인가 어렵고 힘들 때 일어나는 괴로움도, 그것이 해결됐을 때 일어나는 기쁨도 당신에게 갖춰져 있는 완전성의 근거가 아닙니다. 왜냐하면, 바라는 대로 되지 않아서 일어나는 괴로움도 바라는 대로 되어서 느끼는 기쁨이나 행복도 조건에 따라 겪게 되는 괴로움이고 행복이기 때문입니다.

이렇게 조건에 따라 일어나는 괴로움이나 기쁨은 완선한 것이 아닙니다. 그래서 영원하지 않습니다. 완전성은 모든 조건을 초월한 상태입니다. 완전성은 괴로움과 기쁨도 초월합니다. 완전성은 모든 상대적 조건과 개념 이전의 '순수한 존재 상태'를 의미합니다.

나는 괴로움을 좋아하지도, 바라지도 않습니다. 그렇지만 고통과 괴로움이 수시로 찾아옵니다.

괴로움은 왜 일어나는 것인가요?

당신의 본질은 온전하고 완전하지만, 현재 당신이 인식하는 자기의 모습은 완전하지 못합니다. 둘 사이에는 매우 큰 격차가 있습니다. 그 격차의 크기만큼 당신은 갖가지 괴로움을 겪어야 합니다. 현재의 당신이 완전성에서 멀어질수록 당신은 더 많은 괴로움, 더 깊은 고통, 더 큰 불안과 두려움을 느끼게 됩니다.

당신의 완전성과 현재의 당신 사이에는 애석하게도 두터운 어리석음이 자리하고 있습니다. 이 어리석음이 당신의 완전성을 깜깜하게 가려 버립니다. 그래서 완전성과 분리되어 인식할 수 없게 됩니다. 어리석음이 하는 일은 당신의 모든 인식 작용을 왜곡시키는 것입니다. 진실에 대한 인식을 왜곡시켜 수많은 가짜 진실을 만들어 냅니다.

당신은 이렇게 만들어진 가짜 진실을 참이라고 믿고 가짜 진실 위에서 또 수많은 삶의 기준과 관념과 신념을 형성합니다. 이렇게 형성된 신념의 본질이 진실한 것일까요?

진실과는 아무 관계가 없습니다. 그런데 당신은 이렇게 형성된 신념을 기준으로 모든 걸 판단합니다. 기준에 부합하면 좋다고 하고 부합하지 않으면 배척합니다. 시간이 더해질수록 잘못된 신념은 더욱 공고해집니다. 당신은 이 잘못된 신념에 점점 집착하게 됩니다.

이러한 일련의 작용은 당신을 타인과 고립시키기도 하고 동시에 크고 작은 수많은 괴로움을 지어냅니다. 급기야 당신은 어리석음과 잘못된 신념의 노예가 됩니다. 가짜 진실의 노예가 됩니다. 집착으로 인해 욕망의 노예가 됩니다. 완전성과 더욱더 멀어지게 됩니다.

괴로움은 당신이 당신의 완전성을 보지 못하는 것에서 시작됩니다. 괴로움만 괴로움이 아니고 즐거움도 괴로움이고, 기쁨도 괴로움이고,

사랑도 괴로움이고, 행복도 괴로움이 됩니다. 보는 대로, 듣는 대로, 맛보는 대로 괴로움이 됩니다. 살면서 경험하는 모든 게 그대로 괴로움이 됩니다.

고통의 경험이 괴로움이 되는 것은 당연하겠지요. 그런데 기쁨, 즐거움, 행복의 경험까지도 괴로움이라고 하는 것은 이해하기 어렵습니다.

당신이 지닌 완전성을 알지 못하고 그 완전성과 분리된 상태로 있는 한, 당신이 경험하는 모든 건 괴로움일 수밖에 없습니다. 완전성과 분리된 삶은 매 순간 어리석음의 지배를 받게 됩니다. 어리석음의 영향에서 벗어날 수가 없습니다. 왜 그럴까요?

어리석음이 당신의 마음에 함께 자리하고 있기 때문입니다. 당신이 당신의 마음에서 벗어날 수 있을까요? 누구든 자기 마음에서 벗어날 수는 없습니다. 그래서 마음에 자리 잡고 있는 어리석음에서도 벗어날 수 없습니다.

어리석음 때문에 당신은 욕망의 노예가 됩니다. 욕망이 충족되는 순간 당신은 잠깐의 기쁨과 행복감을 느끼게 되겠지요. 그러나 금세 더 큰 욕망이나 또 다른 욕망에 시달릴 것입니다. 그렇다면 욕망이 충족된 그 순간의 기쁨은 진정한 기쁨일까요? 아주 짧은 그 순간, 욕망이 원하는 조건에 맞은 것뿐입니다. 그 기쁨 또한 노예의 상태에서 경험하는 것이기 때문에 충만함이 결여된 가짜 기쁨에 불과합니다.

목마름을 면하기 위해 바닷물을 마시는 것과 같고, 수레를 끄는 나귀의 눈앞에 매달아 놓은 당근과 같고, 굶주린 사람이 진수성찬의 사진을 보면서 기뻐하는 것과 같습니다.

그렇다면 이 괴로움은 언제까지 계속되는 것인가요? 그 끝은 있는 것인가요?

당신이 스스로를 어리석음에 방치해 놓고 있는 한 괴로움은 끝없이 일어날 것입니다. 욕망은 순간순간 다른 모습으로 당신을 괴롭힐 것입니다. 그때마다 당신은 욕망이 충족되는 순간의 기쁨에 속을 것이고, 욕망이 충족되지 않을 때의 괴로움에 속을 것입니다. 순간순간 좋아함과 싫어함의 분별이 당신을 괴롭힐 것입니다.

그러나 당신에게 갖추어져 있는 완전성을 보는 순간이 온다면, 어리석음과 욕망을 초월하게 됩니다. 환영과 같은 가짜 기쁨과 괴로움에서 벗어나게 될 것입니다. 욕망의 속성이 무지개와 같음을 알게 될 것입니다. 어리석음의 속성 또한 무지개와 같음을 알게 될 것입니다. 더 이상 어리석음과 욕망에 속지 않게 될 것입니다. 비로소 당신을 바르게 보게 될 것입니다. 이것이 괴로움의 끝입니다. 옛 스승들은 이것을 꿈에서 깨어나는 것이라고 했습니다.

괴로움의 원인은 우리를 지배하고 있는 어리석음입니다. 이것 때문에 우리의 인식 작용은 매 순간 왜곡됩니다. 어리석음은 우리의 완전성을 깜깜하게 가리고 조건에 따라 수없는 환영을 지어냅니다. 당신의 마음에 깊이 자리하고 있는 어리석음은 조건에 따라 일어나는 수없는 환영을 진실로 믿게 만듭니다. 진실이 아닌 것을 진실이라고 믿게 만듭니다. 그리고 당신을 가짜 진실과 욕망의 노예로 부립니다.

이러한 왜곡은 참으로 교묘해서 당신이 욕망의 노예가 아닌 주인이라는 착각을 일으킵니다. 이렇게 되면 경험하는 모든 게 진실과 거리가 생깁니다. 결국, 경험하는 모든 게 기만이고 괴로움이 됩니다.

괴로움에서 벗어나고 싶으신가요? 지금 당장 어리석음에서 벗어나십시오. 지금 당장 당신의 완전성을 보고, 회복하고, 하나가 되십시오. 괴로움은 당신의 본래 모습이 아닙니다. 완전성이 당신의 본래 모습입니다.

탁한 것이 가득한 방도 창문을 열고 환기하면 맑아지듯, 탁한 물이 가득한 그릇도 가만히 내버려 두면 맑은 물이 드러나듯, 먹구름이 가득한 하늘도 구름이 걷히면 맑은 허공이 드러나듯 당신의 마음에 어리석음이 걷히면 모든 괴로움이 사라져 맑고 순수함이 드러납니다.

이것이 당신에게 본래 갖추어져 있는 완전성이고 당신의 본래 모습입니다.

종교에서 이야기하는 천국이나 극락에도 괴로움이 있습니까?

당신이 알고 있는 천국은 어떤 곳인가요? 당신이 알고 있는 극락은 어떤 곳인가요? 천국이나 극락은 어디에 있는 것인가요? 그곳에 가는 방법은 무엇인가요? 그곳에는 언제쯤 갈 수 있는 것일까요?

모르겠습니다. 다만 그곳은 괴로움이 없는 곳이라고 알고 있습니다.

괴로움이 없다는 것은 그곳의 삶이 완전하게 만족스럽다는 의미가 되겠네요. 그런데 만약에 어리석음과 욕망의 노예 상태 그대로 천국이나 극락에 간다면 그 삶은 어떨까요? 아마 그곳에서도 괴로움이 계속될 것입니다. 그렇다면 그곳을 천국이라고, 극락이라고 할 수 있을까요? 또한, 그곳은 보통 죽어서 영혼이 가는 곳으로 알려져 있습니다.

그렇다면 죽기 전에 당신의 삶은 계속 괴로움 속에 있어도 되는 것일까요? 종교에서 이야기하는 천국이나 극락보다 더 긴급하게 알고 해결해야 할 것은, 지금 당장 당신이 겪고 있는 괴로움과 그 원인입니다. 괴로움은 마음에서 일어나는 것이고 괴롭다고 느끼는 현상도 전적으로 마음에서 일어납니다. 괴로움의 원인은 스스로의 완전성을 상실하고 어리석음과 욕망의 노예로 살고 있기 때문입니다. 우리가 지금 바로 어리석음과 욕망에서 벗어난다면 괴로움 또한 해결되는 것이지요.

그렇다면 천국이나 극락은 진정 어디에 있는 것일까요? 그것은 바로 당신의 마음 안에 있습니다. 언제 갈 수 있을까요? 지금도 당장 갈 수 있습니다. 당신의 마음에 어리석음이 없어서 욕망의 지배에서 벗어난다면, 마음은 매 순간 더없이 맑고 만족스러울 것입니다. 갈망도 두려움도 혼란스러움도 없을 것입니다. 경험하는 모든 게 왜곡되지 않고 진실 그대로 인식될 것입니다. 마음이 안과 밖에 모두 활짝 열릴 것입니다. 이것이 당신의 완전성이 드러나고 빛나는 상태입니다. 이 완전성에 당신이 어떤 이름을 붙여도 좋습니다. 분명한 것은 이 완전성을 떠난 어디에도 천국이나 극락은 없다는 것입니다.

## 수행修行의 문

첫 번째는,
사마타를 수행해서 그 힘으로 위빠사나를 닦는 방법

두 번째는,
위빠사나를 수행해서 그 힘으로 사마타를 닦는 방법

세 번째는,
사마타와 위빠사나를 동시에 닦는 방법

네 번째는,
진리와 수행에 대한 바른 가르침을 통해 수행자의 마음이
순간적으로 고양高揚되어 번뇌가 멈추고 삼매에 들어가는 것.

참선參禪은
전적으로 완전성에 대한 스승의 심오한 가르침을 통해
순간적으로 깨달음에 들어가는 네 번째 방법.

당신은 집요하게 이야기하고 있습니다. 내 존재는 본래 완전해서 괴로움도 두려움도 없지만 지금의 나는 완전성과 분리되어 어리석음에 휩싸여 있고 그래서 괴로움을 겪게 된다고 말입니다. 그렇다면 어떻게 해야 어리석음과 욕망을 초월해서 나에게 갖추어져 있다는 완전성을 만날 수 있습니까? 어떻게 하면 괴로움에서 벗어날 수 있습니까?

가장 먼저 당신이 해야 할 것은 당신을 포함한 모든 생명의 본질이 완전하다는 것을 진정으로 받아들이는 것입니다. 그 사실을 온전하게 이해하는 것입니다. 노력해도 이해가 안 될 수도 있습니다. 그렇다면 그냥 그 가능성만이라도 열어두십시오.

불교에서는 당신의 완전성을 불성佛性, 자성自性, 공성空性, 선성禪性, 청정본심淸淨本心, 본래면목本來面目 등 다양하게 부르고 있습니다. 기독교에서는 영성靈性, 신성神性이라고 부르기도 하고 선악과를 먹기 이전 에덴동산에 살던 아담과 이브를 통해 설명하고 있습니다. 당신 스스로에 대한 완전성을 받아들이는 이것이야말로 가장 먼저 해야 할 가장 중요한 일입니다. 이것은 앞으로 당신이 수행해 나아갈 방향이고 종착점입니다.

내게 갖춰져 있는 완전성을 회복하게 되면 내게는 어떤 일이 일어나게 될까요?

부처님 가르침의 핵심을 전하는 반야심경般若心經에서는 완전성을 '본래부터 빛나고 있는 큰 지혜智慧'라 칭하고 이에 도달한 존재에 대해서 이렇게 설명하고 있습니다.

수행자(관자재보살)가 궁극의 지혜로 스스로를 밝게 비추어 깊은 어리석음에서 벗어났다.
이것으로 어리석음에서 비롯된 모든 관념과 편견에서 벗어나
본래의 완전성과 합일되고 비로소 모든 괴로움에서 벗어났다.

이것으로 물질과 마음의 본성을 통찰하고
눈·귀·코·혀·몸·생각으로 경험하는 모든 것이
무지개와 같고 그림자와 같다는 사실을 꿰뚫어 알았다.

어리석음이 일으키는 모호함과 혼돈에서 벗어나
모든 현상을 맑은 거울을 보듯
꿈속의 삶에서 깨어나 참된 삶을 누리듯
온갖 괴로움과 두려움에서 벗어났다

위대한 선의 스승인 임제 스님은 어리석음에서 벗어난 참된 삶을 노예에서 벗어난 주인의 삶이라고 했습니다. 어리석음에 속박된 노예의 삶에서 벗어나 주인의 삶을 살 때 그 삶은 매 순간이 참된 삶이라고 했습니다.
당신이 어리석음에서 벗어나 완전성과 하나가 된다면 당신의 삶 또한 괴로움과 두려움의 시간이 아닌 자연스럽고 자유로운 참된 삶이 될 것입니다. 괴로움이 온다 해도 괴로워하기보다는 당신의 삶을 행복하게 하는 기회로 쓰게 될 것입니다.

나의 완전성은 어디에 있습니까?

완전성이 어디에 있는가, 묻고 있는 지금의 당신이 완전성입니다. 부

처님을 비롯한 수많은 스승들이 한결같이 간절하게 가르쳐온 것입니다.
'모든 생명의 실상은 존재 그대로 완전하다!'
완전성은 과거의 이야기도 아니고, 미래의 이야기도 아니고, 천국의 이야기도 아니고, 극락의 이야기도 아니고, 지금 이 자리에 있는 당신이 지금 이 자리에서 그대로 완전하다는 것입니다.
건강하던 사람이 병에 걸리면 치료를 통해 다시 건강해지는 것처럼, 기억상실증에 걸린 사람이 자기가 누구인지 몰라 헤매다가 다시 기억을 찾는 순간 자기가 누구인지 아는 것처럼, 우리가 어리석음과 욕망에서 벗어나는 순간, 어리석음과 욕망에 허덕이던 그 자리가 그대로 완전성임을 보게 되는 것입니다.

그렇다면 어떻게 해야 지금 이대로의 내가 완전하다는 것을 알 수 있을까요? 뭔가 특별하고 분명한 방법이 있습니까?

부처님은 우리에게 네 가지의 특별하고 분명한 방법을 가르쳐 주셨습니다. 누구든 네 가지 방법 중 하나를 꾸준하게 실천한다면 스스로의 완전성을 만날 것이라고 했습니다.
부처님이 더없이 감사하고 위대한 점은 우리가 본래 완전한 존재라는 가르침과 실제로 그 완전함을 직접 체험할 수 있는 방법을 함께 전해 주신 것입니다.
"모든 생명은 예외 없이 괴로움 속에 있다. 그러나 그 괴로움은 환상일 뿐, 모든 생명의 본질은 완전하다. 누구든 뜻이 있으면 스스로의 완전성을 확인해 보라. 어리석음과 괴로움에서 벗어나는 방법은 이것이다."라고 그 방법까지 구체적으로 전해 주신 것이 참으로 뛰어나고 고마운 점입니다.

네 가지의 특별한 방법이 무엇입니까?

"앙굿따라 니까야의 「쌍경」이라는 경전에는 깨달아 완전성을 회복하는 네 가지의 수행법을 다음과 같이 밝히고 있습니다.

> 첫 번째는, 사마타를 수행해서 그 힘으로 위빠사나를 닦는 방법
> 두 번째는, 위빠사나를 수행해서 그 힘으로 사마타를 닦는 방법
> 세 번째는, 사마타와 위빠사나를 동시에 닦는 방법
> 네 번째는, 진리와 수행에 대한 바른 가르침을 통해 수행자의 마음이 순간적으로 고양高揚되어 번뇌가 멈추고 삼매에 들어가는 것.

만약 수행자가 궁극의 진리를 성취했다면 그는 이 네 가지 또는 네 가지 중 하나의 방법에 의한 것이라고 설명합니다."*

사마타의 개략적인 의미는 마음의 집중, 집중의 완성입니다. 마음을 하나의 대상에 모아가는 것입니다. 사마타를 음역해서 삼매三昧라고도 합니다. 수행자는 사마타를 통해 깊은 고요와 기쁨을 경험할 수 있습니다. 고질적인 욕망에서 벗어나 내면의 평화를 느끼게 된답니다.

위빠사나는 마음이 어떻게 움직이는지 관찰히는 것입니다. 마음이 작동하는 속성을 간파하는 것입니다. 이것을 통해 수행자는 점차 본래의 지혜를 확립하게 되고, 궁극에는 지혜의 힘으로 근본 어리석음에서 벗어나 모든 존재의 실체를 통찰하게 되는 것입니다.

----

* 무념 스님의 번역 및 가르침 참고.

마음을 무엇엔가 집중하는 이유가 무엇입니까?

우리의 마음은 이 순간에도 과거와 미래에 대한 불필요한 생각으로 가득 차 있습니다. 잠시도 고요하게 안주하지 못합니다. 무엇을 보면 보는 것에 따라 갖가지 생각을 일으킵니다. 소리가 들리면 그 소리에, 냄새를 맡으면 그 냄새에, 맛을 느끼면 그 맛에, 어떤 감각을 느끼면 그 감각에 따른 갖가지 생각을 일으킵니다. 또한 과거에 대한 기억이나 미래에 대한 기대감으로 갖가지 생각을 일으킵니다.

이처럼 마음은 잠시도 쉬지를 못합니다. 깊이 잠을 자고 있을 때조차 쉬지 못하고 분주하게 움직입니다. 이렇게 잠시도 쉬지 않는 마음의 움직임을 번뇌煩惱라고 부릅니다.

번뇌는 어리석음에 기반한 인식의 왜곡에서 일어납니다. 마음의 고요함을 온통 휘저어 놓습니다. 트라우마나 스트레스를 만들어 우리를 고통의 극단으로 끌고 가기도 합니다. 우리가 스스로의 완전성을 발견하고 하나가 되는 것을 불가능하게 만듭니다.

그런데 이 번뇌는 어리석음의 그림자일 뿐 실체가 없습니다. 어리석음도 견고한 실체가 없습니다. 결국 괴로움이란 실체 없는 '그림자의 그림자'에 속는 것입니다. 알고 보면 괴로움이란 참으로 어이없는 해프닝입니다. 그래서 이것을 꿈과 같다고 하는 것입니다.

어떻게 하면 우리가 지금 당장 '번뇌의 실체 없음'을 경험할 수 있을까요? 눈앞의 아무것에라도 마음을 집중해 보십시오. 또는 지금 들어오고 나가는 숨에 마음을 집중해 보십시오. 곧바로 마음에 흘러 다니는 생각들이 사라질 것입니다. 마음이 고요해질 것입니다.

마음은 비물질적 현상으로서 특별한 성질이 있습니다.

첫째, 한 번에 한 가지의 현상만 일어납니다. 두 개의 생각이 동시에 일어날 수 없습니다.

둘째, 무엇엔가 집중하면 즉시로 고요해집니다. 고요함이 유지되면 맑아집니다. 맑음이 유지되면 밝아집니다. 이 밝음이 집중으로부터 형성된 지혜입니다.

셋째, 마음에서 일어나는 온갖 생각이나 감정은 자각自覺하면 사라지고, 자각하지 못하면 마음을 어지럽게 합니다. 심지어는 무엇엔가 집중하는 것까지 심각하게 방해를 합니다.

그래서 마음의 집중을 연습하기 위해서는 어떤 것에 대한 집중과 동시에 이를 방해하는 모든 생각이나 감정을 자각하고 알아차려야 합니다. 이것이 익숙해질수록 마음의 집중은 더욱 선명하게 유지됩니다. 마음은 더 깊이 이완되고 휴식하게 될 것입니다.

지금 당신의 몸에 들어오고 나가는 숨을 주의 깊게 느껴보세요. 즉시로 마음은 고요해질 것입니다. 일어나는 온갖 생각들을 잘 알아차려 보세요. 숨에 대한 집중과 마음의 고요함이 계속 유지될 것입니다. 이러한 집중의 완성을 삼매三昧, 또는 사마타라고 합니다. 마음이 지극하게 고요하고 맑아서 흔들림이 없는 상태입니다.

'알아차림'의 의미는 무엇인가요? 집중과는 어떤 차이가 있는 것인가요?

'집중'과 '알아차림'에는 한 가지의 공통점과 한 가지의 차이점이 있습니다. 집중과 알아차림의 공통점은 마음을 '지금 이 순간'에 머물게 한다는 것입니다. 마음을 과거나 미래가 아닌 현재에 깨어나게 하는 것입니다. 이것은 모든 수행에서 가장 긴요한 핵심입니다.

만약 당신의 마음이 지금 여기에 머물지 않는다면 무슨 일이 일어날까요? 그때는 당신의 마음이 과거나 미래에서 헤매고 있을 것입니다.

당신은 지금 여기에 있는데 마음은 지금 여기에 깨어있지 못하고 과거가 아니면 미래에 대한 생각이나 기대감에 빠져있는 것이지요.

지금 이 순간은 당신이 태어나서 살아온 최종 결과인 동시에 당신의 삶이 새롭게 시작되는 순간입니다. 지금의 당신이 스스로 만족스럽지 못할 수도 있습니다. 그렇다 해도 지금 이 순간은 당신의 삶에서 가장 중요한 순간입니다.

지나온 삶이 후회스러울 때 그때의 시간으로 돌아갈 수는 없지만, 지금 이 순간 마음먹기에 따라 미래의 삶은 달라질 수 있습니다. 과거의 삶이 상처로 남겠지만 미래의 삶도 상처가 예정된 것은 아닙니다. 후회스러운 과거의 삶을 미래의 아름다운 삶이 되게 만들 수 있는 유일한 기회는 과거나 미래가 아닌 지금 이 순간입니다.

그런데 당신의 마음이 이 순간에 함께하지 않고 과거나 미래의 생각 속에서 헤매고 있다면 삶의 가장 중요한 시간인 '이 순간'이 당신에게는 없는 것입니다. 그런 삶은 허깨비와 같고 꿈과 같습니다. 객관적으로 아무리 성공한 모습을 하고 있다고 해도 결코 완전한 삶이라고는 할 수 없습니다. 당신의 마음이 지금, 이 순간에 깨어서 머문다는 것은 수행에서 가장 중요한 핵심이고 집중과 알아차림은 당신의 마음이 이 순간에 머물러서 밝게 깨어나도록 해 줄 것입니다.

다음은 집중과 알아차림의 차이점입니다. 집중과 알아차림의 가장 다른 점은 마주하는 대상입니다. 하나의 대상에만 마음을 두는 것을 보통 집중이라 한다면, 대상을 특정하지 않고 이 순간에 인식되는 모든 것에 마음을 열어두는 것을 알아차림이라고 합니다. 앞에서 이야기한 것처럼 집중은 여러 가지 대상 중 하나만 선택해서 지켜봅니다. 숨, 눈에 보이는 무엇, 소리, 몸의 특정 부위의 감각 등 선택할 수 있는 대상은 다양합니다. 그중 하나를 정해서 마음으로 자세하게 지켜봅니다.

물론 이때에도 마음에서 일어나는 생각과 감정을 알아차려야 합니다. 알아차리지 못하면 마음이 생각을 따라가서 대상에 대한 집중이 깨지게 됩니다. 집중 연습에서의 알아차림은 마음의 집중 상태를 보호하기 위함입니다. 집중의 힘이 강해질수록 마음은 지극히 고요하고 편안해집니다.

그럼 알아차림은 어떤 의미일까요? 들어오고 나가는 숨의 감각, 눈에 보이는 것, 들리는 소리, 몸의 감각, 마음에서 일어나는 생각, 감정 등을 모두 느끼고 알아차리는 것이지요. 알아차림은 1차적 알아차림과 2차적 알아차림으로 구분할 수 있습니다. 만약 어떤 것을 보고 있다면 보고 있음을 알아차리고, 그것을 봄으로 일어나는 마음의 움직임이 있다면 그 마음을 알아차리는 것이지요.

우리는 잠시도 쉬지 않고 눈·귀·코·입·몸을 통해서 외부의 상황을 받아들입니다. 무엇을 본다면 보기만 하는 것이 아니라 마음에서는 보이는 것에 대한 생각이나 감정이 일어납니다. 누군가를 처음 만난다고 가정해 봅시다. 그 사람을 보는 순간 당신의 마음은 매우 바빠질 것입니다. 좋은 사람, 까다로운 사람, 가까이하기 싫은 사람, 정감이 있는 사람 등 당신의 마음은 무의식적으로 과거의 유사기억까지 동원해서 그 사람에 대해 판단하고 규정할 것입니다.

여기서 중요한 점은 그 사람에 대한 당신의 이러한 판단은 전적으로 당신의 선입감에 의존한 것일 뿐 그 사람의 진정한 모습이 아니라는 것입니다. 그런데 당신이 그 사람에 대한 당신의 선입감을 알아차리지 못하면, 당신에게 그 사람은 당신의 선입감이 지시하는 대로의 그런 사람이 되어버립니다. 심각한 왜곡이 일어나는 것이지요. 이런 마음의 움직임은 불과 몇 초의 짧은 시간에 모두 일어납니다. 만약 당신이 당신의 마음의 움직임을 예리하게 알아차린다면 이런 편견과 왜곡에서 자유로워질 수 있습니다.

소리가 들릴 때, 냄새를 맡게 될 때, 맛과 감촉을 느낄 때도 마찬가지로 마음에서는 다양한 생각과 감정이 일어납니다. 이런 마음의 움직임을 선명하게 자각하는 것이 알아차림입니다. 알아차림에서는 특별한 경우가 아니라면 대상을 하나로 고정시키지 않습니다.

보는 것, 그것으로 인해서 일어나는 생각, 듣는 것, 그것으로 인해서 일어나는 생각, 냄새 맡는 것, 그것으로 인해서 일어나는 생각, 맛을 느끼는 것, 그것으로 인해서 일어나는 생각, 촉감이 느껴지는 것, 그것으로 인해서 일어나는 생각, 기억이나 생각이 일어나는 것, 그것으로 인해서 일어나는 생각 등 몸과 마음으로 이 순간에 경험하는 모든 것이 대상이 됩니다. 이 모든 것을 명료하게 알아차립니다. 이렇게 알아차리고 있다는 것까지도 알아차립니다.

지금 이 순간의 다양한 현상을 알아차리기 위해서는 마음이 어느 것 하나에 고정되어서는 안 됩니다. '나'라는 존재에 전면적으로 열려 있어야 합니다. 이때의 마음을 잘 닦여진 거울에 비유하기도 합니다. 깨끗한 거울은 앞에 다가오는 것이 무엇이든 있는 그대로 비추어 주기만 합니다. 다가올 때는 비추어 주지만 사라지면 텅 비게 됩니다.

알아차림이란 집착이 없는 마음입니다. 일어나면 일어남을, 사라지면 사라짐을 있는 그대로 알아차립니다. 사라지지 않고 머무는 것이 있다면 머물고 있음을 그대로 알아차립니다. 일어나는 현상에 집착하는 마음이 일어나면 집착의 마음이 생겨나고 있음을 알아차립니다. 일어나는 현상에 혐오감이 일어나면 혐오감이 일어나고 있음을 알아차립니다.

맑고 깨끗한 거울이 모든 것을 있는 그대로 비추어 주듯 깨어있는 마음은 모든 현상을 있는 그대로 알아차립니다. 일어나고 사라짐에 대한 집착이나 혐오감까지도 마음을 괴롭게 하는 번뇌로만 보지 않고 마음을 깨어나게 하는 알아차림의 대상으로 여깁니다.

번뇌에 대한 알아차림이 익숙하고 강해질수록 마음은 점점 모든 번뇌를 통해 더욱 깨어나게 됩니다. 번뇌는 다만 번뇌일 뿐입니다. 마음이 번뇌에 휘둘리고 물들고 어지러워지는 일은 점점 약해집니다. 모든 현상은 '무상'하고 '괴로움'이고 집착하거나 혐오할 만한 '실체가 없음'을 통찰하게 됩니다.

마음 집중을 통해 당신은 지금 이 순간 감각적 욕망과 덧없는 번뇌에서 벗어나 지극한 고요와 편안함에 머물 수 있습니다. 마음의 움직임에 대한 알아차림을 통해서는 지금 이 순간 모든 현상의 실체를 꿰뚫고 부동不動의 존재감과 지혜(완전성)를 발견할 수 있습니다.

미국의 실용주의 철학자이자 교육자인 윌리엄 제임스는 "자신의 정서 상태를 알아차리는 능력이 모든 인격의 기초이다. 이것을 기르는 것이 교육의 방향이 되어야 한다"라고 했습니다. 자신의 정서 상태를 실시간으로 알아차리는 능력을 심리학에서는 '정서지능'이라고 합니다. 이 정서지능이 높을수록 오해와 편견은 약해지고 행복감은 높아진다고 합니다. 그리고 지구에 있는 수많은 생명체 중 정서지능의 능력을 가진 존재는 사람이 유일하다고 합니다. 마음을 수행할 때 스스로를 사각하는 알아차림은 무엇보다도 중요한 요소입니다.

지금 당신은 무엇을 보고 있나요?
무엇을 듣고 있나요?
마음에서는 무슨 일이 일어나고 있나요?

이렇게 마음을 온전하게 깨어나게 해서, 일어났다 사라져가는 일체의 작용을 알아차려 가면 마음은 점차 맑고 고요한 상태에 편안하게 안주하여 흔들림이 없게 됩니다. 특정한 대상에 집중하지 않아도 은연중 부동不動의 마음이 되는 것이지요. 이것을 '대상 없는 집중'이라고 표현하기도 합니다.

마음 집중의 유지와 완성을 위해서는 대상에 대한 집중 외에도 마음의 움직임을 알아차려야 하고, 다양한 마음의 현상을 알아차리기 위해서는 현재 이 순간에 깨어있어야 가능하겠군요. 성공적인 알아차림은 마음이 지금 여기에 집중되어 있는 상태라서 특정 대상은 없지만, '지금 여기'에 마음 집중이 이루어진 것으로 이해가 됩니다.

그렇습니다. 당신이 마음 집중의 완성을 이루기 위해서는 반드시 집중을 방해하는 다양한 생각과 감정의 흐름을 알아차려야 합니다. 알아차리지 못하면 그 순간 마음은 생각을 따라가게 됩니다. 집중을 상실하는 것이지요.

또, 알아차림의 완성을 위해서는 수많은 감각작용과 마음의 움직임을 관찰하고 있는 스스로에 대한 자각이 함께 해야 합니다. 이 자각이 집중의 효과를 가져옵니다. 목적하지는 않지만 자연스럽게 이 순간에 대한 집중이 함께하는 것이지요.

집중과 알아차림은 수레의 두 바퀴와 같다고 합니다. 새의 양쪽 날개와 같다고도 비유합니다. 만약 당신이 마음 집중의 완성에 도달한다면 알아차림도 함께 수행되는 것입니다. 만약 당신이 알아차림의 완성에 도달한다면 대상이 없는 집중도 함께 수행되는 것입니다.

네 번째의 방법 즉, 진리에 대한 가르침을 통해 순간적으로 마음이 고양되어 완전성과 합일된다는 것은 어떤 의미입니까?

앞으로 우리가 이야기할 선禪이 전형적인 네 번째의 방법입니다. 선은 반드시 진리에 대한 스승의 가르침에서 출발합니다. 그 가르침에 의해 강력한 마음의 고양이 일어날 때 수행자는 매우 빠르게 깨달음에 들어갑니다.

마음의 고양高揚은 어떤 경우에 일어날까요? 무엇인가를 간절하게 원하고 있는데 그 해결 방법이나 방향을 찾지 못하고 헤매고 있을 때, 그것에 대한 결정적인 가르침을 만나는 순간 마음이 고양됩니다.

당신이 굳게 믿고 있던 신념과 전혀 다른 새로운 가르침을 접하는 순간, 또는 지금까지의 노력에 중대한 오류가 있었음을 깨닫는 순간 당신은 극심한 혼란과 함께 마음의 고양이 일어납니다. 당신이 매우 절망적인 상황에서 극도의 불안이나 우울감에 허덕이는 자신을 자각하는 순간 절망감을 잊고 강력하게 마음이 고양되는 것을 경험할 수도 있습니다.

누군가와 사소한 이야기를 하다가 과거에는 무심코 지나쳤던 어떤 것이, 마치 영감靈感처럼 떠오르면서 강력한 마음의 고양을 일으키기도 합니다. 시를 읽거나 영화를 보거나 좋은 음악을 듣나가 갑자기 마음에 큰 감동이 일어나면서 마음의 정화淨化와 고양을 경험하기도 합니다. 우연한 계기로 삶에 깊은 뉘우침이 일어날 때, 마음이 고양됩니다. 물론, 수행자에게 일어나는 마음의 고양은 진리나 존재에 관한 본질적인 문제의식이 생길 때거나, 진리에 대한 심오한 가르침을 만날 때일 것입니다.

마음이 강력하게 고양되는 순간 당신은 어떤 경험을 하게 될까요?

순간이나마 텅 빈 마음을 경험하기도 합니다. 마음이 깊고도 넓게 활짝 열리는 경험을 하기도 합니다. 지금까지 소중하게 여겨왔던 것들이 전혀 무가치하게 느껴지기도 합니다. 지금까지의 삶에 대한 뼈저린 후회가 일어날 수도 있습니다.

강력한 감동이 마음 전체를 꽉 채우는 것을 경험할 수도 있습니다. 원인 모를 열정과 에너지가 폭발하듯 일어날 수도 있습니다. 삶에 대한 관점이 완전히 바뀌는 전환점이 되기도 합니다. 평범한 일상의 의미가 전혀 새롭게 다가오기도 합니다. 평범한 일상의 이면에 흐르는 성스러움을 느낄 수도 있습니다.

만약 당신이 진리에 대한 심오한 가르침을 만나고, 그것에서 마음이 고양된다면, 당신은 저절로 그 가르침에 몰입될 것입니다. 저절로 집중이 이루어질 것입니다. 웬만한 장애나 난관은 어렵지 않게 지나갈 동기부여가 될 것입니다. 확신에 찬 열정적인 수행자가 될 것입니다.

깊은 물에 돌을 던지면, 약간의 굴절과 함께 가장 빠른 길을 찾아 바닥에 닿듯, 마음이 고양된 수행자는 매우 강력하고 신속하게 사마타 상태에 몰입됩니다. 이 몰입의 힘으로 완전성과 합일되는 것도 신속하게 진행될 것입니다. 진리나 수행에 대한 바른 가르침을 듣는 순간, 마음이 고양되어 그 자리에서 깨달음에 들어간 사례는 부처님 당시에도 여러 차례 있다고 합니다.

**사례를 들어 설명해 주시면 좋겠습니다.**

먼저 선의 전형적인 가르침을 보여주는 사례를 소개하겠습니다. 이 사례는 선의 시작이 되는 사건입니다.

### 〈마하가섭 이야기〉

어느 날, 부처님이 진리를 설하신다는 소문을 듣고, 그 자리에 출가 수행자와 일반인 등 많은 군중이 모여들었습니다. 군중들은 각자 기대감을 가지고 부처님의 가르침을 기다렸습니다. 그런데 부처님은 아무 말도 하지 않고, 다만 앞에 놓여 있던 꽃 한 송이를 들어서 군중에게 보여주셨습니다. 이것이 전부였습니다. 보석 같은 말씀을 기대하던 군중들은 단지 꽃 한 송이를 들어 보이신 부처님을 이해할 수가 없었습니다. 그런데 딱 한 사람, 마하가섭만이 부처님이 꽃을 들어 보이신 뜻을 알아채고 빙긋이 미소를 지었답니다. 이 사건을 염화미소拈華微笑, 염화시중拈華示衆이라고 부릅니다.

'부처님이 꽃을 들어 대중에게 보이니, 가섭이 알아채고 미소 지었다.' 말이 아닌 마음에서 마음으로 올곧게 진리를 전하고 받은 사건입니다. 이것은 실제 있었던 사건이 아니라는 비판이 따릅니다. 어쩌면 부처님의 권위를 빌어서 선의 특성을 설명하려는 후대의 시도일 수도 있습니다. 그렇다 해도 선의 특징을 가장 잘 이해할 수 있는 내용임은 분명합니다.

부처님이 꽃을 들어 군중에게 보인 것은 모든 생명의 본성인 완전성에 대한 온전한 가르침이었고, 이 순간 마하가섭이 모든 생명의 본성인 완전성을 온전하게 본 것입니다. 이 사건을 말로 설명하려니까 부처님이 가르침을 전하고 마하가섭이 받았다고 표현하는 것이지만, 완전성의 차원에서는 따로 주고받을 것이 없어서 단지 부처님이 가리켰고 마하가섭이 그것을 보고 확인한 것입니다.

선의 가르침에서는 지금까지 이 전통을 그대로 재현再現하기도 합니다. 스승이 법상法床(진리를 가르치는 자리)에 올라가 말없이 앞에 있는 무엇인가를 들어 보이거나, 아무 말도 하지 않거나, 크게 소리를 지르거나, 법상에 올라가지도 않고 밖으로 나가버리거나 하는 스승의 행위가 모두 부처님의 염화시중의 가르침을 재현하는 것입니다. 모르고 본다면 이해할 수도 없고 싱거운 장난처럼 보일 수도 있습니다. 그러나 선의 관점에서 본다면, 최상의 진리를 최상의 방법으로 가르치는 현장입니다.

또 하나의 사례입니다. 법구경이라는 불교의 아주 오래된 경전에 '바히야'의 이야기가 있습니다.

〈바히야 이야기〉

바히야는 상인이었습니다. 어느 날 배를 타고 장삿길에 나섰다가 그만 풍랑을 만나 배가 난파되었습니다. 바히야는 깨어진 배의 판자에 의지한 채 여러 날을 표류했습니다. 며칠 후에 바히야는 '쑷빠라까'라는 작은 마을의 바닷가에 닿게 되었습니다. 며칠을 거센 바닷물에 쓸려 다니다 보니 옷이 모두 찢겨져 벌거벗은 상태가 되어있었습니다. 파도에 떠밀려 온 낯선 마을에 바히야가 갈 곳은 없었습니다. 도움을 청할 사람도 없었습니다. 어쩔 수 없이 바히야는 망망대해에서 겨우 몸을 의지했던 판자로 벌거벗은 몸을 가리고 길거리에 앉아 구걸하게 되었습니다.

시간이 지나자 마을에 바히야에 대한 소문이 나기 시작했습니다. 벌거벗은 몸을 판자로 가린 채 수행하는 수행자가 있다는 소문이었습니다. 마을 사람들은 이 수행자를 '벌거벗은 몸을 판자로 가린 자'라는 뜻으로 '바히야'라고 불렀습니다. 바히야의 소문은 이웃 마을에까지 계속 퍼져 나갔습니다. 점점 더 많은 사람이 바히야를 찾아와 경배했습니다.

어떤 사람은 바히야에게 귀한 음식을 공양 올리기도 하고, 어떤 사람은 값비싼 옷을 공양 올리기도 했습니다. 그러나 바히야는 그 옷을 받지 않았습니다. 벗고 있는 덕분에 먹을 것도 생기고 존경도 받고 있음을 잘 알고 있었기 때문입니다.

그럴수록 사람들은 바히야를 욕심 없는 수행자로 여기며 존경하는 마음이 더욱 깊어졌습니다. 이제 바히야가 깨달은 아라한이라는 소문이 퍼지기 시작했습니다. 멀리서까지 찾아와 경배하는 사람도 계속 늘어만 갔습니다. 급기야는 바히야 자신도 스스로가 아라한이 아닐까 하는 착각에 빠집니다.

그런데, 과거 생에 바히야와 둘도 없는 친구였던 천신(天神) 대범천이 바히야의 어려움과 방황을 처음부터 가슴 아프게 지켜보고 있었습니다. 자신이 비록 대범천이라 해도 친구의 어려움에 함부로 개입할 수가 없어서 안타까운 마음으로 지켜보고 있었지만, 바히야 스스로 정말 아라한이 되었다는 착각에 빠지자, 더 이상 두고 볼 수만은 없었습니다. 급기야 친구를 어리석음에서 구하기 위해 인적이 끊어진 밤에 찾아옵니다.

"친구여, 그대는 아라한이 아니라네. 그대는 아라한이 될 만한 공덕을 쌓은 적도 없고 아라한의 자질도 갖추지 못했지 않은가."

바히야는 즉시 잘못을 깨닫고, 큰 후회와 두려움, 절망에 빠집니다. 그리고 친구에게 어찌해야 정말 아라한이 될 수 있을지 묻습니다. 대범천은 바히야에게 멀리 사왓디에 계시는 부처님을 만나라고 권합니다. 바히야는 대범천의 도움으로 부처님을 찾아갔습니다.

바히야가 사왓디에서 부처님을 만났을 때, 부처님은 제자들과 함께 수행처에서 마을로 나와 탁발을 하고 있었습니다. 몹시 흥분된 바히야는 부처님에게 진리의 가르침을 요청합니다. 부처님은 지금은 탁발 중이라고 거절하십니다. 그러나 바히야는 언제 찾아올지 모를 죽음의 두려움과 불안감에 더욱 간절하게 거듭거듭 가르침을 요청합니다. 그러자

몹시 흥분된 바히야의 상태가 진정되기를 기다리던 부처님이 길에 선 채로 다음과 같이 가르침을 전합니다.

> 바히야여!
> 볼 때는 보기만 하라.
> 들을 때는 듣기만 하라.
> 느낄 때는 느끼기만 하고
> 인식할 때 다만 인식하기만 한다면
> 언제든 내가 한다는 생각이 없을 것이다.
>
> 내가 한다는 생각이 없을 때
> 거기에는 그대가 없다.
> 거기에 그대가 없다면
> 그대에게는 이 세상도 저 세상도 없다.
> 이것이 고통의 소멸이다.

이 가르침을 듣는 순간, 바히야는 그 자리에서 깨달은 자, 아라한이 됩니다. 탁발을 마치고 수행처로 돌아온 부처님이 제자들에게 바히야가 그 자리에서 열반에 들었다고 증명해 줍니다.

바히야는 어떻게 길에서 가르침을 듣는 순간에 그렇게 빨리 아라한과에 도달할 수 있었을까요?
 가짜 아라한 노릇을 해야 했던 불안함, 심지어 스스로 아라한이 되었다고 착각까지 했었던 부끄러움, 이로 인한 두려움 등에서 벗어나고 싶다는 열망이 부처님을 만나 가르침을 듣는 순간 근본적이고 강력한 마음의 고양을 일으켰을 것입니다. 태어나 처음 들어보는 부처님의 정확한 가르침에 바히야는 신속하게 몰입되었고, 그 자리에서 열반 즉, 완전성과 합일이 된 것이지요.

바르고, 정확하고, 핵심이 되는 가르침은 수행자의 수많은 혼란과 허물을 순간적으로 제압하고 절망에서 희망을 향한 마음의 고양을 일으킵니다. 이때의 마음의 고양은 수행자를 강력한 몰입으로 이끕니다. 몰입沒入은 수행자를 신속하게 삼매에 들게 하고, 이 힘으로 진리를 체험해 완전성과 합일시킵니다. 이것이 네 번째, 심오한 가르침을 통해 마음이 고양되어 삼매에 이르는 방법입니다.

이런 사례는 바히야 외에도 여러 차례 나옵니다. 부처님이 계실 때는 물론이고 돌아가신 이후에도 스승의 바른 가르침을 통해 순간적으로 깨달음에 이르는 많은 사례가 전해옵니다. 출가자出家者들의 이야기도 있고 재가자在家者들의 이야기도 있습니다.

수행에서 가장 중요한 것은, 출가자인가 재가자인가 등의 신분에 있는 것이 아니라 느리더라도 포기하지 않겠다는 수행자의 마음과 수행자를 궁극의 진리에 들게 할 스승의 정확한 가르침입니다.

그리고 앞으로 우리가 이야기하고 공부할 참선參禪이야말로 이 네 번째 유형의 가장 대표적인 방법입니다. 깨달음으로 가는 방법 중 가장 강력하고 철저한 방법입니다. 선 수행이 어떤 것이고 어떻게 하는 것인지 자세하게 설명을 들으시면, 선 수행이 왜 그처럼 강력한 힘을 뿜어내는지 점차 이해가 될 것입니다.

# 선禪의 문

- 문 앞에서

- 제1문 : 지식이 아닌 체험

- 제2문 : 직지인심

- 제3문 : 공안, 화두

- 제4문 : 조사선, 간화선

- 제5문 : 선 수행과 업장 소멸

- 제6문 : 선 수행의 공덕

## 문 앞에서

당신은 본래 깨달아져 있고
한순간도
번뇌에 물든 적이 없다

  당신은 지금 선의 문을 열기 직전입니다. 당신은 굳이 선의 문을 열 필요가 없을 수도 있습니다. 왜냐하면, 당신은 이미 깨달아져 있기 때문입니다. 까마득한 처음부터 당신은 완전성이었고 단 한번도 당신의 완전성과 떨어져 둘이 된 적이 없습니다. 과거에도, 현재에도, 미래에도 당신은 당신의 완전성과 결코 떨어질 수 없습니다. 만약 당신과 완전성이 처음부터 떨어져 둘이었다면, 당신이 지금부터 무한 시간을 수행한다 해도 결코, 완전성과 합일되는 일은 일어나지 않을 것입니다. 그러나 완전성과 당신은 처음부터 둘이 아닙니다.
  그러므로 당신 자체가 지금 이대로 완전하다는 엄연한 사실이 스스로를 돌아보아 남김없이 인정된다면, 스스로의 완전성에 일말의 의심도 없어서 '나'라는 개념 없이 나를 위하고, '남'이라는 개념 없이 남을 위하고, '위한다'는 개념 없이 생명을 위하고, 태산을 옮기고도 '옮겼다는 생각'에서 자유롭다면 당신은 굳이 선의 문을 열지 않아도 됩니다.
  꿈속에서 일어나는 갖가지 환영과 눈을 뜨고 경험하는 갖가지 생각 중에도, 그 너머에서 명료하게 빛나는 고요함을 느끼고 있다면, 마음이 움직이는 것도 순간순간 고요함의 움직임이라서, 움직임 어디에도 산란함이 없음을 보고 있다면, 당신은 이 문을 열 필요가 없습니다.

'나'라는 존재가 어떻게 생겨나고, 어떻게 소멸되어 가는 것인지 밝게 알아서, 삶과 죽음 앞에서 두려움이 없다면, 이 문을 열지 않아도 됩니다. 그러나 그렇지 않다면, 당신과 나는 반드시 이 문을 열어야 합니다.

예부터 지금까지의 수많은 선의 스승들, 빛 없이 빛나고, 거룩함 없이 거룩하고, 위대함 없이 위대한 선의 스승들은 한결같이 말씀해 오셨습니다.

"선을 수행한다는 것은 생살을 긁어서 부스럼을 만드는 것과 같다."
"선을 수행한다는 것은 첫날밤을 맞이한 신부가 신랑과 도둑을 구분 못 하는 것과 같다."
"선을 수행한다는 것은 보리와 콩을 구분 못 하는 것과 같다."

이런 역설적 가르침은, 당신의 완전성에 대한 확고한 가르침입니다. 완전성을 외면하고 있는 당신에게 주는 자비심입니다. 당신이 스스로의 완전성을 보고, 알게 하기 위해서 어쩔 수 없이 참선이라는 수행의 방편을 모색하는 스승들의 고뇌이고 노파심입니다.

## 제1문 : 지식이 아닌 체험

―

선은
오직 본질에 대한 깨달음만을 말할 뿐
그 외의 지엽적인 것에 대해서는
말하지 않는다.

 

선가禪家의 가장 유명한 격언 중에 개구즉착開口卽錯이 있습니다. "입을 여는 순간 이미 본질과 어긋난다."라는 말입니다. 말하기 위해서 입을 여는 순간 마음에서는 이미 말로 표현하기 위한 개념이 만들어지는데, 완전성은 모든 개념의 속박에서 벗어나 있기에 '이미 어긋난 것'이라는 뜻입니다. 이 격언은 침묵을 강요하거나 침묵을 예찬하기 위해 생겨난 것이 아닙니다. 완전성 자체가 어떤 말이나 개념, 이론에 구속되지 않으므로 선 역시 완전성을 직접 가리킬 뿐 개념이나 이론 등에 의지하지 않는다는 것입니다.

이해가 안 됩니다. 좀 더 설명해 주십시오.

달마 스님이 처음 중국에 오셔서 양나라의 무제를 만나 나눴던 대화를 통해 선이 무엇을 추구하는 것인지 이해해 봅시다. 중국의 남북조 시대에 양자강을 경계로 북쪽은 위나라, 남쪽은 양나라가 자리하고 있었는데, 양무제는 남쪽 양나라의 황제를 말합니다. 집안은 대대로 도교를 숭상했었는데 양무제가 '부대사'라는 재가불자在家佛子 도인을 만나 불교에 심취하게 되었답니다. 당시 이미 중국에는 불교의 다양한 가르침이 전해져 있었답니다. 불교에 심취한 양무제는 여러 가지 경전을 해석하고 강론까지 할 정도의 수준에 도달해 있었습니다.

정사를 보는 시간에도 황제의 곤룡포 대신 가사와 장삼을 입었고, 스스로 계율을 철저히 지켜 육식과 술을 멀리했고, 궁에서 지내는 제사에도 육고기를 금하고 채나물만 올리도록 했답니다. 인도에 '아소카 대왕'이 불교를 숭앙한 대표적인 왕이라면, 중국의 양무제가 이와 비견될 만한 분이지요. 절도 많이 세우고 스님들이 불법을 잘 공부할 수 있도록 모든 지원을 아끼지 않았답니다. 부처님의 가르침이 널리 퍼질 수 있도록 역경 사업도 많이 했고요. 그 면면을 보면 불교와 부처님께 참으로 진정성을 가진 분이지요. 그래서 양무제는 불심천자佛心天子라고 불리기도 합니다.

어느 날 '달마'라는 스님이 인도에서 들어옵니다. 달마는 부처님으로부터 내려온 진리를 온전히 계승한 위대한 수행자요, 지혜로운 스승이었습니다. 양무제의 스승인 '지공화상'이라는 분이 지혜로운 수행자 달마가 양나라에 들어왔다는 소식을 듣고, 양무제에게 그 수행자를 만날 것을 진언합니다. 나라의 안녕을 위해서도 그 수행자가 양나라에 머물도록 해야 한다고요. 살아있는 부처, 위대한 수행자, 지혜로운 스승을 만난다는 기대감에 부푼 양무제가 드디어 달마 스님을 궁으로 초대합니다.

두 분이 마주 앉았습니다. 양무제가 먼저 묻습니다.
"나는 지금까지 천 개의 절을 세우고, 스스로 계율을 지키고, 부처님의 가르침을 공부하고, 만 명의 스님을 극진히 돌보아 오고 있습니다. 나의 공덕은 어떠합니까?"

달마 스님이 답합니다.

"공덕功德이라 할 것이 아무것도 없습니다(無功德)."

아무런 공덕이 없다! 양무제에게는 뜻밖의 대답이었을 것입니다. 좀 당황한 양무제가 다시 묻습니다.

"성스럽다는 것이 무엇입니까?"

아마도 이 질문이 양무제 자신이 지금까지 불교에 헌신한 것에 대한 스스로의 자부심이었을 것입니다. 그런데 달마는 성스러운 것이 무엇이냐는 양무제의 질문에

"모든 것은 이미 확연하게 드러나 있을 뿐이므로 따로이 성스러울 것이 없습니다(廓然無聖)."

이렇게 답을 합니다.

양무제는 이 대답 또한 전혀 마음에 들지 않았던 모양입니다. 세 번째 질문을 던집니다.

"당신은 누구입니까?"

달마는 "모릅니다(不識)."라고 답을 했습니다.

이 문답을 마치고 달마 스님은 황궁을 떠났고, 양무제는 떠나는 달마 스님을 잡지 않았습니다. 이후에 달마 스님은 북쪽의 위나라 땅에 있는 숭산嵩山으로 조용히 몸을 숨겼다고 합니다.

이 문답에서 당신은 무엇을 느끼셨나요? 이 사건은 부처님으로부터 면면히 계승되어 오던 선이 중국에 처음 얼굴을 비추는 장면입니다. 이 대화에서 달마 스님은 중국의 불교가 선을 이해하고 담기에는 아직 덜 성숙되었음을 느꼈다고 합니다. 그럼 양무제는 어떤 심정이었을까요? 살아있는 부처, 지혜로운 스승에 대한 기대감이 모두 무너진 듯합니다. 달마 스님의 대답을 이해하지 못했을 뿐만 아니라 달마의 동문서답 같

은 말에 분노했을 수도 있습니다.

 양무제가 수많은 절을 세우고, 수많은 스님들을 지성으로 보호하고 지원한 일과 스스로 살아있는 생명을 귀히 여기고, 부처님 가르침을 깊이 배우고 실천해 온 일은, 양무제 본인이나 불교만이 아니라, 그 나라의 백성들에게도 분명 좋은 영향을 끼쳤을 겁니다. 이러한 공덕이 어찌 적을 수가 있을까요. 그런데 달마 스님은 양무제에게 공덕이 없다고 답을 했습니다. 이유가 무엇일까요? 정말 아무 공덕도 없는 것이라서 그랬을까요?

 두 번째의 문답도 납득이 어려운 것은 매한가지입니다. 양무제는 '성스럽다는 것이 무엇을 뜻하는 것인가?'를 물었습니다. 일반적으로 성스럽다는 것은 세속적인 욕망이나 이기적 마음을 초월한 가르침이나 행동을 의미하지요. 또는 인간의 범주를 넘어선 지극한 선善이나 순수함에 대한 극한의 존경과 경외감을 성스럽다고 표현합니다. 인류가 믿고 따르는 크고 작은 다양한 종교의 가르침은 대부분 인류애의 가치로서 성스러움의 영역에 있고, 모든 생명 현상에 대한 신비함도 성스러움의 가치를 지니고 있습니다. 그런데 달마 스님은 '모든 것이 그대로 명백할 뿐 따로이 성스럽다 할 것이 없다'라고 답을 했습니다.

 세 번째의 문답은 더 이상 대화가 이어질 수 없을 만큼 극단적인 답이 나옵니다. '내 앞의 그대는 누구인가?'라는 질문에 '모릅니다(不識)'라고 답을 합니다. 불식이라는 표현은 단순하게 모른다는 뜻만 있는 것은 아니지요. 진짜 몰라서 모른다는 것일 수도 있지만, '인식認識의 범주에 있지 않다'라는 뜻일 수도 있고, '알고 모르고의 범주에 있지 않다'라는 뜻일 수도 있습니다. 이때 달마 스님이 상식적으로 "달마입니다."라고 답을 했다면 양무제는 대화를 더 이어갈 수 있었을 것입니다. 그러나 '공덕이 없다' '성스러움이란 없다'라고 대답하고 있는 그대가 누구냐고 물었는데 모른다고 답을 하니, 양무제가 어떻게 대화를 이어갈 수 있겠습니까. 살아있는 부처, 지혜로운 스승에 대한 기대는 이렇게 허무하게 끝납니다. 달마 스님은 어째서 이렇게 답을 한 것일까요? 당신은 이해가 되시나요?

아니요. 이해할 수 없습니다. 달마 스님은 너무나 불친절하시군요. 양무제에 대한 배려가 전혀 없는 것 같습니다. 아무리 황제라고 해도 부처님의 가르침을 그만큼 철저하게 믿고 그렇게 물심양면으로 불교에 헌신한다는 것이 결코 쉬운 일은 아니라고 생각합니다. 양무제를 통해 불교와 스님들이 받은 혜택이 얼마나 크겠습니까? 그런데 공덕이 없다고요?

만약 달마 스님이 불교가 아니고 다른 종교에 속한 분이라면, 억지로라도 이해해 볼 틈이라도 있겠지만, 엄연히 불교에 속한 스님인데, 불교에 대한 양무제의 노력과 업적을 그렇게 야박하게 평가한다는 것은 이해할 수 없습니다.

그리고 성스러움은 우리 사회에 묵시적으로 형성된 보편적이며 고귀한 가치입니다. 세속에서 순간순간 욕망과 번뇌로 살아가는 보통의 사람들에게 위안과 감동을 주고 올바른 방향을 제시해 주기도 합니다. 필요할 때는 모든 사람이 믿고 따를 권위도 있습니다. 과거에도 현재에도 성스러움의 가치는 인류와 함께 해왔고 앞으로도 함께할 것입니다.

그런데 달마 스님은 그런 보편적 가치를 전면적으로 부정하는 것 같아서 선뜻 동의하기가 어렵습니다. 더욱이 '당신은 누구냐?'고 묻는 양무제에게 자기가 누군지 '모른다'라고 한 대답은, 달마 스님이 양무제를 완전히 무시하는 것 아닌가요? 대단히 무례하고 성의가 없습니다. 상대가 황제가 아닌 아랫사람이었다 해도, 이런 식으로 답을 한다는 것은 도리에 어긋난 것이지요.

그렇습니다. 저도 당신의 느낌에 많은 부분 공감합니다. 달마 스님의 대화법은 정말 상식 밖이지요. 만약에 두 분의 대화가 그냥 평범한 것이었다면 당신의 말씀처럼 달마 스님은 대화할 자격도 갖추지 못한 분이라고 평가할 수도 있습니다.

그런데 이 대화는, 달마 스님이 중국에 와서 선禪의 정신과 방법을 드러낸 최초의 사건으로 기록되어 있습니다. 평범한 대화가 아니라, 그 자리에서 바로 진리를 깨우칠 수 있는 선의 특별한 가르침이 내포된 대화였던 것입니다. 이 순간 양무제의 내면이 충분하게 준비가 되어 있었다면, 두 번째 세 번째의 질문이 필요치 않았을 것입니다. 그냥 '아무 공덕이 없다'라는 대답을 듣는 순간, 그 자리에서 진리를 깨달아 완전성과 합일이 되었을 것입니다.

달마 스님의 '아무런 공덕이 없다'라는 대답은 공덕이 없다는 뜻의 훨씬 너머를 가리키는 손가락입니다. 곧바로 양무제의 본성, 양무제의 완전성을 가리키는 펄펄 살아있는, 직접적인 가르침입니다. 선의 가르침은 본질과 깨달음을 말할 뿐, 그 외의 지엽적인 것은 말하지 않습니다. 그래서 선의 가르침을 통해 마음이 열리면 완전성에 대한 체험이 일어날 뿐, 지엽적인 이론이나 지식이 늘어나지는 않습니다.

만약 양무제가 불심천자로 불리는 황제가 아니었더라면, 불교에 그처럼 헌신하는 황제가 아니었더라면, 스스로 불경에 심취하고 연구하고 강론하는 황제가 아니었더라면, 달마 스님은 양무제를 만나지 않았을 수도 있겠지요. 만났다고 해도 이와 같은 선의 가르침을 드러내지는 않았을 겁니다. 달마 스님도 양무제의 불교에 대한 헌신과 깊은 이해를 충분히 인정했기에 만났고, 선의 가르침을 시도했을 것입니다. 다만 양무제의 내면이 선의 가르침을 집어삼킬 만큼 준비되어 있지 않았고, 이것은 중국 땅 전체가 선의 가르침을 수용할 만큼 성숙 되지 않았음을 짐작할 수 있는 계기가 되기도 했을 것입니다.

불교의 수많은 경전 중에 『금강반야바라밀경』이 있습니다. 금강석과 같이 '파괴되지 않는 지혜의 완성'이라는 뜻을 가진 경전이지요. 줄여서 『금강경金剛經』이라고도 합니다. 이 경전의 구절 중 하나를 요약해 보겠습니다.

"갠지스강의 모래알 수만큼의 갠지스강이 있습니다. 이 수많은 갠지스강의 모든 모래알 수만큼의 진귀한 보물을 아침 점심 저녁으로 공양을 올린다면 이 공덕은 많다고 할 수 있을까요?"

"그렇습니다. 참으로 많다고 할 것입니다."

"이 공양의 공덕이 아무리 많을지라도 금강경의 근본 지혜, 완전성의 가르침을 타인에게 읽어 주거나, 해설해 주는 공덕에 비하면 많다고 할 수 없습니다. 왜냐하면, 이 공양供養의 공덕은 본질적인 것이 아니라서 꿈속의 일, 풀잎 끝의 이슬, 번쩍이는 번갯불처럼 허망한 것이기 때문입니다."

금강경은 내용이 매우 방대합니다. 부처님이 제자들과 함께 마을에 들어가 탁발托鉢을 하고, 수행처에 돌아와 하루에 한 번 먹는 공양을 마친 후, 모든 존재와 현상의 본질인 공성空性, 완전성完全性에 대한 이해가 가장 깊은 제자인 '수보리 존자'의 질문으로부터 시작된 부처님의 가르침입니다.

달마 스님과 양무제의 대화를 금강경에 비유하자면, 달마 스님은 '공덕이 없다'라는 한마디로 다양한 비유와 논리로 이루어진 금강경의 모든 내용을 한순간에 양무제에게 가르친 것과 같습니다. 가르침도 지식을 전하는 보통의 가르침이 아니라, 금강경을 통째로 체험하고 깨달을 만큼 궁극의 가르침이었습니다.

 만약 달마 스님이 금강경을 펼쳐놓고, 한 줄씩 읽으면서 그 뜻을 설명해 주고, 다양한 비유와 함께 친절하게 가르쳤다면, 양무제는 아마도 그만큼의 이해와 지식이 늘어날 것입니다. 그냥 보통의 불교적 관점으로 본다면 이것 또한 매우 귀하고, 흥미롭고, 친절하고, 훌륭한 가르침입니다. 그러나 이런 식의 가르침은 양무제를 깨달음에 이르게 하기가 어렵습니다. 매우 엉성한 방법입니다.

 선禪은 본질本質과 본질의 깨달음을 말할 뿐, 지엽枝葉에 대해서는 말하지 않습니다. 모든 존재의 본질인 완전성을 드러낼 뿐, 기존의 관념이나 개념에 의존하지 않습니다. 단지 체험을 전할 뿐, 지식을 전하지 않습니다.

## 제2문 : 직지인심直指人心

선의 가르침은
문자文字에 의존하지 않고
곧바로 수행자의 완전성을 가리켜서
완전성을 보는 순간
깨달아 합일되게 한다

　당신은 지금까지 '모든 존재의 본질은 완전하다.' 그러나 현재의 '나'는 어리석음에 덮여 완전성과 분리되어 있다. 그래서 수만 가지의 번뇌와 고통에 시달리고 있다. 그 고통에서 벗어나는 방법은 네 가지가 있다. 네 가지 방법 중 선禪은 진리에 대한 심오한 가르침을 통해 마음이 고양되어, 순간적으로 깨달아 완전성과 합일되는 가장 빠르고 강력한 방법이다. 요약하면, 이렇게 이야기했습니다. 더 요약한다면, '모든 존재의 본질은 완전하다.' 이것을 가장 강조하셨습니다. 맞지요?

　그렇습니다. 아주 훌륭하게 요약하셨습니다.

　달마 스님과 양무제의 이야기를 통해 어렴풋하지만 뭔가 느낌(?), 이해(?)가 되는 것도 같습니다. 선이 '진리에 대한 가르침을 통해 마음이 고양되어 순간적으로 깨달음에 이르게 하는 방법'이라는 것에 대해 좀 자세하게 설명해 주십시오.

선의 특징을 가장 명징하게 표현한 게송이 있습니다.

教外別傳 교외별전　경전의 가르침 외에 따로이 전하노니
不立文字 불립문자　이 가르침은 문자를 통하지 않는다.
直指人心 직지인심　다만 곧바로 사람의 마음을 가리켜
見性成佛 견성성불　마음의 완전성을 보아 하나가 되게 한다.

어떠신가요? 뭔가 짐작이 되시나요?

글쎄요. 사실 경전을 공부하는 것만 해도 끝이 없을 것 같습니다. 그런데 그 외에 따로 뭔가를 공부해야 한다면 시간적으로나 노력 면에서 결코 쉽지가 않겠군요. 왠지 부담감이 느껴집니다.

전혀 부담을 가질 필요는 없습니다. 경전 공부를 다 해서 마치고 또 선을 공부한다는 의미가 아닙니다. 선을 이해하고 수행하는 데 필요한 경전이나 교리적인 내용은 매우 간단합니다. 만약 선의 스승을 모시고 공부한다면 공부하는 과정에서 선 수행에 필요한 모든 것을 자세하게 안내를 받으면서 진행하게 될 것입니다.

이때에도 경전이나 교리적인 부분을 많이 배우지는 않습니다. 왜냐하면, 선은 경전이나 교리 등의 지식을 쌓는 것이 아니고 체험을 통한 깨달음을 열어 본래부터 빛나고 있는 완전한 지혜, 즉 당신의 완전성을 경험하는 것이기 때문입니다.

곁에 선의 스승이 계신다면, 불교의 교리나 경전 등을 전혀 배우지 않고도 당신의 완전성을 찾기 위한 수행을 할 수도 있습니다. 혹 그것이 필요한 순간이 온다면, 곁의 스승을 통해 경전이나 교리의 가르침을 딱 필요한 만큼만 받게 될 것입니다. 이때의 가르침도 지식의 습득이 아니라 당신의 수행을 직접적으로 돕는 방식이 될 것입니다.

선의 특징에 대한 위의 게송에 대해 좀 더 자세한 설명을 부탁드립니다. 먼저 부처님의 가르침을 정리해 놓은 '경전 외에 따로 전한다' 했는데, 혹시 경전의 가르침이 완전하지 않아서 보완을 한다는 의미인가요? 아니면 경전의 가르침보다 더 빼어나고 심오한 가르침을 전한다는 의미인가요?

경전의 가르침 자체가 완전하지 못하다거나, 경전보다도 더 심오한 가르침을 전하기 위한 것은 아닙니다. 경전의 내용은 언어로 표현할 수 있는 범주에서는 가장 완전하고 정확하고 심오한 가르침임은 분명한 사실입니다. 그럼에도 '경전 외에 따로 전한다'라고 하는 것에는 몇 가지의 분명한 이유가 있습니다.

첫째는 말이나 글이 가지는 한계성입니다. 말로 표현되기 위해서는 가급적 생각으로 이해될 수 있는 논리가 있어야 합니다. 그런데 심오한 진리는 어떠한 논리로도 '있는 그대로' 표현하는 것이 불가능합니다. 완전성, 즉 진리는 한순간도 개념이나 논리로 속박할 수 없습니다. 진리를 타인에게 전하기 위해서는 어쩔 수 없이 말이나 글로 설명해야 하는데 이 자체에 이미 한계가 뚜렷합니다.

당신이 지금 사과를 먹고 있다고 가정해 봅시다. 이때 사과를 한 번도 먹어본 적이 없는 친구가 와서 그 사과의 맛이 어떠냐고 묻는다면, 당신은 사과의 맛을 얼마나 정확하게 설명할 수 있을까요? 달다, 시다, 달콤새콤하다, 아무리 애를 써도 지금 느껴지는 사과의 맛을 정확하고 남김없이 표현한다는 것은 불가능합니다. 이것이 말이나 글이 가지는 표현의 한계입니다.

둘째는 선은 오직 본래 갖추어져 있는 완전성의 체험만을 추구한다는 것입니다. 설사 경전에 부처님이 깨달으신 진리가 완전하게 남김없이 표현되어 있다고 해도, 당신에게 그 내용이 길잡이는 되겠지만, 깨달음 자체를 주는 것은 거의 불가능합니다. 당신은 경전을 통해 진리에 대한 지식을 얻을 수는 있겠지만, 깨달음에 이르기는 어려울 것입니다.

왜일까요? 지식이 곧 체험은 아니기 때문입니다. 물론 당신이 경전을 읽고 순간적으로 마음이 고양되어 깊은 희열감과 행복을 느낄 수도 있습니다. 이것은 희열감과 행복을 느끼는 만큼의 체험입니다.

제가 경전을 통해, 진리에 대한 지식을 얻어서 굳게 믿고 흔들림이 없다면 체험과 같은 것이 아닌가요?

그것만 해도 매우 훌륭한 일이기는 합니다. 그러나 그것은 경전을 읽은 경험, 굳게 믿는 경험일 뿐, 가르침에 대한 깨달음 즉, 체험이라 할 수는 없습니다. 체험은 믿는 것이 아니라 스스로 알게 되는 것입니다. 지식과 체험의 차이가 얼마나 큰지, 얼마나 중요한지를 이해할 수 있는 에피소드를 소개하겠습니다.

〈경허鏡虛 스님 이야기〉

경허는 근대 한국불교의 선맥禪脈을 되살린 매우 귀중한 선의 스승입니다. 1846년에 태어나 9세의 어린 나이에 지금의 의왕시 청계산의 청계사로 출가했답니다. 13세 무렵부터 한학 공부를 시작했는데 '하나를 가르치면 열을 깨닫는' 영특함을 보였다고 합니다.

18세쯤부터 충남 공주 계룡산에 있는 동학사로 가서, 당시 최고의 강백講伯(불경과 논서를 가르치는 스승)인 만화 스님에게 본격적으로 불교의 경전과 논서, 조사어록祖師語錄(참선에 대한 스승들의 가르침을 모아놓은 책) 등을 배우기 시작했는데, 얼마나 영특했는지 불과 26세의 나이에 만화 스님의 논강論講의 맥을 이어받게 됩니다.

강백이 된 경허 스님은 경전에 대한 깊은 이해와 지식뿐만 아니라, 그 가르침의 명쾌함으로도 견줄 사람이 없었답니다. 그 어려운 불경의 내용을 늘 분명하고 확실하게 해석하고 이해시켜 주니, 공부하는 학인學人(경전을 공부하는 스님)들에게 소문이 안 날 수가 없었겠지요. 공부철이 되면 동학사 강원講院(경전을 가르치는 학교)은 학인스님들로 초만원이 되곤 했답니다. "경허 스님은 팔만대장경을 거꾸로도 뗀다."라는 소문이 퍼질 정도였습니다.

그렇게 강백으로서 10여 년, 수많은 학인에게 부처님의 가르침을 전하던 경허 스님에게 어느 날 문득 청계산에 계시던 오래전의 스승님에 대한 그리움이 사무치더랍니다. 열 살도 안 된 어린 자신의 출가를 받아주고 키워주신 은혜가 결코 적지 않으니, 그리움도 그만큼 깊었을 것입니다. 그래서 경허 스님은 서울을 향해 길을 떠납니다.

걷고 걸어서 천안 인근의 어느 마을에 도착했을 때, 날은 저물어서 깜깜하고 천둥 번개에 굵은 빗줄기가 거세게 내리고 있었답니다. 어느 집에서든 하루를 묵을 수밖에 없는 상황이었겠지요. 그런데 경허 스님이 마을의 크고 작은 집 여러 곳의 문을 두드렸지만, 잠자리를 내주는 집은 한 곳도 없었습니다. 방을 내줄 수 없으면 지붕 처마 아래에서라도 잘 수 있게 해달라고 통사정해도 사정은 마찬가지였습니다. 집주인들은 "살고 싶으면 당장 이 마을을 떠나시오!"라고 했습니다. 이 마을의 인심은 왜 이렇게 매몰차고 고약했던 것일까요?

사정은 이랬습니다. 그때 그 마을에는 아주 독한 전염병(콜레라)이 돌아서 집집마다 사람이 죽어 나가고 있었답니다. 그래서 집주인들은 하나같이 경허에게 살고 싶으면 당장 마을을 떠나라고 했던 것입니다. 결국 경허 스님은 마을 밖으로 나와 큰 나무 밑에 웅크리고 앉았답니다. 얼마 되지 않아 여행의 피로에 비까지 흠뻑 맞아서 그런지 오한이 나기 시작했습니다. 그러자 덜컥 겁이 나더랍니다. '나도 전염병에 걸린 건 아닐까. 이대로 나무 밑에서 죽게 되는 것은 아닐까.'

한번 시작된 죽음의 공포는 멈추지 않고 점점 커져서 스님은 두려움을 쫓아내려고 무진 애를 썼답니다. 알고 있는 경전의 가르침을 모두 떠올려 봐도, 엄습하는 죽음의 공포에서 한 발짝도 벗어날 수가 없었습니다. 학인들에게 그토록 막힘없이, 확신에 차서 가르치던 경전 어느 구절로도 솟구치는 죽음의 공포를 이겨내지 못했다는 것입니다. 거꾸로도 꿸 수 있을 정도의 팔만대장경에 대한 이해와 지식, 강백이라는 신분, 스님이라는 신분, 튼튼한 몸, 그 무엇으로도 죽음의 공포를 떨쳐낼 수 없었습니다.

이 순간 경허는 뼈저리게 느끼게 됩니다.

'지금까지의 내 공부가 얼마나 보잘것없는 것인가.'
'마치 부처가 된 듯하던 나의 가르침이 얼마나 거짓된 것이었던가.'
'참된 공부를 해보지도 못하고 이대로 죽게 된다면 어찌할 것인가.'

밤새 죽음의 공포 앞에서 뼈저린 자책감을 반복하던 경허 스님은 다행히 죽지 않고 아침을 맞이합니다. 서울로 향하던 발걸음을 다시 동학사로 되돌립니다. 동학사에 도착한 경허 스님은 자신에게 경전을 배우는 학인들을 모아놓고 말합니다.

"내가 지금까지 여러분에게 가르친 것은 모두 헛된 것입니다. 나는 여러분에게 진실한 가르침을 전할 능력이 없으니, 지금 당장 진정한 가르침을 배울 수 있는 곳을 찾아 떠나십시오!"

이렇게 동학사 강원의 문을 닫아버리고, 경허 자신도 방문을 걸어 잠근 채, 다시금 허깨비 같은 지식을 뛰어넘는 진정한 깨달음을 위한 참선 공부를 시작합니다. '경전은 부처님의 가르침일 뿐 부처님 자체는 아니고, 깨닫지 못한 경전의 내용은, 단지 지식일 뿐 진리의 체험이 아니었던 것'이지요.

참선 수행자는 경전이 아닌 공안公案을 공부합니다. 이 공안이 경전 외의 가르침입니다. 공안은 경전의 내용을 지식을 초월한 깨달음의 체험으로 이끄는 가르침입니다. 선의 전통에서는 제자가 공부할 공안을 스승이 정해주지만, 당시 경허에게는 선의 스승이 없었습니다.

그러나 천만다행으로 경허의 기억 속에는 이미 팔만대장경이 모두 들어있었고, 스승의 지도가 없이도 홀로 선 수행을 할 수 있는 자질을 갖춘 상태였습니다. 경허는 팔만대장경의 방대한 기억 중에서 '여사미거 驢事未去 마사도래馬事到來'라는 공안이 떠올랐습니다.

"나귀의 일이 끝나지 않았는데 말의 일이 닥쳤다(驢事未去, 馬事到來)!"

이 공안은 중국 당나라 때 위대한 선의 스승인 영우 선사로부터 생겨난 것입니다. 어느 날 영우 선사에게 수행자가 찾아와 여쭙니다.
"스님, 무엇이 부처님 가르침의 큰 뜻(가장 핵심적인 것)입니까?"
영우 선사禪師(선의 스승)가 이렇게 답합니다.
"나귀[驢]의 일이 끝나지 않았는데 말[馬]의 일이 닥쳤느니라."

수행자가 부처님 가르침의 가장 핵심이 무엇이냐고 물었는데, 나귀의 일이 끝나지 않았는데 말의 일이 닥쳤다고 답한 뜻이 무엇일까요? 영우 선사는 왜 그렇게 답을 했을까요? 이것을 알아낸다면 지식으로 남아있는 경전의 모든 내용이 체험적 깨달음이 되는 것입니다. 본래 갖추어져 있으나, 알지 못하던 완전성과 하나가 되는 것입니다.

이것을 알아내기 위해 경허는 문을 걸어 잠그고 끝없는 의심에 빠집니다. "나귀의 일이 끝나기도 전에 말의 일이 닥쳤다." 이것이 무슨 도리인가? 졸음에 떨어지지 않기 위해서 턱밑에 칼까지 세워 놓고 이 문제에 몰입했답니다. 이것이 무슨 도리인가? 이것이 무슨 도리인가? 이때의 경허는 사람 노릇도 포기한 채 오직 '무슨 도리인가?' 한생각에만 몰두해 들어간 것입니다.

이러기를 석 달쯤 될 무렵, 이 절에서 공부하던 학명 스님이 일이 있어 마을에 내려갔습니다.

볼일을 마치고 돌아오는 길에 마을에 살고 있는 이진사李進士를 만나게 됩니다. 이진사의 아들도 동학사에서 사미(예비)스님으로 지내며 공부를 하고 있었습니다. 학명 스님에게 이진사가 묻습니다.

"스님은 요즘 어떻게 지내십니까?"

"계율을 지키며 경전 공부도 하고 예불도 하고 절에 필요한 일도 하면서 지내지요."

"그렇게 지내다 돌아가시면 영락 없이 소로 태어나시겠군요."

"소로 태어난다구요? 하하 그럼 어떻게 해야 소가 되지 않을까요?"

"소가 되더라도 고삐 뚫을 구멍이 없어야 합니다."

이 말에 학명 스님은 말문이 막혀서 황망히 절로 돌아왔습니다. 돌아와서 며칠을 곰곰이 생각해 봐도, '고삐 뚫을 구멍이 없어야 한다'라는 말을 전혀 이해할 수가 없었습니다. 너무나 답답해진 학명 스님은 경허가 용맹정진하고 있는 방문 앞에 가서 마을에서 이진사와 나누었던 대화를 모두 이야기했습니다. 그리고 물었습니다.

"강백스님, 고삐 뚫을 구멍이 없어야 한다는 것이 무슨 뜻입니까? 제발 가르쳐 주십시오!"

이 순간, 방안의 경허에게 엄청난 사건이 터집니다.

"고삐 뚫을 구멍이 없어야 한다는 것이 무슨 뜻입니까?"라는 말을 듣는 순간 그토록 깜깜하던 것, 도저히 알 수가 없었던 것, '나귀의 일이 끝나지도 않았는데 말의 일이 닥쳤다'라는 공안에 대한 철벽같던 의심이 한순간에 깨져버린 것입니다. 지식으로만 존재하던 팔만대장경의 모든 내용이 깨달음의 체험으로 터져 나오는 순간이었습니다. 두터운 어리석음이 말끔히 걷혀서, 마음에 본래 빛나고 있던 완전성과 하나가 된 것입니다. 화두話頭를 타파打破했다고도 하는 순간입니다. 어리석음의 깊은 잠과 꿈에서 깨어나는 순간입니다.

깨달음을 얻은 경허는 서산 연암산 자락에 있는 천장암에서 혹독한 보임保任을 합니다. 보임은 깨달음 이후에, 깨달은 것을 재점검하고 더욱 분명하게 밝히는 과정입니다. 비유하자면 시험을 치른 학생이 자신이 풀어낸 답과 정답을 맞추어 보는 것과 비슷합니다. 보임을 하는 동안 경허는 1년 내내 겨울에 입던 누더기 누비옷 하나만 입고 지냈답니다. 하루의 대부분을 선정禪定(깊고 평화로운 삼매)에 들었답니다. 옷의 겉에까지 허옇게 이가 들끓어도 개의치 않고 오직 보임에만 집중했답니다. 이렇게 1년간의 보임을 끝낸 경허는 자신의 깨달음의 상태를 다음과 같이 노래했습니다.

홀연히
콧구멍 없다는 말에
문득 깨어나 보니

온 천지가 내 집이로다.

유월의 연암산에서
일 없는 무사인 되어
한가로이 태평가를 부르네.

깨달음은 지식이 아니라 체험을 통해서만 일어납니다. 경전의 내용은 가장 높고, 가장 깊은 가르침이지만 그 가르침을 실제로 체험하기는 정말 어렵습니다. 체험이 없는 가르침은 단지 지식일 뿐입니다. 지식은 깨달음으로 이끄는 길잡이는 될 수 있어도 그 자체가 곧 깨달음은 아닙니다. 지식은 밖에서 얻지만 깨달음은 순수하게 내면에서 일어납니다.

다시 사과의 비유를 해봅시다. 당신이 사과를 맛있게 먹고 있을 때 친구가 와서 사과의 맛을 묻는다면, 당신은 얼마나 정확하고 빠짐없이 설명할 수 있을까요? 당신이 그 맛을 그대로 설명하는 것은 불가능할 것입니다. 그래도 당신은 맛 그대로를 완전하게 설명할 수 있다고 가정해 봅시다. 그 설명을 들은 친구는 과연 사과의 맛을 정확하게 알 수 있을까요? 불가능할 것입니다. 가장 좋은 방법은 친구에게 사과를 한 입 베어 물게 하는 것이지요. 그 맛을 직접 체험하게 하는 것입니다.

당신이 사과의 맛에 대해 아주 자세히 설명하는 것을 경진의 가르침이라 한다면, 사과를 직접 먹여주는 것은 선의 가르침이라고 비유할 수 있습니다. 선에서 경전 외에 선의 방식으로 따로 가르침을 전한다는 것은, 경전의 내용을 실제로 체험하게 한다는 의미입니다. 이것이 '경전 외에 따로 전한다(敎外別傳)'는 뜻입니다.

'문자를 통하지 않는다(不立文字)'라는 것은 무엇인가요? 경전 외에 따로 가르침을 전하기 때문에 문자를 통하지 않는다는 것인가요?

여기서 문자는 경전을 이루고 있는 문자를 의미하는 것이 아닙니다. 여기서의 문자는 개념概念을 의미합니다. '문자를 통하지 않는다'라는 말은 가르침을 전할 때 개념에 의존하지 않는다는 뜻입니다. 우리는 늘 개념에 의지합니다. 무엇이든 처음 경험할 때만 신선합니다. 경험해 가는 과정에서 당신의 마음은 그 경험을 개념화시킵니다. 개념화란 '이것은 ~이다'라고 규정하는 것입니다.

이렇게 규정한 것에다 당신은 이름을 붙일 것입니다. 또는 이미 들어서 알고 있는 어떤 이름과 연결시킬 것입니다. 아, 이것이 이것이구나! 이때부터 당신은 이 경험과 유사한 무엇을 볼 때면, 자연스럽게 저절로 이미 규정해 놓은 개념과 같다고 생각합니다. 그 개념과 이름만 부각될 뿐, 그 현상에는 관심을 갖지 않게 됩니다. 왜일까요? 이미 경험해 본 것이기 때문이지요. 그러나 실제로는 과거의 경험과 지금의 경험은 유사할 뿐 같은 것이 아닙니다. 현상을 면밀하게 관찰해 보면, 과거의 경험과 현재의 경험은 전혀 다른 것일 수도 있습니다. 그러나 당신은 스스로 생각에 속아서 사실이 아닌 것을 사실이라고 여기는 것이지요. 실재와는 점점 거리가 멀어집니다. 실재와 거리가 멀어진다는 것은 당신의 완전성과 멀어진다는 것입니다.

개념에는 각각의 이름이 붙어 있습니다. 사랑, 그리움, 미움, 훌륭함, 선, 악, 진리, 괴로움 등 내면에서 일어나는 모든 현상을 개념화하고 이름을 붙여 놓고 있지요. 그리고 이러한 여러 가지의 이름을 주고받으면서 소통을 합니다. "당신을 사랑합니다."라고 지금의 내 감정을 이야기한다면, '나', '당신', '사랑' 등의 이름을 사용해서 나를 표현하는 것이지요. 나름 편리함도 분명히 있습니다. 그런데 그 표현에는 진짜 나와 사랑이라는 감정의 생생함은 없습니다. 이름만 있습니다. 나, 나의 감정에 대한 명료한 자각이 없습니다. 이것은 이것이라는 뭉툭한 선언만 있습니다. 사실보다는 이미 만들어 놓은 관념만 있게 됩니다. 개념, 이름, 자기가 만들어 놓은 관념에 속는 것이지요.

예전에 미얀마에서 오신 청년과 가깝게 지낸 적이 있었어요. 어느 날 이런저런 이야기를 나누던 중, 한국에 와서 제일 처음 당황했던 경험을 듣게 되었습니다. 정말 사소하고 한편 웃기는 이야기였는데 저는 그 이야기에서 매우 중요한 사실을 알게 되었습니다.

이 청년이 한국에 와서 첫 번째 맞이하는 겨울이었답니다. 자전거를 타고 바쁘게 달리고 있는데 손의 감각이 아주 이상하더랍니다. 태어나서 처음 느끼는 감각이래요. 저릿하기도 하고, 만져봐도 감각이 느껴지지 않더랍니다. 그러면서 은근히 처음 느껴보는 통증도 있더랍니다. 이것이 무엇이었을까요? '손 시림'이었어요! 한겨울 찬바람에 자전거를 타고 달리다가, 손이 시려지는 것을 태어나서 처음 느낀 것이지요. 그때의 감각을 지금도 잊을 수 없다고 하더군요.

그런데 그다음 이야기에서 저는 정신이 번쩍 들었어요. 그 경험을 한 이후에는 손이 시려도 그 감각에 대한 관심이 사라지더라는 것입니다. 그 감각이 그렇게 자세하게 느껴지지 않더래요. 왜 그럴까요? 한겨울 추위에 맨손을 노출하면 손이 시려지는 것은 당연한 거라는 개념이 생겼기 때문입니다. 당연시하는 것입니다. 당연한 거라는 관념! 이것이 지금에 대한 자각을 막아버리는 것이지요. 개념과 관념 그리고 거기에 붙어있는 이름은 당연한 것이 됩니다. 이 당연함은 습관적이고 무의식적인 것이 됩니다.

모든 선의 스승들은 이러한 현상에서 수행자를 벗어나게 합니다. 습관적인 것, 무의식적인 것, 개념, 관념, 이것에 붙여진 이름 등에서 수행자를 순간적으로 벗어나게 합니다. 왜냐하면 이러한 개념, 관념에는 이미 지어 놓은 이름만 있을 뿐, 있는 그대로의 실재는 없기 때문입니다. 실재가 아닌 것이 실재인 것처럼 수행자를 기망하고 있기 때문입니다. 선을 전하는 방법이 '문자를 통하지 않는 이유'는 완전성을 가리는 개념, 관념, 이름과 같은 환영에서 수행자를 깨어나게 하려는 것입니다.

그럼 무슨 방법으로 선을 전한다는 것입니까?

선의 특징을 설명한 게송에서 '사람의 마음을 곧바로 가리켜 완전성과 합일되게 한다(直指人心 見性成佛)'는 것이 바로 선을 전하는 방법을 설명하고 있는 것입니다. 사람이라면 누구에게나 마음이 있습니다. 당신도 마음을 가지고 있지요? 이 마음이 곧 근본적 생명입니다. 마음이 있으므로 활동하면서 사는 것이지요. 마음이 정상적으로 몸을 잘 이용하고 있으면 살아있다고 하고, 마음이 몸에서 완전히 벗어나면 죽었다고 합니다. 몸이 어디에 있든 살아있는 한, 마음은 늘 몸과 함께합니다.

선은 누구나 가지고 있는 이 마음을 곧바로 깨어나게 하는 가장 직접적인 방법을 사용합니다.

선의 가르침은 수행자가 가지고 있는 모든 개념과 관념을 순간적으로 해체시킵니다. 준비된 수행자는 이때 가장 순수하고 완전한 본연의 마음을 보게 됩니다. 본연의 마음은 모든 개념, 관념, 번뇌에서 벗어날 때 저절로 드러납니다. 하늘에 구름이 걷히면 태양이 저절로 보이는 것과 같습니다. 선은 이 본연의 마음, 완전성을 곧바로 가리키는 가르침입니다. 매우 강력한 직지直指의 방법입니다.

좀 더 자세히 설명해 주십시오.

앞에서 소개해 드린 양무제와 달마 스님의 이야기가 중국에서 시도된 최초의 선적인 가르침이었습니다. 양무제의 내면이 좀 더 준비된 상태였다면, 달마 스님과의 대화를 통해 그 자리에서 본연의 완전성을 봤을 것입니다. 보시, 공덕, 성스러움 등의 개념에서 마음이 완전히 벗어나 경전에서 말하는 해탈 열반에 이르렀을 것입니다. 짤막한 사례 몇 가지를 더 살펴보면, 선이 얼마나 강력한 방법인지 얼마나 단순한 가르침인지 이해가 분명해질 것입니다.

〈2조 혜가二祖 慧可 이야기〉

혜가는 달마 스님으로부터 최초로 선을 이어받은 수행자입니다. 양무제를 만난 후, 달마 스님은 중국 땅에 선을 전하기에는 아직 이르다고 판단했다고 합니다. 그래서 양나라를 떠나 북쪽의 위魏나라에 있는 숭산嵩山에 은거하여 적절한 때가 되기를 기다리고 있었습니다. 이 시기를 선에서는 달마의 면벽수행面壁修行이라고 합니다.

면벽 수행 9년 정도의 시간이 흘렀을 때, 달마 스님을 찾아온 청년 수행자가 있었습니다. 이 수행자의 이름은 신광神光입니다. 신광은 수행에 대한 열정과 자질이 매우 높은 스님이었습니다. 숭산에 오기 전 이미 공부의 경지가 깊었지만, 완전한 깨달음을 성취하기 위해 달마 스님을 찾아온 것입니다.

숭산에서 6년 정도를 지냈지만, 달마 스님은 신광에게 별다른 가르침을 주지 않았답니다. 언제쯤이나 스승으로부터 깨달음이 열릴 만한 가르침을 받게 될까? 학수고대하던 신광은 세월이 갈수록 불안감만 커져 갔습니다. 마음은 점점 괴로워져 갔습니다. 급기야 더는 참을 수 없을 만큼이 되었습니다. 드디어, 신광이 달마 스님에게 괴롭고 불안한 마음을 실토하고 가르침을 청합니다.

"스승님! 지금 저의 마음은 너무나 불안합니다. 너무나 괴롭습니다. 이를 어찌해야 하는 것입니까?"

달마 스님이 되묻습니다.

"마음이 불안하다고?"

"그렇습니다. 너무나 괴롭고 불안합니다."

달마 스님이 손바닥을 신광의 얼굴 앞에 확 펴면서 말합니다.

"그 불안하고 괴로운 마음을 나에게 내어놓거라. 내가 편안케 해 주겠다."

신광은 불안하고 괴로운 마음을 내어놓을 수 없었습니다. 왜냐하면 불안과 괴로움을 찾았지만 찾을 수 없었기 때문입니다.

"지금은 찾을 수가 없습니다."

그러자 달마 스님이 손바닥을 거두면서 말합니다.

"내가 너의 마음을 편안케 해 주었느니라!"

이 말을 듣는 순간 신광의 마음이 활짝 열려 깨닫게 됩니다. 자, 과연 그렇게 괴롭던 신광의 불안한 마음은 어디로 간 것일까요? 참을 수 없을 것 같던 괴로움은 어디로 간 것일까요? 달마 스님은 극심한 괴로움에 시달리던 신광에게 "불안감, 괴로움을 내어놓거라", "너의 마음을 편안케 해 주었다"라는 두 마디의 말로 순식간에 깨달음에 들게 했습니다. 이 두 마디의 말이 곧 본연의 마음에 대한 직지直指의 가르침입니다. 개념, 관념을 해체시키고 본연의 마음을 곧게 가리키는 손가락입니다. 달마 스님은 두 마디의 말로 신광의 완전성, 본연의 마음을 가리켰고 그 순간 신광은 자신의 완전성을 보는 동시에 하나가 되었습니다. 달마 스님은 신광에게 혜가慧可라는 법명法名(스승이 제자에게 지어주는 이름)을 주고 선을 전하는 두 번째의 스승이 되게 합니다.

⟨3조 승찬三祖 僧璨 이야기⟩

참선문에서는 선의 스승을 특별히 조사祖師라고 부릅니다. 티벳 불교에서 자격을 갖춘 스승을 '라마'라고 부르고, 남방 불교에서 자격을 갖춘 스승을 '사야도'라고 부르는 것과 같습니다. 달마 스님은 중국에 처음 선을 전한 스승이기 때문에 초조初祖라고 부르고 다음으로 선의 맥을 이은 혜가는 2조二祖라고 부릅니다. 2조 혜가가 깨달음을 얻고, 열반涅槃(죽음)에 든 달마 스님의 뒤를 이어 수행자들을 가르치고 있었습니다. 아직도 중국에는 선의 가르침을 자연스럽게 받아들일 만큼 성숙된 상황은 아니었습니다.

경전 등의 가르침에 의존하지 않고, 곧바로 본래부터 완전한 사람의 마음을 드러내어 깨달음에 이르게 한다는 선의 가르침은 교학을 생명처럼 여기고 있던 수행자들에게는 믿기도 어렵고 가능성도 없는 요설妖說처럼 여겨졌을 것입니다. 반면, 경전 공부와 연구를 주로 하는 교학은 중국으로 전파되면서, 이미 매우 높은 수준까지 발전되어 있었습니다. 경전은 물론이고 경전에 대한 해석서인 논서 등 정말 빼어난 불교의 가르침들이 널리 행해지고 있었습니다.

그런 중에도, 알음알음 선과 혜가에 대한 소문이 조금씩 나기 시작할 즈음의 어느 날, 너무나 처참한 몰골의 수행자가 혜가를 찾아옵니다. 이 낯선 수행자는 대풍창大風瘡을 앓고 있었습니다. 대풍창이란 지금의 나병癩病, 한센병이라고 하는 난치성 질환입니다. 치료가 매우 힘들고, 전염성 질환인데다 외모를 심하게 손상시키기도 하지요. 그래서 옛날 민간에서는 천형天刑의 질병으로 여겼습니다. 혹은 전생前生에 죄를 많이 지어서 금생今生에 벌을 받는 것으로 여기기도 했답니다. 그래서 이 병에 걸리면 정상적인 사회생활이 어려웠습니다. 사람들이 가까이하기를 꺼릴 수밖에 없었기 때문에, 별도의 공간에서 생활하거나 사람이 없는 곳으로 피해 다녀야 했습니다. 사람의 눈에 띄면 엄청난 핍박을 받게 되는 거지요. 대풍창이라는 질병을 짊어진 이 수행자가 그동안 어떻게 살아왔을지 가늠하기란 결코 쉽지 않았을 겁니다. 이 수행자가 펑펑 눈물을 흘리면서 혜가에게 조아립니다.

"제가 전생에 얼마나 큰 죄업罪業을 지었길래 이런 천형을 짊어지고 살아야 하는 것인가요."

"……………………."

"제발 저의 죄업을 참회懺悔시켜 주십시오."

혜가가 수행자에게 말합니다.

"수행자여, 그대의 죄업을 지금 나에게 보여주십시오."

"지금은 찾을 수가 없습니다."

"수행자여, 그대의 죄업을 나에게 보여주십시오."

"지금은 찾을 수가 없습니다."

"수행자여, 그대의 죄업을 나에게 보여주십시오."

"……………………."

"내가 지금 그대의 죄업을 참회시켜 주었습니다."

이 말끝에 수행자는 즉시 깨달음이 열립니다. 자기의 완전성을 보고 하나가 됩니다. 신기하게도 이때부터 질병의 고통에서도 벗어나기 시작합니다.

당시 중국은, 각지에서 대륙의 패권을 잡기 위한 제후국들의 전쟁으로 수많은 인명이 죽어 나가고 민초들의 삶은 내일을 기약하기 어려웠답니다. 그런 불안한 시간 속에서도 이 수행자는 어느 때는 산속에서 지내기도 하고, 어느 때는 저잣거리에서 민초들을 돌보면서 수행자의 본분을 다하였고 훌륭한 제자를 거두어 선을 전합니다. 이 수행자가 선의 세 번째 조사인 3조 승찬입니다.

오랜 세월을 대풍창이라는 불치의 병에 갇혀, 수행은커녕 사람답게 살지도 못하던 절박한 수행자에게 "죄업을 내어놓으시오"라는 직접적인 요구와 죄업을 내어놓지 못하고 패닉에 빠진 수행자를 향해 "내가 그대의 죄업을 남김없이 참회시켰다"라는 두 마디의 말은, 대풍창이라는 불치의 병과 죄업이라는 불가항력의 개념을 순간적으로 뛰어넘어, 천형을 짊어진 수행자의 완전성을 곧바로 드러나게 했습니다. 이것이 개념을 초월한 선의 가르침입니다.

다음은 교학에 정통한 스님이 참선을 만나 자기의 완전성을 깨닫게 되는 에피소드입니다.

〈덕산선감德山宣鑑 이야기〉

덕산은 중국 당나라 시대의 유명한 선사禪師입니다. 어려서 출가하여 율장에 통달하고 교학에 깊은 지식을 갖추고 있었습니다. 특히 금강경에 해박해서 속가의 성씨인 주씨를 따서 주금강周金剛이라는 별명으로 불리고 있었습니다. 금강경 연구에 자부심이 대단하여 금강경 주석서註釋書를 직접 지어서 늘 곁에 두고 금강경에 대한 학문적 토론을 즐기기도 했답니다.

그런데 어느 날 남쪽 지방에 있는 이상한 수행자들의 이야기를 듣게 됩니다. 이들은 참선을 수행하는 무리라는데, 경전 공부보다 직접 사람의 본성을 찾는 견성 성불 수행을 한다는 것입니다. 덕산이 아무리 생각해 봐도 이들은 바른 수행을 하는 집단이 아니었습니다.

'부처님의 가르침을 조금이라도 더 이해하기 위해서 불철주야 경전을 공부해도 그 가르침의 본뜻을 알기가 어려운데, 경전이 아닌 직접 마음을 보아서 견성성불을 한다니, 아마도 그들은 혹세무민하는 사이비 집단이거나 깊은 어리석음에 빠져서 제대로 된 공부를 못하는 가여운 자들임이 분명하다.'라는 생각 끝에 덕산은 결심합니다. '내가 가서 그들을 만나봐야겠다. 만약 혹세무민하는 자들이라면 크게 훈계해야 할 것이고, 어리석음에 빠진 가여운 자들이라면 바른 법을 가르쳐 구제해야 할 일이구나.' 덕산은 자기가 연구한 금강경 주석서를 챙겨 짊어지고 그 이상한 무리가 있다는 남쪽으로 먼 길을 떠납니다.

덕산이 묻고 물어서 남쪽의 어느 마을에 도착했을 때, 마침 늦은 점심 무렵이 되어 배가 심하게 고팠습니다. 저잣거리를 둘러보니 마침 떡을 파는 가게가 있었습니다. 떡으로 허기만 좀 면해야겠다고 생각한 덕산이 가게로 들어가 주인인 노파老婆에게 말했습니다.

"간단히 점심을 때우려 하니 떡을 조금만 주십시오."

덕산을 살펴보던 노파가 물었습니다.

"스님, 등짐에 무엇이 들었길래 그리 무거워 보이는가요?"

"아, 이것은 금강경 해설서解說書입니다."

"금강경 해설서요?"

"예, 아주 소중한 것이지요."

"아하, 스님은 금강경을 잘 아시겠군요."

"깊이 공부했다고 자부합니다. 이것도 제가 지은 것입니다."

"스님 그럼 금강경에 대해 한 가지 여쭤봐도 되겠습니까? 만약 답을 해 주신다면 떡을 그냥 드리지요. 그런데 답을 못 주시면 스님께는 떡을 팔 수가 없습니다."

바른 가르침을 펴겠다고 먼 길을 찾아온 덕산은 기뻤습니다. 스님은 아니지만 떡집의 노파에게 부처님의 가르침을 조금이나마 가르칠 기회가 생긴 것이고, 더욱이 금강경에 대해 물어본다고 하니 반갑기까지 했습니다.

"무엇이 궁금하신가요?"

"금강경에 과거의 마음도 얻을 수 없고 미래의 마음도 얻을 수 없고 현재의 마음도 얻을 수 없다는 말이 있다고 들었습니다."

"예, 과거심불가득過去心不可得 미래심불가득未來心不可得 현재심불가득現在心不可得이라고 분명히 있습니다."

"그렇군요. 과거의 마음도, 미래의 마음도, 더욱이 현재의 마음도 얻을 수 없다면, 스님은 어느 마음으로 떡을 드시려 하십니까?"

"………………………."

덕산은 그만 말문이 꽉 막혔습니다. 꿀 먹은 벙어리가 된 덕산을 잠시 바라보던 노파가 말했습니다.

"스님께서 제 궁금증을 해결해 주지 못하셨으니 아쉽지만, 스님께는 떡을 팔 수가 없습니다."

노파의 물음에 꽉 막혀 답을 하지 못한 덕산은 무엇인가 범상치 않은 생각이 들어 배고프다는 것도 잊은 채 노파에게 다시 묻습니다.

"이 근처에 혹시 유명한 스님이 계신가요?"

"예, 용담龍潭이라는 유명한 선사가 계시니 가서 만나보시지요."

덕산은 노파가 일러준 길을 따라 용담이라는 선사가 있는 절로 향합니다. 절에 도착했을 때는 마침 저녁 무렵이시, 배가 고팠던 덕산은 급하게 공양供養(식사의 불교식 표현)을 한 후 유명하다는 용담 스님 뵙기를 청합니다. 지객승의 안내를 받아 용담 스님이 계시는 방에 들어 예를 올린 후, 다짜고짜 이렇게 말합니다.

"용담龍潭이 유명하다고 해서 찾아왔는데 어찌 용龍도 없고 연못[潭]도 없는 것입니까?"

용담이라는 노스님은 전혀 당황하지 않고 덕산을 빤히 쳐다보면서 말합니다.

"허허, 지금 그대가 이렇게 와서 앉아 있지 않은가."

두 스님은 꽤 오랜 시간 마주앉아 이야기를 나누었습니다. 덕산은 용담 스님에게 선에 대해 이것저것을 물어보기도 하고, '사람의 마음을 곧바로 가리켜 깨닫게 한다'는 선의 가르침이 부처님 가르침에 얼마나 위배가 되는 것인지 등에 대해 설파도 하고, 금강경의 내용을 토대로 진리[法]에 대한 자신의 생각을 거침없이 드러내기도 했습니다. 용담 스님은 덕산의 이야기에 귀를 기울이기도 하고 질문에 대답도 해 줬지만, 덕산은 노스님의 대답이 이해되지 않았습니다. 그러다 보니 마치 저녁 먹은 것이 체한 듯 가슴만 점점 답답해져 왔습니다.

그렇게 시간이 흘러 늦은 밤이 되었습니다.

"이제 밤이 깊었으니 오늘은 그만 처소에 가서 쉬시게."

노스님이 그만 가서 쉬라고 하니 더 붙들고 늘어질 수도 없어서, 인사를 드리고 밖으로 나와 보니 너무나 캄캄해서 앞을 분간할 수가 없었습니다.

"스님, 밖이 너무 캄캄해서 등불이 있어야 갈 수 있을 것 같습니다."

"알았으니 기다리게."

잠시 후 용담 스님이 촛불을 들고 나왔습니다. 그런데 덕산이 그 촛불을 건네받으려고 손을 내미는 순간, 용담 스님이 돌연히 훅 입바람을 불어 촛불을 꺼버리는 것이었습니다.

"……………………!"

바로 이 순간 덕산에게 완전성의 체험이라는 깨달음이 일어납니다. 촛불을 훅 꺼버리는 것이 '곧바로 덕산의 마음을 깨어나게 하는 용담 선사의 가르침'이었고 이 행동에 마음이 고양된 덕산은 순간적으로 자신의 완전성을 보게 된 것입니다. 이제야 비로소 개념으로만 이해하던 금강경의 골수를 체험하게 된 것이지요. 이제 덕산은 문자와 개념 놀이에서 벗어나, "어느 마음으로 떡을 먹으려 하느냐?"라고 묻던 노파의 물음에 한 치의 어긋남도 없이 답할 수 있는 장부丈夫가 된 것입니다. 날이 밝자 덕산은 법당 앞에 그동안 애지중지해 온 금강경 주석서를 쌓아놓고 횃불을 든 채 큰 소리로 다음과 같이 게송을 노래합니다.

현묘한 이치를 다 설하고
중요한 모든 일 해낸다 해도

티끌 하나 허공에 걸어 두고
한 방울의 물을 바다에 던지는 짓이네.

그리고 횃불로 금강경 주석서를 불태우면서 말합니다.
"그림의 떡으로는 주린 배를 채울 수 없다."
재가 되어버린 주석서를 밟고 용담 선사에게 예를 올리고 길을 떠났답니다.

앞의 혜가와 승찬의 사례는 달마로부터 시작된 선의 원형을 보여줍니다. 괴로움, 죄업, 참회 등의 뿌리 깊은 개념을 일거에 해체시켜 곧바로 수행자의 본래 마음인 완전성을 일깨웁니다.
덕산의 사례는 완전성을 일깨우는 선의 가르침이 좀 더 발전된 모습입니다. 금강경에 대한 자부심과 최상의 진리를 깊게 이해하고 있다는 자만심과 문자와 개념에 단단히 속박되어 있는 덕산의 허구를 단박에 깨어 부수고 있는 그대로의 완전성을 보여준 것이지요. 자, 이제 선에서 왜 경전 외에 따로 법을 전한다고 하고, 왜 문자를 통하지 않는다고 하는지 이해하시겠습니까?

이야기를 듣다 보니 이렇게 이해하게 되었습니다. '선에서는 경전의 내용을 이해하는 것을 너머 그 경지를 실제로 체험해야 한다. 이것을 위해 선에서는 특별한 방법을 사용한다. 이 방법은 경전이나 문자를 공부하는 것이 아니라, 곧바로 수행자의 완전한 마음을 보도록 하는 직접적인 가르침이다. 이것을 통해 수행자가 자기 마음의 완전성을 깨닫게 되면, 부처님이 가르치신 경전의 내용을 실제로 체험하게 된다.'라고 이해한 것이 맞습니까?

예, 맞습니다.

그럼 선은 전적으로 자기 마음의 완전성을 깨닫기 위한 방법인가요?

그렇습니다. 선은 전적으로 마음의 온전함 즉, 자신의 완전성을 깨닫기 위한 수행법입니다. 그 온전한 마음이 모든 존재의 본래 모습이기 때문입니다. 그래서 선에서는 종교적 지식을 논하지 않습니다. 오직 모든 존재와 현상, 특히 자기 마음의 실체적 완전성과 이것을 바르게 인식할 수 있는 지혜를 추구하는 전문적인 방법입니다.

지금까지 제가 이해한 것을 정리해 보겠습니다. '선의 스승들은 수행자가 부처님의 가르침을 체험으로 깨닫게 하기 위해서, 경전의 가르침 외에 선禪만의 특별한 방법을 사용한다. 이 가르침은 수행자가 본래 갖추고 있는 마음의 완전성을 곧바로 가리켜서 보게 하는 방법이다. 이것을 통해 수행자는 이론이나 개념, 지식의 수준을 초월해서 부처님의 가르침을 실질적으로 깨닫게 된다.' 제가 바르게 이해했나요?

예, 맞습니다. '교외별전教外別傳 불립문자不立文字 직지인심直指人心 견성성불見性成佛'이라는 게송에 대한 핵심을 정확하게 이해하신 겁니다. 이러한 경전의 가르침과 선의 가르침의 관계를 조선 시대의 유명한 선사禪師인 서산대사西山大師는 이렇게 표현하고 있습니다.

부처님의 가르침은
무너질 수 없는 진리의 토대와 같아서
활의 활대와 같고

조사祖師의 가르침은
진리를 곧바로 깨닫게 하는 직접적 가르침이라서
활의 시위와 같다.

부처님은 수행을 통해 진리를 깨닫고, 그 깨달음을 체계적으로 확립해 놓으셨고, 조사님들은 부처님의 가르침이 단지 지식 차원에 머물지 않고, 실제로 체험적 깨달음으로 이어지도록 하는 역할을 맡아오신 것입니다.

## 제3문 : 공안公案, 화두話頭

공안은
수행자의 완전한 마음이
곧바로 드러나게 하는 가르침,
달을 가리키는 손가락이다!

당신은 선이 진리에 대한 심오한 가르침을 통해 수행자의 마음이 강력하게 고양되어, 신속하게 깨달음에 드는 방법이라고 했습니다. 그런데 그 가르침은 경전의 내용이 아니라고 했습니다. 그렇다면 선에서 가르치는 심오한 가르침이란 무엇인가요?

선에서 이루어지는 심오한 가르침은 지식을 전수하는 가르침이 아닙니다. 잠자고 있는 수행자의 지혜를 깨우는 것입니다. 이것을 선에서는 공안이라고 부릅니다. 공안은 공부안독公府案牘의 줄임말입니다. 공부안독은 관공서의 문서를 말합니다. 관공서에서 작성되고 확정된 문서는 신뢰할 만한 것이고 모든 사람이 지켜야 할 준칙이기도 합니다.

선에는 조사祖師들의 수많은 가르침이 전해져 옵니다. 이 중에는 특히 수행자를 깨달음에 이르게 한 가르침들이 많이 있지요. 이 가르침대로 수행하면 깨닫는다는 것이 증명된 것입니다. 관공서의 문서처럼 전적으로 신뢰할 수 있다는 것입니다. 이런 '조사들의 증명된 가르침'을 후대의 수행자들이 수행의 규범으로 삼을 수 있도록 정리하고 기록해 놓은 것을 공안이라고 부릅니다.

공안은 스승과 제자의 매우 특별한 대화로 이루어져 있습니다. 스승이 제자에게 심오한 질문을 던지기도 하고 제자의 질문에 스승이 심오한 답을 제시하는 방법을 통해, 그 자리에서 곧바로 제자의 마음을 고양시켜 깨달음이 열리도록 합니다. 이 특별한 대화를 보통 선문답禪問答이라고 합니다. 만약 제자가 충분히 준비되어 있다면 그 자리에서 즉시 완전성과 합일이 될 것이고, 아직 준비가 미흡한 상태라면 좀 더 시간이 필요하겠지요.

이때 스승은 말이나 행동으로 가르침을 주기 때문에, 이 가르침을 '조사의 말씀'이라는 의미로 화두話頭라고도 합니다. 또한, 이 가르침은 모든 생각이나 개념이 일어나기 이전의 완전한 마음 즉, 무념無念의 상태를 곧바로 겨냥한다는 의미로 화두라고도 합니다. 이때의 화두는 '생각 이전의 마음'을 뜻합니다. 화두를 조사의 말씀으로 받아들이든, 생각 이전의 마음으로 받아들이든 두 경우 모두 '달을 가리키는 손가락'의 역할을 합니다.

'달을 가리키는 손가락'의 의미가 무엇인가요?

선에서는 수행자의 '온전한 마음'을 달에 비유합니다. 수행자의 완전성, 본연本然의 마음을 말합니다. 달을 가리키는 손가락이란 수행자의 온전한 마음을 곧바로 드러나게 하는 가르침이라는 뜻입니다. 환하게 달이 떠 있는 밤에 누군가 당신에게 "달이 어디에 있나요? 무엇이 달인가요?"라고 묻는다면, 당신은 아마도 달에 대해서 이러쿵저러쿵 설명하지 않고 곧바로 달을 가리킬 것입니다. 달에 대해 물은 사람은 당신이 가리킨 방향을 볼 것이고 거기에서 환하게 빛나고 있는 달을 발견하게 되겠지요.

진리나 존재의 실상에 대해 간절하게 알고 싶은 수행자가 스승에게 이에 대한 질문을 했을 때 스승은 매우 직접적인 언어나 행동으로 답을 합니다. 이것을 접한 수행자는 순간적으로 마음이 고양되고 몰입됩니다. 수행자의 마음은 자연스럽게 이 가르침이 가리키는 방향을 따라 나아가게 되고 결국 일체의 개념과 번뇌의 속박에서 벗어나 자신의 온전하고 완전한 본성을 확연하게 체험하게 됩니다. 그래서 이 가르침을 '달을 가리키는 손가락'이라고 하는 것이지요.

공안이나 화두의 가르침은 손가락 외에도 다양하게 비유를 합니다. 사과 맛을 궁금해하는 사람에게 사과를 직접 먹어보게 하는 것, 목이 마른 사람에게 시원한 물을 직접 마시게 하는 것도 공안과 화두의 특징과 역할을 쉽게 이해시키는 비유입니다. 손가락의 비유, 사과의 비유, 물 한 컵의 비유 등이 의미하는 공통점이 무엇일까요? 이론과 지식의 차원을 넘는 직접적 체험의 세계라는 것입니다. 당신이 선을 공부한다는 의미는 공안을 공부한다는 것이고, 공안을 통해 당신의 완전성을 직접 체험하게 된다는 의미입니다.

이러한 가르침은 오랜 시간에 걸쳐 전해져 왔습니다. 또 위대한 스승들에 의해 많은 가르침이 탄생했습니다. 지금까지 전해져 오는 공안만 해도 무려 일천칠백 가지가 된다고 합니다. 당신도 선의 스승을 통해 공안을 받아서 꾸준히 수행한다면, 분명히 깨달음에 들어 당신의 온전한 마음, 그 완전성과 만나게 될 것입니다.

## 【 지금까지 핵심 요약 】

1. 모든 생명, 모든 존재의 본질은 완전하다.
   - 선의 대전제는 모든 생명은 이미 깨달아져 있다는 것.

2. 괴로움은 자기 자신의 본질인 완전성을 인식하지 못하는 것에서 생겨난다.
   - 완전성을 인식하지 못하는 것은 어리석음에 가려져 있기 때문.
   - 어리석음은 스스로를 욕망의 노예로 만든다.
   - 본래의 나는 완전성 자체.
   - 현재의 나는 탐냄·성냄·어리석음 등의 노예.
   - 여기에서 모든 괴로움이 생겨난다.

3. 괴로움을 소멸시키고 자신의 완전성과 합일될 수 있는 방법은 네 가지가 있다.
   - 사마타를 성취하고 그 힘으로 위빠사나를 성취.
   - 위빠사나를 성취하고 그 힘으로 사마타를 성취.
   - 사마타와 위빠사나를 함께 닦아서 성취.
   - 진리에 대한 심오한 가르침에 마음이 고양되어 신속하게 완전성과 합일.
   - 선禪은 네 번째에 해당.

4. 선은 본질에 대한 직접적인 가르침이다.
   - 지엽枝葉을 말하지 않는다.
   - 완전성을 직접 가리키는 직지直指의 가르침.
   - 지식이 아닌 지혜의 체험.
   - 개념이 아닌 실상實相.
   - 본래 깨달아져 있는 존재의 완전성 중시.
   - 경전의 내용을 실제 체험시키기 위한 특별한 방법.
   - 선의 특별한 가르침을 공안公案 또는 화두話頭라고 함.

## 제4문 : 조사선祖師禪, 간화선看話禪

조사선에서 간화선이 나왔으나
수행자는
간화선을 통해 조사선을 이룬다.

조사선은 무엇이고 간화선은 무엇인가요?

결론부터 말씀드리면 두 가지는 궁극적으로 다르지 않습니다. 다만 수행해 가는 과정에서 약간의 차이가 있습니다. 달마 스님으로부터 시작된 조사선은 딱히 수행의 과정이 없습니다. 선의 스승이 수행자의 내면 상태를 예리하게 관찰하다가 준비가 되었다고 판단될 때 특별하고 심오한 가르침을 내립니다. 이 가르침을 받는 순간 수행자의 마음에는 특별한 고양高揚이 일어납니다. 이때 수행자의 마음은 지금까지의 모든 상대적 개념이나 관념에서 벗어나게 됩니다. 텅 비어져서 지극하게 고요해집니다. 동시에 잠들어 있던 내면의 지혜가 완전하게 깨어납니다. 모든 어리석음이 걷혀서 지극하게 밝아집니다. 이 순간 수행자는 깨닫게 됩니다. 본래부터 잠재되어 있던 자기의 완전성을 알게 되고 하나가 됩니다. 말끝에 단박에 깨닫고 다시는 에고의 현상에 속지 않게 되는 것이지요. 이 같은 직지인심直指人心이라는 조사선의 특징 때문에 조사의 가르침을 '달을 가리키는 손가락'으로 비유하는 것입니다.

간화선 또한 조사선의 특성을 그대로 계승하는 선인데, 차이점은 옛 조사의 직지인심의 가르침을 공안으로 삼아 공부한다는 것 하나입니다.

그래서 간화선을 공안선公案禪 또는 화두선話頭禪이라고도 부릅니다.

간화선은 공안을 공부하는 것이라고 하시는데…조사선과 비교할 때 어떤 의미가 있는 것인가요?

조사선은 진리를 깨닫게 하는 가장 빠르고 강력한 방법이지요. 그러나 누구나 공부할 수 있는 방법은 아니었습니다. 이미 내면의 준비가 충분히 되어 있는 수행자를 위한 방법입니다. 만약 수행자가 선을 받아들일 준비가 되어 있지 않다면, 스승은 다양한 방법으로 수행자의 마음을 다독이고 단속합니다. 이 방법은 정해져 있는 것이 없습니다. 수행자 내면의 상태에 따라 순간순간 즉흥적으로 이루어집니다.

이렇게 스승의 세밀한 보살핌으로 수행자의 마음은 점차 선을 받아들일 수 있는 순수함과 믿음을 갖추게 됩니다. 그리고 때가 되었을 때 스승은 한순간에 수행자의 마음을 열고 선의 궁극적 가르침을 전하게 됩니다.

조사선의 이런 방법은 분명 보통의 수행자들이 공부하기에는 적합하지 않았지만, 선의 불모지에 그 씨앗을 심는 과정에서는 불가피한 일이었습니다. 그래서 선의 초기에는 대부분 일인 전승으로 전해져 왔습니다. 달마에서 혜가로, 혜가에서 승찬으로, 승찬에서 도신으로, 도신에서 홍인으로, 홍인에서 혜능으로 전해져 왔습니다. 이때는 선의 가르침을 널리 펴는 것보다 후대를 위한 토대를 다지는 것이 중요한 때였습니다. 한 수행자가 깨달음에 이르는 것에도 기다림과 준비가 필요하듯, 선의 가르침이 널리 퍼지는 것에도 기다림과 준비가 필요했던 것입니다.

시간이 흐름에 따라 선의 이념과 가르침을 이해하는 수행자들이 늘어납니다. 선을 통해 깨달음에 이르는 수행자들도 점차 많아집니다. 이제는 선을 받아들일 준비가 되지 않은 수행자들을 위한 방법이 필요해졌습니다. 물론 지금까지도 수행의 방법이 전혀 없던 것은 아닙니다. 부처님이 수행하셨던 호흡 수행은 가장 보편적인 방법이었습니다. 부처님의 이름과 자비심을 연모하고 되새기는 방법도 널리 행해져 왔습니다.

그러나 선은 직지인심이라는 매우 강력하고 직접적인 가르침이 핵심입니다. 이 핵심을 어떻게 하면 준비가 안 된 수행자들도 받아들이게 할 수 있을까. 이런 필요에 의해서 고안된 방법이 공안선이라고도 불리는 간화선입니다.

앞에서 말씀드린 것처럼 공안은 수행자를 깨달음에 이르게 한 조사님들의 심오한 가르침입니다. 이미 검증된 가르침이지요. 이 공안 중 하나를 스승으로부터 전해 받아서 깨달음이 열릴 때까지 공부해 나가는 것이 간화선입니다. 수행자가 하나의 공안을 받는 순간 공안은 반드시 해결해야 할 문제가 됩니다. 내면이 잘 준비된 수행자라면 아마도 공안을 받는 즉시 문제를 해결할 것입니다. 마치 조사님의 가르침을 받는 즉시, 말끝에 문득 깨닫는 것과 동일한 사건이 일어나는 것이지요. 그러나 아직 준비가 안 된 수행자에게는 공안은 해결해야 할 문제가 됩니다. 이 문제는 진리에 대한 심오한 가르침이기 때문에 쉽게 해결될 문제는 아닙니다. 수행자는 그 문제의 답을 전혀 알 수 없습니다. 전혀 알 수 없는 문제를 해결해야 하기 때문에 깊은 의문에 빠집니다.

이처럼 전혀 알 수 없는 문제와 의문을 '화두'라고 할 수 있습니다. 이 의문을 앞에 놓고 답을 구하려 의심하고 생각하는 과정에서 수행자의 마음은 지극하게 순수해집니다. 이 의문의 시간이 지나감에 따라 수행자는 한순간에 선을 받아들이고 깨달음에 들어, 자신의 완전성을 확연하게 볼 수 있는 여건이 갖추어집니다. 결국에는 공안에서 촉발된 문제의 답이 무엇인지를 깨달아 내어놓게 되는데, 이 순간이 조사선에서의 깨달음의 순간과 모든 면에서 차이가 없습니다.

간화선이 중요한 것은 보통의 자질을 가진 누구나 공안을 통해 조사선의 깨달음을 얻을 수 있다는 것입니다. 근현대 한국불교의 가장 위대한 조사 중 한 분인 '만공 스님'은 이것에 대해 이렇게 설명했습니다.

"선을 통한 깨달음은 된장을 찍어 먹고, 짜다는 것을 알 수 있는 사람이라면 누구나 공부할 수 있다!"

당신은 어떠신가요? 된장을 찍어 먹으면 짜다는 것을 아시나요? 설탕을 먹으면 달다는 것을 알 수 있나요?

물론입니다.

그럼 당신도 얼마든지 선을 공부할 수 있습니다. 간화선을 통해 조사선의 깨달음을 분명히 이룰 수 있습니다.

제가요?

예! 당신도 할 수 있습니다. 누구나 할 수 있습니다. 조사선의 방식이라면 가능성이 없을 수도 있겠지만, 간화선을 통하면 당신의 깨달음은 조사선으로 이어지게 됩니다. 이것이 간화선이 갖는 귀중한 의미입니다. 간화선을 통하면 그 결과는 조사선의 깨달음을 열게 되는 것이지요. 결국, 간화선과 조사선은 다른 것이 아닙니다. 누구나 마음만 먹으면 간화선을 공부할 수 있고, 궁극적으로 조사선을 이루게 됩니다.

## 제5문 : 선 수행과 업장 소멸

진정한 참회懺悔는
자기의 완전성을 회복하는 것에 있고
자기의 완전성을 회복할 때,
모든 업業의 문제도 해결된다.

종교에서는 죄에 대한 참회를 매우 중시하는 것 같습니다. 종교적 관점에서의 죄는 무엇인가요? 또 선 수행과 참회는 어떤 관계가 있습니까?

거의 모든 종교에서 죄에 대한 뉘우침 즉, 참회는 가장 중요한 요건 중 하나입니다. 또 종교에서 바라보는 죄는 사회적 기준보다 훨씬 엄격하지요. 사회에서는 행동으로 저지른 것만을 죄라고 하지만, 종교에서는 훨씬 미세한 차원인 마음의 문제까지 죄로 여기기 때문입니다. 종교가 무엇보다도 가장 으뜸 되는 가르침, 가장 근본적인 가르침이다 보니 사회법이나 윤리와 도덕에 비해 훨씬 근본적인 차원의 허물까지 죄로 봅니다.

종교에서 가르치는 죄의 기준을 잘 살펴보면, 무엇을 죄라고 하는지에 대해 크게 두 가지 관점을 배울 수 있습니다. 하나는 자신을 포함한 모든 생명의 존귀함과 행복을 해치면 안 된다는 것입니다. 또 하나는 자기 자신의 완전성에서 벗어나면 안 된다는 것입니다. 특히 완전성의 상실은 모든 죄의 원인이 된다는 것을 알 수 있습니다.

자신의 완전성을 상실한 상태에 대해, 기독교에서는 어떻게 표현하고 있을까요? 신과 함께하는 완전한 곳인 낙원, 에덴동산에서 쫓겨난 것으로 표현하고 있습니다. 모든 죄와 고통의 원인이기 때문에 원죄原罪라고 합니다. 완전성의 상실로 서로 대립하는 이분법의 세계에 빠진 것을 가장 근원적인 죄로 보는 것입니다.

불교에서는 이 상태를 어리석음에 물들어 온전한 지혜를 상실한 것으로 표현합니다. 탐욕, 분노와 더불어 생명을 불행하게 하는 가장 근원적인 원인 중 하나로 보는데, 어리석음이야말로 탐욕과 분노보다도 더 근본적인 죄가 됩니다.

이처럼 완전성을 상실한 것 때문에 모든 생명은 각자의 상황에서 온갖 고통을 경험하게 되는 것이지요. 완전성을 상실했기 때문에 자기 존재의 당위성과 당당함, 완전한 행복까지 상실하게 된 것입니다. 어리석음에 물들어 있어서 있는 것을 존재 그대로 보지 못하고 선과 악 등 이분법적 환영에 빠져서 온갖 허물을 지으며 살게 되고, 이에 따른 다양한 장애障礙에 시달리고 속박됩니다. 이런 장애는 일상의 삶은 물론이고 선을 수행하는 것에도 크고 작은 부정적인 영향을 매우 강하게 미칩니다. 이것을 업장業障이라고 합니다.

참회는 이 업장에서 벗어나기 위한 노력을 말합니다. 과거의 허물을 뉘우침은 물론, 미래에도 허물을 짓지 않기 위해서 노력하는 것이지요. 그러나 자기의 완전성을 상실한 상태에서는 온진한 참회 또한 거의 불가능합니다. 그렇다면 어떻게 해야 가장 확실하게 참회를 할 수 있을까요? 우리나라의 불제자들이 가장 자주 읽는 경전인 천수경千手經에 이런 가르침이 있습니다.

> 까마득한 과거부터 저질러온 산 같은 죄업도
> 마음 한 번 돌이킴으로 사라진다네.

바싹 마른 풀이 불에 타서 사라지는 것처럼
남김없이 사라진다네.

왜인가?
죄는 다만 어리석은 마음 따라 일어나는 것
어리석음이 사라지면 죄도 따라 사라진다네.
마음에 어리석음도 없고 죄도 없을 때
이것을 진정한 참회를 이루었다 한다네.

이처럼 진정한 참회는, 죄업의 숙주가 되는 어리석음이 마음에서 다 걷힐 때 이루어진다는 것입니다. 이와 마찬가지로 당신의 마음에서 어리석음이 남김없이 사라지는 순간, 당신은 당신의 완전성을 보게 됩니다. 깨달음이 열립니다. 결국, 진정한 참회는 깨달음의 순간에 이루어진다는 것이지요. 그리고 가장 신속하게 깨달음을 여는 방법이 선을 수행하는 것입니다.

진정한 참회는 자기의 완전성을 깨달아야 이루어진다는 말씀은 이해가 됩니다. 그런데 아직 깨달음에 이르기 전이라도 선을 수행하는 것이 참회에 도움이 될까요?

당연히 도움이 됩니다. 참회에 도움이 될 뿐 아니라 과거의 허물에 따르는 괴로움 즉, 업장을 녹이는 데도 큰 도움이 됩니다. 왜 그럴까요? 모든 허물의 근본 원인은 '어리석음'에 있기 때문입니다. 과거와 미래의 허물과 죄를 참회한다는 것은 어리석음을 참회하는 것입니다. 어리석음을 참회한다는 것은 어리석음에 덮여 있는 본래의 지혜를 되찾는 것입니다. 이것을 위한 방법 중에서 가장 강력한 것이 바로 선을 수행하는 것입니다.

선 수행으로 어리석음이 걷힘에 따라 지혜가 점차 드러나게 되면, 그만큼씩 어리석음의 영향에서 벗어나게 됩니다. 어리석음의 영향력이 약해지는 만큼, 허물에 대한 분별과 자각이 선명해집니다. 지혜가 밝아져 감에 따라 어리석음은 그만큼 줄어들고, 허물에 대한 뉘우침도 일어납니다. 지혜가 밝아진다는 것은 죄업에 물들기 이전의 완전성과 가까워진다는 것입니다. 이와 같은 과정을 반복하면서 궁극적 깨달음과 참회의 길을 가는 것이지요. 선 수행과 참회는 별개로 진행되는 것이 아닙니다. 선 수행이 곧 참회입니다.

그렇군요. 완전한 깨달음에 이르기 전이라도 선을 수행하는 과정 자체가 점차 참회를 겸하게 되는 것이라는 말씀이 저의 마음을 따뜻하게 합니다. 업장의 소멸과 선 수행의 상관관계에 대해서도 가르침 부탁드립니다.

참회하는 이유가 곧 업장을 소멸하기 위함입니다. 업장 때문에 우리가 몸과 마음의 고통을 받기도 하고 수행에서도 크고 작은 문제를 만나기도 합니다. 그런데 선을 수행하는 과정 자체가 참회의 과정임을 안다면, 선을 수행하는 과정이 곧 업장을 소멸시키는 과정이라는 것도 알 수 있지요. 이것을 이해하기 쉬운 두 가지의 비유가 있습니다.

첫 번째 비유는 심리상담에서 많이 쓰는 맑은 물의 비유입니다. 괴로움을 호소하는 내담자에게 상담자는 흙탕물이 가득 담긴 유리컵을 놓고 어떻게 하면 컵의 물을 맑게 할 수 있을지 묻습니다. 그리고 그 컵에 맑은 물을 계속 부으라고 합니다. 컵에 가득 찼던 흙탕물은 맑은 물이 계속 들어옴에 따라 컵 밖으로 흘러넘쳐 나가게 됩니다. 결국에는 흙탕물은 모두 흘러 나가고 컵에는 맑은 물이 가득 차게 됩니다. 흙탕물은 허물로 오염된 마음, 괴로움을 뜻하고, 맑은 물은 허물이 없는 행위 즉, 선 수행이라고 이해하시면 됩니다.

또 다른 비유는 먹물 한 방울의 비유입니다. 소주잔보다도 작은 잔에 맑은 물을 채우고 그 잔에 먹물 한 방울을 떨어뜨리면 잔 속의 맑은 물은 어떻게 될까요? 한 방울의 먹물에도 완연하게 검은 물이 됩니다. 이번에는 큰 드럼통에 맑은 물을 채우고 그곳에 먹물 한 방울을 떨어뜨려 봅니다. 드럼통의 맑은 물에는 어떤 일이 일어날까요? 맑은 물의 양이 월등하게 많기 때문에 먹물은 흔적도 없이 사라진 듯 보일 것입니다. 맑은 물의 양이 적을 때는 먹물이 위력을 갖지만, 맑은 물의 양이 많을수록 먹물의 흔적은 더욱 찾기 힘들어집니다.

여기에서 먹물은 과거의 허물 즉, 죄를 뜻하고 그릇의 크기와 맑은 물의 양은 수행자의 마음의 크기를 뜻합니다. 앞에서 선의 가장 핵심 가르침을 말씀드렸었습니다. 무엇인지 기억하시나요?

**모든 생명은 '본래 완전성을 가진 존재'라고 기억합니다.**

그렇습니다. 당신을 포함한 모든 생명은 처음부터 흠결 없는 완전한 존재라고 말씀드렸습니다. 이 완전성의 크기는 얼마나 될까요? 이것의 크기는 그 한계를 상정할 수가 없습니다. 그래서 무한량無限量이라고 말합니다. 우주라는 큰 그릇에도 담을 수 없을 만큼 크다고 합니다. 그러나 완전성을 깨닫지 못한 수행자는 현재 자신의 수준만큼의 크기로만 자신을 인식하게 됩니다. 소주잔 수준이면 소주잔의 크기로, 밥그릇 수준이면 밥그릇 크기로, 큰 밥솥 수준이면 밥솥 크기로 인식하는 것이지요.

 어느 한때의 허물이 인과법칙因果法則에 의해 업장으로 다가올 때, 지금 이 순간 수행자가 체험한 마음의 크기가 얼만큼인가에 따라, 업장이 끼치는 영향력은 상대적으로 차이가 나게 되는 것입니다. 힘이 약한 유아는 도저히 감당할 수 없는 어려움도, 성인이 감당하기는 별 어려움이 없는 것과도 같습니다. 선을 수행하는 것은 무한량의 크기인 완전성을 회복해 가는 일입니다. 완전성을 온전하게 회복하기 전이라 해도 수행자의 마음은 완전성을 향해 점차 확장되어 갑니다. 마음이 확장되는 만큼, 허물에 대한 참회도 온전해져 갑니다.

## 제6문 : 선 수행의 공덕

영웅호걸의 공덕이
제아무리 크다 한들
부처님의 공덕에 미칠 수 있을까.
조건에 따라 생겨나는 공덕이
우주를 가득 채운다 해도
결국에는 부처님 손바닥에서 달리는 손오공이다.

수행자가 깨달음에 이르기 위해서는 크나큰 공덕이 필요하다는 말을 들었습니다. 실제로 본격적인 수행의 준비 과정으로 공덕을 짓기 위해 노력하는 분들도 많이 보았습니다. 선을 수행하기 전에 먼저 이런 공덕을 많이 쌓아야 하지 않나요? 선을 수행하면 공덕이 생겨나기도 하나요?

결론을 말씀드리자면, 공덕 중에 가장 큰 공덕은 선을 수행하는 것입니다. 앞에서 이야기한 달마 스님과 양무제의 일화를 기억해 보십시오. 또 금강경의 가르침도 기억해 보십시오. 번뇌 속에서 괴로움을 해결하기 위해서 행하는 다양한 보시도 좋지만, 그것보다 중요한 것은, 번뇌의 원인과 정체성에 대해서 정확하게 알고 직접 대면해서 해결해 나가는 것입니다.

저는 지금 선을 수행하는 것 외에 다른 공덕 쌓기가 필요하지 않다고 말씀드리는 것이 아닙니다. 시간이나 형편이 된다면, 그 여건에 맞추어 다양하게 공덕을 쌓는 것은 선 수행에 반드시 도움이 됩니다. 그런데 도대체 어떤 노력을 얼마만큼 해야 선을 수행하기 충분한 공덕을 쌓을 수 있을까요? 아마도 그 끝을 알 수가 없을 것입니다. 우리가 선택할 수 있는 가장 좋은 방법은 선 수행과 공덕 쌓기를 병행하는 것입니다. 그렇다면 어떤 공덕이 선을 수행하는 데 가장 좋은 영향을 주게 될까요? 또 어떻게 하는 것이 가장 좋을까요? 그 기준이 뭘까요?

지금 나의 삶에서 여유가 있는 무엇이 있다면, 그것을 필요로 하는 사람에게 나누어 주십시오. 지금 나에게 물질적인 여유가 조금 있다면 그것을 누군가에게 나누어 주십시오. 지금 나에게 시간의 여유가 조금 있다면 그 시간을 누군가에게 나누어 주십시오. 많든 적든, 크든 작든, 나에게 여유가 있는 것을 타인과 나눔으로써 다른 사람을 행복하게 해 줄 수 있다면 그것이 공덕입니다.

나의 여유를 타인의 행복을 위해 조금이라도 나누는 것이 기준입니다. 나의 삶의 방식을 바꾸어서 남을 도울 수 있는 여유를 만들 수 있다면 삶의 방식을 바꾸십시오. 그리고 새롭게 만들어진 여유, 그것이 시간이든, 물질이든, 정신이든, 타인의 행복을 위해 쓰십시오. 단, 타인의 행복을 도우려고 자신을 지나치게 힘들게 하거나 희생시키지는 마십시오. 바람직한 공덕은 돕는 사람과 도움을 받는 사람이 다 같이 행복한 것입니다.

선 수행에 직접적으로 도움이 되는 공덕은 뭘까요? 수행자 자신이 본래 완전하다는 가르침을 믿는 것이 공덕이 됩니다. 선을 가르치는 스승을 굳게 신뢰하는 것이 공덕이 됩니다. 몸과 마음을 건강하게 돌보는 것이 공덕이 됩니다. 누군가가 고통받고 있다면, 그 고통에 연민의 마음을 내는 것이 공덕이 됩니다. 누군가가 외로워한다면, 잠시라도 그와 함께 있어 주는 것이 공덕이 됩니다. 누군가가 절규하고 있다면, 그의 말을 들어주십시오. 존재가 본래 완전하다는 것을 잊은 삶은 매 순간 고통이라는 걸 확인하고 성찰하십시오.

    모든 생명이 고통과 고통의 원인에서 벗어나기를 늘 발원하십시오.
    모든 생명이 행복과 행복의 원인을 갖게 되기를 늘 발원하십시오.
    모든 생명이 내면의 진정한 기쁨과 만나게 되기를 늘 발원하십시오.
    모든 생명이 기뻐하고 슬퍼하는 순환에서 벗어나기를 늘 발원하십시오.
    타인의 존귀함 앞에서 비굴함과 위축감을 내려놓으십시오.
    타인의 비루함 앞에서 교만을 내려놓으십시오.
    타인의 기쁨과 영광을 보면 나의 일처럼 기뻐해 주십시오.
    이러한 모든 것을 선 수행과 병행하십시오.
    삶의 시간과 괴로움의 경험 전체를 선 수행의 동기로 삼으십시오.

이렇게 한다면 나와 남이 동시에 선 수행에 공덕이 됩니다. 기쁨과 슬픔이 동시에 선 수행에 공덕이 됩니다. 즐거움과 괴로움이 동시에 선 수행에 공덕이 됩니다.

어느 날 문득 자기의 완전성과 하나가 되는 순간, 모든 공덕 또한 완전하게 성취됩니다. 그 누군가가 아무리 대단한 공덕을 쌓았다고 해도 붓다의 공덕에는 미치지 못합니다. 붓다의 공덕은 우리를 숨 쉬게 하는 공기와 같습니다. 붓다의 공덕은 뭇 생명을 살리는 햇빛과 같습니다. 붓다의 공덕은 모든 물고기를 살리는 물과 같습니다. 붓다의 공덕은 모든 생명의 터전인 대지大地와 같습니다. 이것이 선의 공덕입니다.

# 공안公案의 세계

- 공안이란?

- 깨달음에 대한 온전한 가르침

- 완전성을 가리키는 손가락

- 자비심으로 지은 깨달음에 드는 문

- 일생일대의 문제

## 공안이란?

—

보이는 풍광風光이 아무리 고요해도, 마음이 혼란스러우면 진정한 평화도, 행복도 없습니다. 눈앞에서 천둥 번개와 거센 비바람이 몰아친다 해도, 마음이 고요하면 거슬림 없는 평화가 함께합니다.

깨달은 스승의 마음은 고요함을 떠나지 않습니다. 외부의 혼란스러움에도 지혜로 상응相應할 뿐 부화뇌동하지 않습니다. 번뇌와 번뇌의 원인인 어리석음이 지혜의 마음으로 복원되었기 때문입니다. 나와 남을 해롭게 하는 분노가 자비의 마음으로 복원되었기 때문입니다. 모든 상대적 개념을 초월해서 완전성과 온전하게 하나가 되었기 때문입니다. 삶의 노예에서 벗어나 삶의 주인이 되었기 때문입니다. 에고에 갇힌 부분적 존재에서 벗어나 '전체성'을 회복했기 때문입니다. 모양과 이름, 시간과 공간, 빛과 어두움으로 이루어진 세계는 그것이 무엇이든 다 마음이 만들어 낸 환영幻影임을 깨달았기 때문입니다.

공안은 스승의 완전성을 우리에게 직접 보여주는 가르침입니다. 사실은 우리에게 갖추어져 있는 완전성, 스승의 완전성과 다름없는 우리의 그것을 '지금 당장 보라고 가리키는 손가락'입니다. 그러나 에고에 갇히고 어리석음에 물들어 있는 우리의 소견으로는, 그 가르침의 본뜻을 간파하기가 쉽지 않습니다. 그 뜻을 알아내려는 노력이 필요하고, 시간이 필요합니다. 이 노력을 공안을 참구參究한다고 하는 것이고, 간화선看話禪을 수행한다고 하는 것입니다.

명심할 것은, 간화선 수행은 공안의 뜻을 당신이 이론이나 추론으로 만들어 내는 것이 아니라, 공안을 통해 표현된 스승의 완전한 마음을 있는 그대로 알아내는 것임을 잊지 마십시오. 이 과정에서 당신의 에고와 어리석음은 점차 소멸되고, 당신에게 본래 갖추어져 있는 지혜는 점차 회복될 것입니다. 공안에 내포된 스승의 온전한 지혜와 당신의 마음이 합일되어 갈 것입니다. 스승의 마음과 당신의 마음이 만나는 순간이 당신의 완전성과도 만나는 것입니다.

## 깨달음에 대한 온전한 가르침
—

공안은
가르침 중의 가르침이고
궁극의 가르침이다.

앞에서도 말씀드린 것처럼, 공안은 제자의 질문에 스승이 내린 가르침입니다. 또는 스승이 제자에게 묻는 완전성에 대한 질문이기도 합니다. 달마 스님으로부터 시작된 선의 가르침, 그 목적은 오직 수행자가 본래 가지고 있는 완전성을 깨닫게 하는 것 하나입니다.

실제로 이 심오한 가르침은 오랜 세월 동안 수많은 스승들에 의해 생겨나고 전해져 왔습니다. 그리고 헤아리기 힘들 만큼 많은 수행자를 깨달음에 이르게 했습니다. 이런 가르침이 무려 천칠백 가지가 전해져 온다고 합니다. 흔히 '천칠백 공안'이라고 이야기합니다. 선 수행자는 그중 하나를 정해서 공부하면 됩니다.

공안은 곧바로 깨달음에 들게 하는 가르침이기 때문에, 가르침 중의 가르침이고 가장 온전한 가르침이라고 할 수 있습니다. 깨달은 스승의 '완전한 마음'의 세계입니다. 모든 번뇌와 고통이 소멸된 세계입니다. 번뇌와 고통의 원인이 되는 '어리석음'이 걷힌 세계입니다. 슬픔에서 기쁨을 보게 하고 괴로움에서 즐거움을 보게 하고 환영幻影을 통해 진실과 진리를 보게 하는 가르침입니다.

## 완전성을 가리키는 손가락

무수한 개념들
그 환영幻影의 바다에서
오직 완전성만을
곧게 가리킨다.

공안의 가르침을 직지直指라고도 합니다. '곧바로 가리킨다'라는 뜻입니다. 무엇을 가리킨다는 것일까요? 수행자의 완전성, 본래의 순수한 마음 즉 성품性品을 가리키는 것입니다. 수행자는 공안의 가르침을 통해 자기의 완전성을 깨닫게 됩니다.

완전성은 이론이나 논리적 지식을 통해서는 깨달을 수가 없답니다. 모든 이론과 개념을 초월한 상태에서만 확인이 가능한 것입니다. 공안은 순간적으로 수행자의 마음을 지식과 논리에서 벗어나게 합니다. 지식과 논리에서 벗어나는 순간 그 자리에서 빛나고 있는 자신의 완전성을 보게 되는 것이지요.

공안의 가르침은 스승의 지혜 자체라고 할 수 있습니다. 고통과 어리석음에 대한 완전한 통찰이 내포되어 있습니다. 수행자가 공안을 해결한다는 것은 붓다의 마음, 스승의 마음과 같은 마음인 완전성과 합일됨을 뜻합니다. 모든 개념과 어리석음의 틈에서 완전성을 곧게 가리키는 특성과 작용 때문에 공안을 직지인심直指人心의 가르침이라고 하는 것입니다.

## 자비심으로 지은 깨달음에 드는 문
―

까마득한 허공에
주춧돌도 없이
환영으로 지어놓은 문을 열고
스스로의 완전성을 만나라.
그 문이 스승의 자비심이다.

이런 상상을 한 번 해봅시다. 당신이 지구를 벗어나서 까마득한 우주 공간 한가운데에 있습니다. 그 상황에서 위는 어디이고 아래는 어디일까요? 동쪽은 어디이고 서쪽은 어디일까요? 위, 아래, 동쪽, 서쪽 등을 구분할 수 있을까요?

**글쎄요. 참으로 막연하고 막막합니다. 우주 공간 한가운데 있는데 그런 구분이 가능할까요?**

그렇지요? 동서남북이다 위다 아래다 하는 구분은 지구에서나 가능한 개념입니다. 까마득한 우주 공간에서는 통하지 않는 개념이지요. 우주 공간에서 방향을 잡으려면 그에 걸맞은 특별한 훈련과 도구가 필요할 것입니다. 자기의 완전성의 세계나 그것을 찾는 것도 이와 같습니다. 에고의 마음을 바탕으로 이룩한 모든 지식이나 경험이 통하지 않습니다. 에고 차원에서 본다면 완전성의 세계는 우주 공간과 같습니다. 막연하고 막막할 뿐, 무엇을 어떻게 해야 할지 전혀 알 수가 없습니다. 우리는 모두 지금 이런 상황에 놓여 있습니다. 에고에 속박되어 있는 현재의 관점으로는 완전성의 세계를 전혀 엿볼 수조차 없습니다.

공안은 에고로 가득 찬 우리를 완전성으로 이끌기 위해서 스승이 임시로 세워 놓은 문門입니다. 까마득한 우주 공간에 완전성으로 통하는 게이트를, 우리가 보고 느낄 수 있는 차원의 방법으로 만들어 놓은 것과 같습니다. 우리가 그 문을 열고 들어가기만 하면 자기의 완전성을 만날 수 있습니다. 이것이 역대 선의 스승들의 넘치는 자비심慈悲心입니다.

## 일생일대一生一大의 문제
—

이것 하나를 해결하는 것으로
과거·현재·미래의
모든 죽음에서 벗어난다.

수행자에게 공안은 도저히 알 수 없는 문제로 다가옵니다. 부술 수도 없고 넘을 수도 없는 철벽같은 문제로 다가옵니다. 어떤 개념으로도 어떤 지식으로도 해결할 수 없습니다. 팔만대장경을 모두 뒤져도, 우주를 모두 뒤져도, 이 문제의 답은 찾을 수 없습니다. 이것이 공안의 진정한 맛입니다. 수행자의 간절한 마음으로만 이 문제를 해결할 수 있습니다.

이 문제 앞에서는 모든 환영이 다 사라집니다. 공안이 수행자에게 주는 가르침에 대해 알지 못하고 이해할 수도 없는 마음, 모르는 마음만 현전現前하게 됩니다. 그래서 칠흑처럼 깜깜해집니다. 그 깜깜함 속에서 반딧불이같이 작지만 간절한 마음! 공안의 가르침을 알아야겠다는 마음 하나로 밝음을 찾습니다. 반딧불이 같은 아주 작은 밝음은 간절한 마음을 먹고 점점 커집니다.

어느 순간, 칠흑처럼 깜깜한 어두움이 밝음에 완전히 먹히는 순간, 수행자는 완전성과 하나가 되고, 과거·현재·미래의 모든 죽음과 모든 태어남에서 벗어나게 됩니다. 공안은 일생일대一生一大의 문제이고 동시에 일생일대의 기회입니다.

# 수행의 로드맵

- 자기의 완전성에 온전하게 귀의하는 마음

- 오래도록 포기하지 않는 마음

- 공안의 결택

지금부터 당신은 저와 함께 여행을 시작합니다. 우리는 완전성을 찾아갈 것입니다. 완전성을 향한 여행은 전적으로 내면內面으로의 여행입니다. 우리가 잃어버린 낙원, 진정한 행복, 모든 존재의 완전성을 찾을 수 있는 곳, 그곳은 유일하게 당신의 내면 즉 당신의 마음에 있습니다. 당신의 마음은 우주보다 더 넓습니다. 그리고 우주에서 일어나는 모든 현상이 당신의 마음에도 그대로 일어납니다. 이 여행이 얼마나 걸릴지 시간을 정할 수는 없습니다. 어떤 경험을 하게 될지 정해진 것도 없습니다. 이 불확실한 여정에서 우리가 의지할 것은, 옛 스승의 가르침인 공안 하나입니다. 당신은 지금까지와는 다른 것들을 알아가게 될 것입니다.

저는 이 여행을 시작한 당신을 온전히 축복하고 싶습니다. 당신의 여행은 당신의 행복만을 위한 것이 아니라, 모든 생명의 행복과도 깊고 면밀綿密하게 연결되어 있습니다. 당신이 여행을 계속하는 한 모든 생명에게도 행복의 희망이 유지될 것입니다. 그런 의미에서 당신의 여행은 축복받는 것이 마땅합니다. 저는 온 마음을 다해 당신의 여행을 축복합니다.

저는 지금도 크고 작은 근심과 괴로움을 겪고 있습니다. 물론 즐거움과 기쁨의 순간도 있습니다. 그러나 곧 근심 속에 빠지곤 합니다. 괴로운 순간에는 기뻤던 기억이나 즐거웠던 기억이 거의 도움이 안 됩니다. 그런데 이런 괴로움들을 근본적으로 해결할 방법이 있다는 것 자체로 마음의 위안을 받게 되는군요. 저는 정말 행복해지고 싶습니다. 제가 진정한 행복을 알면 그것이 곧 다른 사람의 행복으로 이어진다는 것도 더할 나위 없이 매력적인 이야기입니다. 저를 선의 세계로 안내해 주십시오. 이 여행에서 제가 특별히 주의해야 할 사항은 무엇인가요? 또 아무리 불확실성이 높은 여행이라 해도 간단한 로드맵 정도는 있겠지요?

## 자기의 완전성에 온전하게 귀의하는 마음
—

제가 계속해서 강조했던 것이 있습니다. 당신은 본래부터 완전한 존재라는 것! 당신뿐만 아니라 모든 생명이 본래 완전하다는 것이 그것입니다. 이 여행은 그것을 확인하기 위한 것임을 잊지 마십시오. 이 여행은 당신의 완전성에 온전하게 귀의歸依하는 여정입니다. 그러니 언제든 당신의 마음에 갖추어져 있는 그 완전성에 귀의하는 마음을 유지하기 바랍니다.

혹, 일상적이 아닌 경험을 하게 되더라도 모든 게 그 완전성에서 일어나는 일시적인 현상임을 잊지 마십시오. 그냥 지나치면 됩니다. 선의 스승들은 일상에서 우리가 보고 듣고 경험하는 모든 것, 삶과 죽음까지도, 당신의 완전성인 마음이 일으키는 환영幻影(그림자)이라고 가르칩니다. 즐거운 것이든 괴로운 것이든 수행 중에 경험하는 것들은 그것이 무엇이든 하나에서 열까지, 모두 일어난 마음에 그대로 내려놓기만 하면 됩니다.

## 오래도록 포기하지 않는 마음
—

수행의 여정에는 즐거움도 있고 괴로움도 있습니다. 흥미로움도 있지만 지루함도 있습니다. 어느 때는 잘 진행되어 가는 만족감도 있지만, 매 순간이 불만족의 연속일 때도 있습니다. '내가 왜 이것을 하고 있을까?' 하는 회의감이 당신을 괴롭힐 때도 있습니다. 이제 여기서 그만두고 싶은 마음이 몇 날 며칠 계속되기도 할 것입니다. 그런 마음이 계속 일어나더라도 그 자리에 잘 내려놓으세요. 절대로 포기하지 마십시오.

제가 수행의 여정을 시작하는 당신에게 모든 축복을 다 하겠다는 것은, 참선을 수행한다는 것이 그만큼 만나기 어려운 기회이기 때문입니다. 지금까지 당신의 삶이 어떠했든, 그 삶 자체가 당신과 세상에 가장 보람되고 아름다운 선물이 되게 하는 것이 참선 수행입니다. 지금 포기한다면 언제 다시 수행의 기회를 만날지 알 수 없습니다. 당신 자신과 존재하는 모든 생명의 행복을 위해서 포기하지 말고 오랫동안 당신의 완전성과 만날 때까지 나아가시기를 간곡히 당부드립니다.

## 공안公案의 결택決擇

마음의 준비가 되었다면 가장 먼저 해야 할 것은 당신이 해결해야 할 '공안'을 결정하는 일입니다. 일반적으로 이 과정을 스승으로부터 화두를 받는다고 표현합니다. 저는 화두라는 말 대신 공안으로 부르겠습니다.

특별한 변수가 없는 한 당신이 해결해야 할 공안은 단 하나입니다. 이것을 '본참공안本參公案'이라고 합니다. 공안은 본래 자기가 가장 믿고 따르는 분에게 받는 것이 전통입니다. 그러나 여기서는 제가 임시로 가장 많은 수행자가 공부하는 공안 하나를 소개하겠습니다. 당신이 '참선'에 대한 이해가 더 깊어지고 확실한 관심이 생기게 되면, 신뢰할 만한 스승을 찾아서 그분께 공안을 결택 받아서 수행하시기를 바랍니다. 물론 제가 소개하는 공안을 계속 공부하셔도 무방합니다만, 이때에도 스승의 허락을 받고 하셔야 합니다.

한 번 선택한 공안은 특별한 경우가 아니면 바꾸지 않는 것이 원칙입니다. 어쩔 수 없어서 공안을 바꿔야 한다면 당신 임의로 바꾸지 마시고 선을 지도해 주시는 스승님과 상의해서 바꾸도록 하세요. 스승이란 수행의 여정 내내 당신의 모든 과정을 안내하고 점검해 주는 존재입니다. 스승이기도 하면서 동시에 도반道伴이기도 하고 내면 여행을 함께 하는 파트너입니다. 가장 중요한 존재이지요.

공안을 정했다면, 그 공안과의 인연을 최대한 깊게 쌓아가는 과정이 필요합니다. 공안은 누구에게나 매우 낯선 가르침입니다. 그래서 수행자는 공안이 '나'에게 무엇을 가르치려 하는 것인지, 무엇을 요구하는 것인지 등에 대해서 정확하게 파악하는 것이 필요합니다. 그리고 이러한 내용이 마음 깊이 녹아들도록 해야 합니다.

이 과정에서 필요할 경우 '호흡 수행'이나 '만트라 수행'을 병행하기도 합니다. 마음을 고요하게 하고 집중력을 높이는 것이 공안 수행에 도움이 되기 때문입니다. 그렇지만 공안 수행은 마음을 집중하는 방법이기 보다는, 공안의 가르침에 의해 마음이 활짝 열리는 방법이라는 걸 항상 잊지 마십시오. 공안의 가르침을 수행해 가는 과정에서, 당신은 크게 세 차례의 강력한 '마음의 고양高揚'을 경험하게 될 것입니다. 자잘한 마음의 고양은 수시로 일어날 수 있습니다. 첫 번째의 고양이 두 번째의 고양을, 두 번째의 고양이 세 번째의 고양을 불러옵니다. 그 간격은 길 수도 있고 짧을 수도 있지만, 어느 정도의 시간이 필요합니다.

그리고 수행의 전체 과정에서 여러 모로 가장 힘든 시기는, 첫 번째의 고양이 일어나기 전까지가 될 것입니다. 첫 번째의 고양을 확실하게 경험하고 나면, 당신은 누가 하라고 재촉하지 않아도, 누가 하지 말라고 쫓아다니면서 말려도, 공안 수행을 그만두지 않을 것입니다. 세 번째 고양을 통해 당신의 완전성과 합일되는 깨달음에 도달하겠지만, 첫 번째의 고양을 경험하는 순간, 당신은 이미 완전성의 존재와 환희를 느끼게 될 것입니다.

# 준비할 것들

- 공안의 결택 : 조주의 개

- 공안문 작성

- 스승을 찾을 것

## 공안公案의 결택決擇 : 조주의 개

—

제가 당신에게 보여드릴 공안은 '조주의 개(趙州狗子)'라는 것입니다. 조주무자趙州無字라고도 부릅니다. 이 공안은 선의 역사에서 가장 많은 수행자가 공부해 온 공안 중 하나입니다. 지금 이 순간에도 많은 수행자가 공부하고 있습니다. 조주趙州 스님은 당나라 시대에 실재했던 분으로 선의 역사에서 가장 위대한 선의 스승 중 한 분입니다.

조주 스님이 햇볕이 따듯한 어느 날, 강아지 한 마리와 놀고 있었습니다. 그때 그 모습을 지켜보던 한 수행자가 조주 스님에게 물었습니다.
"스님, 그 개에게도 불성佛性이 있습니까?"
그러자 조주 스님이 답하기를 "없느니라(無)!" 하였습니다.
당신은 조주 스님이 개에게 불성이 없다고 한 뜻이나 이유를 아시겠습니까?
한 번 답해 보십시오. 조주 스님은 왜 개에게 불성이 없다고 했을까요?

글쎄요. 개는 진짜 불성이 없는 것 아닐까요?

불성佛性은 제가 완전성完全性이라고 부르는 것의 불교식 표현입니다. 앞에서 저는 '모든 존재는 본래 완전하다'라는 말씀을 드렸습니다. 이것이 선의 가장 중요한 가르침이라고 했고요. 이천육백 년 전에 이미 고타마 붓다께서는 '생명을 가진 존재는 예외 없이 불성을 가지고 있다'고 선언하셨습니다. 당연히 개에게도 불성이 있는 것입니다. 그런데 조주 스님은 '개에게 불성이 없다'고 했어요. 이것이 무슨 뜻일까요?

또 묻겠습니다. 조주 스님은 왜 개에게 불성이 없다고 했을까요?

**개도 불성이 있다는 것을 조주 스님이 몰랐던 것은 아닐까요?**

아닙니다. 조주 스님이 개에게 불성이 없다고 하는 것을 함께 지켜봤던 또 다른 수행자가 며칠이 지난 후 조주 스님에게 다시 물었어요.
"스님, 개에게 진짜 불성이 없습니까?"
그랬더니 이번에는 있다고 답을 했답니다.
그 수행자가 "그럼 지난번에는 왜 없다고 하셨습니까?" 하고 물었대요. 조주 스님이 답하기를 "개는 업식業識이 두터워서 그랬지." 하더랍니다.
업식은 어리석은 마음, 잘못된 생각 등을 말합니다. 개에게도 불성이 있지만, 그 어리석음이 너무나 두터워서 불성이 없다고 했다는 것입니다. 이것은 말이 안 됩니다. 불성이 있지만 어리석음이 두터워서 없다고 하는 것은 마치 하늘에 구름이 잔뜩 끼어 있는 날에는 태양이 안 보이니까 하늘에 해가 없다고 하는 것과 같아요. 말이 안 되지요? 하늘에 아무리 구름이 두텁게 끼어 있다 해도, 설사 날이 저물어서 해가 안 보인다 해도 하늘에 태양이 없는 것은 아닙니다. 마찬가지로 개의 마음에 어리석음의 업식이 아무리 두텁게 덮여 있다 해도, 개의 본성, 개의 완전성은 여전히 온전한 것입니다. 조주 스님은 그 누구보다도 분명하게 개도 불성이 있다는 것을 알고 있었지만, 의도적으로 '없다'고 한 것입니다. 조주 스님은 왜 그랬을까요?

**글쎄요. 전혀 모르겠어요.**

시간을 잠시 드릴 테니 곰곰이 생각해보세요.

·················································!

자, 생각나셨나요?
조주 스님은 왜 개에게 불성이 없다고 했을까요?

**아니요. 더더욱 모르겠습니다.**

모르겠다구요?

**예. 정말 모르겠어요. 머릿속이 하얘지고 아무 생각도 나지 않습니다. 이걸 알아낼 수는 있는 것인가요?**

만약 당신이 준비된 수행자라면 지금 이 순간에 즉각 알 수 있습니다. 당신의 완전성과 이 자리에서 합일되는 것이지요. 지금 알 수 없다면, 아직 우리의 내면이 알 만큼의 준비가 되어 있지 않은 것입니다. 사실 이 공안은 매우 심오한 가르침을 담고 있습니다.

만약 개에게 불성이 없다면, 개의 본성이 완전성이 아니라면, 당신이나 저에게도 완전성이 없다는 뜻이 됩니다. 당신과 제가 이렇게 참선에 대해서 이야기조차 할 수 없는 것입니다. 이천육백 년 전의 고타마 붓다와 그 깨달음도 없게 되는 것입니다. 생명을 가진 모든 존재의 생명도 없게 되는 것입니다.

왜 그럴까요? 진리眞理란 오직 가장 근원적인 하나의 원리를 말하는 것인데, 개에게 불성이 없다면 다른 모든 생명체에도 불성이 없어야 되기 때문입니다. 개의 완전성에는 개의 생명 현상도 포함되는 것인데, 개에게 완전성이 없다면 당신과 나에게도 없다는 것이어서, 지금 이 자리

자체가 성립되지 않게 되는 것입니다. 참으로 심각한 이야기가 됩니다. 그럼에도 불구하고, 조주 스님은 개에게 불성이 없다고 했습니다. 분명 어떤 의도가 있는 것이겠지요?

다시 묻겠습니다. 조주 스님이 개에게 불성이 없다는 말씀을 통해서 우리에게 가르치려는 것이 무엇일까요?

정말 알 수가 없어요. 아무 생각도 나지를 않습니다. 이 답을 찾으려면 누구에게 물어야 합니까? 어떤 책을 보면 답을 알 수 있을까요? 답을 찾는 데 도움이 되는 것은 뭡니까?

이 가르침에 대한 답은 오직 당신의 마음에서만 찾을 수 있습니다. 붓다의 가르침 어디에서도 찾을 수 없습니다. 우주를 다 뒤진다 해도 찾을 수 없습니다. 설사 조주 스님이 당신 앞에 있다고 해도 답을 가르쳐 줄 수는 없습니다. 오직 당신이 마음의 완전성을 보게 되는 순간에야 알 수 있습니다. 그럼에도 하나의 팁을 드리자면, 지금처럼 답을 알지 못하는 깜깜한 마음, 아무 생각도 떠오르지 않는 그 마음에 답이 있다는 것입니다.

수행자가 공안을 접했을 때는 두 가지 중 하나를 경험하게 됩니다. 첫 번째는 공안의 뜻이 무엇인지를 단박에 깨닫는 것입니다. 공안의 가르침을 주신 조주 스님의 마음과 곧바로 통하는 것입니다. 화두라는 관문을 통하지 않고 즉시 조사가 가리키는 수행자 자신의 완전성과 합일되는 것입니다.

두 번째는 공안의 뜻이 무엇인지 전혀 모르는 것입니다. 이때 수행자는 깜깜하게 모를 뿐 어떤 생각도 일어나지 않게 됩니다. 이것도 지극히 바람직한 현상입니다. 조주 스님의 뜻을 모르기는 하지만 조주 스님이

준비할 것들

가리키는 방향을 정확히 바라보게 된 것입니다. 이때는 수행자가 화두라는 관문을 만나게 됩니다. 이 화두를 통해 흔들림 없이 그 방향으로 나아가기만 하면 되는 것이지요. 첫 번째와 두 번째 현상은, 당신의 내면이 충분히 준비가 되어 있는가, 아닌가의 차이에서 벌어지는 것입니다. 수행자의 상태를 세 가지로 나누어 다음과 같이 비유를 해 보겠습니다.

준비된 수행자,
열정적인 수행자,
준비가 필요한 수행자

첫 번째, 준비된 수행자는 맑은 하늘에 비유할 수 있습니다. 구름 한 점 없이 맑아서 달과 별이 초롱초롱 빛나는 하늘을 스승과 제자가 함께 바라보고 있습니다. 제자는 달이라는 이름, 별이라는 이름은 들어보았지만, 실제로 무엇이 달이고 무엇이 별인지는 알지 못하는 상태입니다. 제자는 문득 궁금해졌습니다.

'달이 무엇일까? 이름은 들어보았지만, 실제 본 적이 없구나.'
그래서 스승에게 묻습니다.
"스승님, 달이 무엇인가요?"
스승은 아무 말 없이 손가락으로 하늘의 달을 가리킵니다. 제자는 스승의 손가락이 가리키는 방향에서 둥두렷이 빛나고 있는 달을 봅니다.
'아! 저것이 달이구나.'
두 번째, 열정적인 수행자는 구름에 덮인 하늘에 비유할 수 있습니다. 구름이 덮여서 달도 보이지 않고 별도 보이지 않는 하늘을 스승과 제자가 함께 바라보고 있습니다. 제자는 달이라는 이름, 별이라는 이름은 들어보았지만 실제로 무엇이 달이고 무엇이 별인지는 알지 못한 상태입니다. 제자는 문득 궁금해졌습니다.

'달이 무엇일까? 이름은 들어보았지만, 실제 본 적이 없구나.'

그래서 스승에게 묻습니다.

"스승님, 달이 무엇인가요?"

스승은 아무 말 없이 손가락을 들어 하늘의 한 방향을 가리킵니다. 제자는 스승의 손가락이 가리키는 방향을 바라봅니다. 그러나 달을 덮고 있는 구름만 보일 뿐입니다. 스승은 말없이 방으로 들어갔지만, 제자는 그 자리에서 스승이 가리켰던 그 방향만 바라보고 있습니다. 실제로 달이 무엇인지를 알고 싶은 간절함에 시간이 흘러도 꼼짝하지 않고 스승이 가리켰던 그 방향만을 열정적으로 바라봅니다. 바람이 거세게 불어와 사방이 어지러이 흔들리고, 찬 기운이 품속을 파고들어도, 스승이 가리킨 그 방향만을 놓치지 않고 바라봅니다. 결국, 구름이 걷히고 그 자리에 둥그런 달이 밝게 빛나고 있는 것을 봅니다.

'아! 저것이 달이구나.'

세 번째, 준비가 필요한 수행자는 바람이 부는 대로 이리저리 흩날리는 티끌에 비유할 수 있습니다. 이 수행자는 자신의 본성이 완전하다는 사실을 모릅니다. 괴로움 속에 있으면서 그 원인을 알려는 생각도 없습니다. 매 순간 행복을 원하지만, 행복해지기 위해 무엇을 해야 하는지 알지 못합니다. 부지런히 욕망에 매달려 움직이는 것이 자신을 위하는 것으로 알고 있습니다. 마음의 노예로 살고 있으면서 그 사실을 모릅니다.

그렇지만 티끌 같은 수행자 역시 어느 날 마음을 돌이키면, 얼마든지 스스로의 완전성을 깨달을 수 있습니다. 완전성의 깨달음을 위해 준비할 것은, 자기 존재의 완전성과 고통의 원인, 그리고 완전성과 하나가 되는 방법 등에 대해 자세히 듣고 숙고熟考하는 기회와 시간입니다.

이에 대한 가능성은 늘 열려 있습니다. 왜냐하면 모든 생명은 예외 없이 스스로 고통을 만들어 내고, 또 예외 없이 고통 없는 행복을 갈구하는 마음이 있기 때문입니다.

이 비유에서 맑은 하늘 같은 수행자의 깨달음은 조사선의 깨달음이고, 구름 낀 하늘 같은 수행자의 깨달음은 간화선의 깨달음이라 할 수 있습니다. 스승이 가리킨 방향을 놓치지 않고 구름이 걷히기를 기다리듯이, 스승의 가르침인 공안을 놓지 않고 참구參究해 나가면, 맑은 하늘 같은 수행자가 본 그 달을 보게 되는 것이지요. 조사선이나 간화선이나 그 깨달음은 동일한 하나입니다.

말씀을 듣고 보니 저는 티끌 같은 수행자군요.

하하하, 처음엔 그러셨는지 몰라도 지금은 열정적인 수행자라고 해야 할 것 같습니다.

그런데 어떻게 공안의 뜻을 알아낼 수 있을지 모르겠네요. 책에도 답이 없고 조주 스님이 다시 오신다 해도 답을 알 수 없고, 오직 제 마음속에서만 답을 찾을 수 있다 하시는데 정작 저는 아무것도 알 수가 없습니다. 제가 어떻게 해야 공안의 뜻을 알아낼 수 있다는 건가요?

바로 지금처럼 깜깜하게 아무것도 알 수 없는 마음에서 답을 찾아야 합니다. 저는 이런 마음의 상태를 '화두話頭'라고 이름을 붙이겠습니다. 화두에 대한 자세한 설명은 뒤에서 하겠습니다. 중요한 것은 '개에게 불성이 없다'라는 조주 스님의 말을 듣고, 당신의 마음에 아무것도 떠오르지 않았다는 것입니다. 머릿속이 하얘져서 마음이 텅텅 빈 듯, 아무런 생각도 없음을 분명히 경험하셨지요?

예. 그런데 어떻게 조주 스님의 뜻을 알아낼 수 있겠습니까?

좋습니다. 열정적인 수행자의 비유를 들어 설명 드리겠습니다. 당신은 아직 완전히 맑은 하늘 같은 수행자가 아닙니다. 잔뜩 구름이 낀 하늘 같은 수행자이지요. 이 상태의 수행자에게 중요한 것은 당장 공안의 뜻을 아는 것이 아니라, 공안의 뜻을 알아내기 위해 정확한 방향을 바라보는 것입니다. 마치 구름 때문에 보이지 않는 달을 보기 위해, 스승이 가리킨 방향을 정확하게 바라보는 것과 같습니다.

좀 억지 같은 표현을 해 보자면, 조주 스님의 가르침을 듣고 그 뜻을 알 수가 없어서, 마음이 모름으로 꽉 찬, 그 속에 조주 스님의 뜻이 숨어 있다고 할 수 있습니다. 당신이 조주 스님의 가르침을 듣고 그 뜻을 몰라서 꽉 막힌 듯하거나, 아무런 생각도 없는 텅 빈 마음을 느꼈다면, 조주 스님이 가리킨 방향을 정확하게 보게 되었다는 말입니다. 조주 스님이 가리키고 있는 당신의 완전성은 모든 개념과 생각에서 벗어나야 보게 되고 깨닫게 되는 것입니다. 그러므로 당신은 그 알 수 없는 텅 빈 마음에서 조주 스님의 뜻을 알아내야 합니다. 알 수 없는 텅 빈 마음을 놓쳐서는 안 됩니다.

그렇군요. 잘 알겠습니다. 그럼 이제부터 제가 무엇을 해야 할지 자세한 안내 부탁드립니다.

이제부터 당신은 오늘 받으신 '조주무자趙州無字' 공안을 익숙하게 해야 합니다. 공안을 익숙하게 한다는 것은 공안과의 인연을 매우 깊게 지어간다는 의미입니다. 아마도 지금은 조주 스님도, 조주무자 공안도, 매우 낯설 것입니다. 처음 조주 스님이 '개에게 불성이 없다'라고 한 말을 듣는 순간, 조주 스님의 뜻을 깨달아서 당신의 완전성과 하나가 되었다면 좋았겠지만, 지금부터 수행해서 알아가려면 무자無字 공안과 깊이 친숙해져야 합니다. 그 방법으로 지금부터 조주무자 공안문公案文을 작성할 것입니다. 저와 당신이 나눈 대화를 아주 간단한 문장으로 만드는 것입니다.

## 공안문公案文 작성
—

저는 조주무자 공안에 대해 이렇게 소개해 드렸습니다. 어떤 수행자가 "개도 불성(완전성)이 있냐?"라고 물었더니, 조주 스님이 "없다"고 답했다. 그런데 정작 고타마 붓다께서는 이미 오래전 "모든 생명은 예외 없이 불성(완전성)을 가지고 있다."고 선언하셨다. 이 선언은 당연히 개도 불성을 가지고 있다는 의미다. 그러므로 조주 스님은 개에게 불성이 없다고 해서는 안 되는 것이었다.

당신은 "혹시 조주 스님이 개에게 불성이 있다는 것을 몰랐던 것 아닌가?"라고 물었었고, 저는 또 다른 수행자와의 문답을 통해 조주 스님도 개에게 불성이 있다고 답했던 사실을 말씀 드렸습니다. 기억나시지요?

예. 기억납니다.

그렇다면 조주 스님은 왜 개에게 불성이 없다고 했는가? 도대체 조주 스님이 없다고 한 뜻이 어디에 있는가? 이것을 알아내야 한다고 말씀드렸습니다. 맞습니까?

예. 그렇습니다.

그럼 이것을 간단한 문장으로 정리해 보겠습니다.

〈무자無字 공안문〉

조주 스님께 물었다.
"스님, 개에게 불성佛性이 있습니까? 없습니까?"
조주 스님이 답하기를 "없느니라(無)!"
조주 스님이 개에게 불성이 없다고 한 이유는 뭘까? 진짜 없기 때문에 없다고 한 것이 아니다.
그렇다면 '없다고 한 조주 스님의 의도'는 어디에 있을까? 왜 없다(無)고 했을까?

이 공안문을 언제든 볼 수 있게 준비하세요. 출력해서 가지고 다녀도 좋고 스마트폰에 저장해서 가지고 다니셔도 좋습니다.

## 스승을 찾을 것

―

선을 바르게 수행하기 위해 가장 필요한 것이 지혜로운 스승을 만나는 것입니다. 선을 통해 진리를 깨달으신 분이면 가장 좋습니다. 아직 확철한 깨달음이 열린 분이 아니더라도 성품이나 수행이 우리의 본보기가 될 만한 분도 좋습니다. 급하게 찾지 않아도 괜찮습니다. 지혜로운 스승을 만나고 싶다는 열망이 있으면 반드시 만나게 됩니다.

꼭 스승이 아니더라도 함께 수행해 나아갈 믿을 만한 벗을 두는 것도 좋은 일이고 또 필요한 일입니다. 선에 관심을 갖고 조금씩 수행을 하다 보면 도처에 계시는 지혜로운 수행자의 소식도 듣게 될 것입니다. 가급적 수행의 초기부터 스승을 만나시기를 권합니다.

# 예비수행

- 조주무자 공안과 인연을 깊게 하기

- 수식관

- 수식관 방법

- 묻고 답하기

- 체크 포인트

## 조주무자趙州無字 공안과 인연을 깊게 하기
—

이제부터 당신은 무자 공안과 깊은 인연을 맺어가야 합니다. 인연이 깊어진다는 것은 공안의 내용을 마음에 깊이 새긴다는 것입니다. 공안의 내용이 얼마나 엄청난 것인지를 깨닫는 것입니다. 무자 공안에는 조주 스님의 모든 지혜와 권위가 살아있습니다. 당신은 이 공안에서 무엇을 해결해야 하는지 매우 분명하게 알아야 합니다.

공안의 전체 내용과 공안에서 당신이 해결해야 할 문제가 무엇인지 마음에 깊이 각인되어야 합니다. 이것이 공안과 친숙해진다는 것이고 인연을 깊게 한다는 것입니다. 이를 위해서 당신은 공안문을 읽고 생각하는 것을 반복해야 합니다. 차분하게 공안문을 읽으십시오. 그리고 조주 스님이 '왜 개에게 불성이 없다 했을까?'를 잠깐만이라도 생각해 보십시오.

하루에 적어도 세 번 이상 읽고 생각하십시오. 버스나 전철 안에서, 회사나 집에서 잠시라도 시간이 날 때마다, 공안문을 차근차근 읽고 '왜 없다고 했을까?' 하고 잠깐 생각해 봅니다. 공안문을 암기하라는 것이 아닙니다. 읽고 생각하라는 것입니다. 생각하는 것도 물고 늘어지듯이 하라는 것이 아닙니다. 차분하게 한 번 읽었으면 두세 번 정도 선명하지만 가볍게 생각해 보면 됩니다.

그렇게 하다 보면 조주 스님이 왜 없다고 했는지 알게 될까요?

공안문을 읽고 생각하고를 반복하는 가장 중요한 이유는, 무자 공안의 내용을 당신의 가슴에 선명하게 새기기 위함입니다. 왜냐하면 지금은 이 공안의 모든 게 낯설기 때문입니다. 그것을 최대한 친숙하게 해야 합니다. 할 수만 있다면, 본능처럼 자연스러워지게 만드는 것이 좋습니다. 간단하지만 공안이 탄생하게 된 배경, 그 내용, 그리고 공안에서 당신이 해결할 문제가 어떤 것인지 등에 대해서 친숙해지면 친숙해질수록 수행에 도움이 됩니다. 그래서 반드시 공안의 답을 알아내야겠다는 생각보다는 당신 스스로가 지금 그 답을 모른다는 것, 알 수 없다는 사실을 분명하게 자각하는 것이 필요합니다. 이 단계를 공안과의 인연을 깊게 하는 단계라고 합니다.

이 단계를 얼마 동안이나 해야 됩니까?

백일 정도 하십시오. 하루에 최소 세 번 정도 읽고 생각하는 겁니다. 정식으로 시간을 정해서 하라는 것이 아닙니다. 버스를 타고 가는 시간이나, 누군가를 기다리는 시간, 업무 중 잠시 쉬는 시간 등 짬짬이 읽고 생각하면 됩니다.

공안문을 읽을 때는 처음부터 끝까지 가볍게 읽으세요. 그리고 공안문의 맨 끝에 당신이 해결해야 할 문제에 대해 잠깐 생각하세요. 조주가 개에게 불성이 없다고 한 이유를 생각할 때는 다만, '왜 없다고 했을까?' 하고 생각할 뿐, '이것인가? 저것인가?' 하고 따지는 것은 가급적 하지 않는 것이 좋습니다. 다만, '왜 없다고 했을까? 이유가 무엇일까?'만 생각하면 됩니다. 이러쿵저러쿵 따지는 마음은 내지 마세요.

문제의 답을 알아내려면, 이렇게도 생각해 보고 저렇게도 생각해 봐야 되는 거 아닌가요?

하하, 공안의 답은 생각으로 추론할수록 어긋나게 됩니다. 그런 추론, 개념, 생각 등이 모두 초월돼야 알 수 있습니다. 이런저런 따져보는 생각을 내서 궁리할수록 답과는 점점 멀어집니다.

**알겠습니다. 그럼 백일 동안 '공안을 읽고 생각하기'만 하면 되나요?**

아닙니다. 이것과 함께 본격적인 참선 수행을 위한 몸과 마음의 준비가 필요합니다. 몸과 마음의 준비를 위한 예비수행으로 당신은 수식관數息觀을 하게 됩니다.

## 수식관數息觀

—

**수식관을 하는 이유는 무엇인가요?**

몸과 마음의 준비를 하는 것입니다. 몸의 준비는, 방석에 앉아서 약 50분 정도 바르게 앉아 있을 수 있는 힘을 기르는 것을 말합니다. 마음의 준비는, 집중력과 마음의 고요함을 확고하게 강화하는 것을 말합니다. 참선하려고 방석에 앉아 있으면, 마음에서는 강하고 약한 다양한 생각들이 끊임없이 일어납니다. 생각 하나가 끝나는 순간 곧바로 다음 생각이 일어납니다. 이런 생각을 잡념 또는 망상妄想이라고 하는데, 이것에 지혜롭게 대처하지 못하면 공안 참구가 매우 어려워집니다. 앞에서 마음의 집중과 알아차림에 대해 설명한 것을 기억해 보십시오.

방석에 앉아 있는 동안, 잡념이나 망상 속에서도 공안을 참구할 수 있는 집중력을 길러서 잡념이나 망상으로부터 마음을 고요하게 보호하고 유지하는 것이 필요합니다. 앞에서 말씀드린 것처럼, 마음은 무엇엔가 집중하면 고요해집니다. 고요하고 맑은 마음은 공안 참구 즉, 참선 수행에 매우 긴요한 도움이 됩니다. 수식관은 이렇게 참선을 하기 위한 몸과 마음의 준비에 매우 적합한 방법입니다.

**방석에 앉아 있는 시간을 50분으로 목표 삼는 이유는 무엇인가요?**

공안을 참구하기 가장 효과적인 자세는 바르게 앉는 것입니다. 바르게 앉아서 가급적 움직이지 않아야 합니다. 앉아서 공안을 참구하는 시간도 중요합니다. 그 시간이 너무 짧으면 참구하는 힘과 효과를 기대하는 게 어렵지요. 그래서 대부분의 선 수행 센터에서는 그 시간을 50분으로 정하고 있습니다. 50분간 바르게 앉아서 공안을 참구하고 10분간 걷기나 체조를 통해 몸을 풀어줍니다. 당신은 앞으로 선 센터의 참선 수행에 참여할 수도 있습니다. 이때 50분간 편안하게 앉아 있기 어렵다면 불필요한 괴로움을 감당해야 합니다. 이 시간 기준은 당신이 혼자 참선을 수행할 때도 지키는 것이 좋습니다. 그래야 공안을 참구하는 힘이 강해지고 그 효과도 점차 깊어지기 때문입니다.

처음부터 50분간 앉으라는 것은 아닙니다. 처음에는 5분간 앉는 것도 좋습니다. 그러나 앉는 시간이 점차 늘어나서 50분은 되어야 합니다. 지금은 이것이 매우 어렵게 여겨질지도 모릅니다. 그렇지만 예비수행 백일 동안 수식관을 실천하다 보면, 당신도 느끼지 못하는 새에 50분간 움직이지 않고 바르게 앉아 있는 것이 자연스러워질 것입니다. 몸만 그런 것이 아니고, 마음 또한 매우 고요하고 맑아짐을 경험하게 될 것입니다.

**그렇군요. 그럼 수식관은 어떻게 하는 것인가요?**

## 수식관數息觀 방법

―

　수식관은 호흡에 대한 집중과 알아차림을 통해 마음을 현재에 깨어 나게 하는 수행입니다. 호흡은 우리의 생명 유지에 가장 중요한 현상입 니다. 밥은 보름이나 한 달을 먹지 않아도 죽지 않을 수 있습니다. 물은 일주일 정도 먹지 않아도 죽지 않을 수 있습니다. 그런데 호흡은 5분만 멈추어도 생명이 끊어집니다. 생명 유지에 이처럼 시급하고 중요한 것이 기 때문에, 의도하지 않아도 저절로 이루어지는 것이 호흡입니다.
　또한, 호흡은 물질의 요소인 몸과 정신의 요소인 마음을 이어주는 다리와 같습니다. 마음의 상태에 따라 호흡이 느려지기도 하고 거칠어 지기도 합니다. 마음이 극도로 긴장되어 있을 때는 호흡도 거의 멈추어 있는 듯합니다. 마음이 분노로 흥분하면 호흡도 매우 빠르고 거칠어집 니다. 마음이 편안하고 고요하면 숨도 부드럽고 느려집니다.
　호흡을 의도적으로 조절하는 것을 통해서 거칠거나 불안한 마음의 상태를 편안하고 고요하게 변화시킬 수도 있습니다. 인체 자율신경계의 작용 중에서 호흡은 의도적으로 통제가 가능한 유일한 현상이기도 합 니다. 그래서 호흡은 명상이나 기공 등의 다양한 수행에서도 매우 중요 한 주제가 되어 왔습니다. 근래에 와서는 과학의 발달로 건강한 삶과 생체 전기 에너지의 관계가 주목받고 있습니다. 그리고 생체 전기 에너 지의 발생과 호흡의 관계도 조금씩 밝혀지고 있습니다.
　바른 호흡과 호흡에 대한 자각은 건강과 수행 측면에서 모두 중요한 현상입니다. 어차피 호흡은 의식하지 않아도 죽는 순간까지 계속될 것 입니다. 이처럼 저절로 진행되는 호흡을 지금처럼 방치하지 않고 집중 해서 알아차린다면, 호흡은 생명 유지 외에도 매우 중요한 기회와 가치를 당신에게 줄 것입니다.

참선에서 본격적인 공안 참구에 앞서, 예비수행으로 호흡에 마음을 집중하는 수식관 수행을 하는 이유는, 공안 참구에 필요한 몸의 건강과 마음의 힘을 기르기 위한 것입니다. 당신은 수식관을 통해 호흡에 대한 집중이 당신의 마음을 얼마나 고요하고 맑게 변화시키는지 경험하게 될 것입니다. 이제 수식관의 숨 쉬는 법과 숨의 수를 붙이는 법을 설명하겠습니다.

〈수식관의 숨 쉬는 법〉

참선의 예비공부로 숨 쉬는 방법은 일차적으로 의도적인 복식호흡입니다. 평상시보다 약간 길게 호흡을 조절하는 것입니다. 고타마 붓다께서 수행하신 호흡법은 의도하지 않는 자연스러운 호흡에 집중하는 것이지만 공안 참구의 힘을 기르기 위한 호흡 수행은 그 길이를 의식적으로 약간 길게 합니다. 그 이유는 의도적 호흡으로 숨에 대한 집중도를 높이기 위함입니다.

현대인의 호흡은 대부분 들숨과 날숨의 길이가 매우 짧아요. 지금 우리의 환경은 매우 복잡합니다. 안정적인 삶에 대한 불확실성은 더 높아져 갑니다. 지나친 상업주의는 당신의 마음을 선동하고 현혹합니다. 학업이나 업무에서뿐만 아니라 소비에서까지 경쟁을 강요당합니다. 과정보다는 결과를 요구하는 분위기가 팽배하고, 당신 자신의 고유한 가치보다 강요된 목표와 수단이 더 중시됩니다. 사람들은 자의 반 타의 반으로 끝없이 욕망을 추구하는 기계가 되어갑니다. 마음은 행복을 향해 가려 하지만, 실상은 행복과 멀어지는 삶을 살고 있습니다. 만성적 스트레스, 크고 작은 트라우마, 불안감, 위축감, 그리고 깊은 우울감과 노이로제 등이 아주 흔하게 듣는 말이 되었어요.

이런 건강하지 못한 마음은 우리의 호흡에 그대로 반영됩니다. 짧고 불규칙한 숨, 거칠고 빠른 숨, 무호흡 또는 과다호흡 등이 그것입니다. 건강하지 못한 호흡입니다. 호흡이 건강하지 못하므로 깊은 휴식도 불가능합니다. 깊은 휴식이 없으므로 점차 활기가 사라집니다. 삶에서 의미는 옅어지고 무미無味함과 건조乾燥함이 당연시됩니다.

우리에게는 지금 당장 깊은 휴식이 필요합니다. 깊은 휴식을 위해서 우리는 깊고 긴 숨을 쉬어야 합니다. 깊은숨은 잠보다 더 깊은 휴식을 가져다줄 것이고 긴 숨은 마음에 여유를 가져다줄 것입니다. 깊고 긴 숨에 집중하고 지금 숨이 깊고 길다는 것을 아는 것만으로도, 당신의 몸과 마음은 고요하고 깊은 휴식에 들어갈 수 있습니다.

수식관은 참선을 위한 예비수행의 의미만 있는 것이 아닙니다. 복잡한 현실에서 지친 마음과 몸을 쉬어 주고, 조금이라도 삶의 질을 높이고 싶은 사람이 있다면 누구나 쉽게 실천할 수 있는 매우 유용한 수행입니다. 여기서 설명해 드리는 수식관만이라도 꾸준히 오랫동안 수행한다면, 분명 자기 자신을 보는 마음과 세상을 보는 마음에 상상치도 못한 변화를 경험할 수도 있습니다.

마음을 숨에 집중하면 곧바로 고요해지고 고요해지면 맑아집니다. 숨은 집중을 하든 안 하든 저절로 이루어지지만, 이 숨에 마음을 집중하는 것만으로 숨에서 '고요함이라는 보석'을 얻을 수 있습니다. 숨이 행복해지면 마음도 행복해집니다. 일상의 호흡이 행복한 호흡이 되도록 누구나 수식관만이라도 했으면 좋겠어요. 수식관을 하는 방법은 다음과 같습니다.

## 【 수식관數息觀 】

### 숨 쉬는 법(횡격막 호흡, 복식호흡)

- 방석 위에 칠지좌법으로 앉는다.(책 뒤의 부록 자세 참고)
- 법계정인으로 수인을 맺어 아랫배에 가볍게 댄다.
- 팔꿈치와 어깨가 좌우로 부드럽게 벌어져 겨드랑이에 공간이 생기도록 한다.
- 코로 부드럽고 천천히 숨을 마신다.
- 배가 약간 불룩하게 일어나도록 숨을 깊이 마신다.
- 코가 풍선의 입이고 배가 풍선의 몸이라고 생각한다.
- 풍선에 바람을 넣듯 코로 들어오는 숨이 배까지 들어와 불룩해지는 것과 같다.
- 숨이 다 들어왔다면 2~3초 정도 멈춘다.
- 부드럽고 천천히 숨을 내쉰다.
- 숨을 내쉴 때 몸과 마음의 긴장이 함께 이완되는 것을 느낀다.
- 숨을 내쉴 때 숨, 몸, 마음이 바닥에 편안하게 내려놓아진다고 생각한다.
- 숨을 마실 때는 배가 부풀어 오르는 감각에 집중한다.
- 코의 감각은 집중이 아닌 알아차림 정도면 된다.
- 숨을 내쉴 때는 배가 수축되는 감각에 집중한다.
- 몸과 마음의 이완감은 알아차림 정도면 된다.
- 과도하게 많이 마시고 많이 내쉬려고 무리하지 않는다.
- 평소의 호흡보다 조금 길게 마시고 조금 길게 내쉬는 정도로 시작한다.
- 횡격막의 이완이 촉진될수록 숨은 저절로 길어지고 호흡량이 늘어나게 된다.
- 이와 같이 들숨과 날숨을 반복하면서 배의 감각에 집중하고 이완감을 느낀다.

**숨의 수數 헤아리기**

- 숨을 내쉴 때 숫자를 붙인다.
- 숫자는 하나, 둘, 셋처럼 서수序數로 붙인다.
- 처음 내쉴 때 하나, 그다음 내쉴 때 둘, 그다음 내쉴 때 셋……열.
- 열 번째의 숨을 내쉬고 그다음의 숨을 내쉴 때는 아홉, 그다음 내쉴 때 여덟…하나.
- 하나에서 열까지 숫자를 붙이는 것을 순관順觀, 열에서 하나로 내려오는 것을 역관逆觀이라고 한다.
- 숫자를 붙이다가 지금 내쉬는 숨이 몇 번째인지 헷갈리거나 생각나지 않을 때는 순관 중이든 역관 중이든 상관없이 무조건 처음의 하나부터 다시 시작한다.
- 하나에서 열까지 숫자 놓침이 없이 잘 되면 하나에서 스물까지 늘린다.
- 하나에서 열까지, 하나에서 스물까지, 하나에서 서른까지 열을 단위로 늘려가서 최종적으로 하나에서 백까지 순관과 역관을 연습한다.

※수식관이 익숙해지면 점차 의도적 호흡에서 자연스러운 호흡으로 전환해 간다.

자, 지금까지 우리는 본격적으로 참선을 수행하는 데 필요한 예비수행에 대해서 이야기했습니다. 첫 번째로는, 당신이 참구參究해야 할 공안을 정하고 공안문을 작성했습니다. 작성한 공안문은 늘 지니고 다니십시오. 하루에 최소 세 번 공안문을 자세히 검토하고 살펴보셔야 합니다. '내용이 무엇인가? 그 공안이 가리키는 것이 무엇인가?'를 곰곰이 생각해 봐야 합니다.

조주 스님이 개에게 불성이 없다고 한 이유는 진정 불성이 없어서가 아닌데 왜 없다고 했을까? 불성이 없다고 생각한 것도 아닌데 왜 없다고 했을까? 이렇게 없다고 한 이유를 곰곰이 생각하면서 읽어야 합니다. 지금 당장 답을 알아야 하는 것이 아닙니다. 지금부터 당신이 수행하고 해결해야 할 공안을 마음 깊이 사무치게 하기 위한 것입니다.

두 번째는, 아침저녁으로 하루에 두 번 수식관을 하는 것입니다. 아침에는 잠에서 깬 직후, 저녁에는 잠자리에 들기 직전이 가장 좋습니다. 처음에는 짧은 시간을 해도 좋습니다. 첫 주에는 아침저녁으로 5분 정도만 하십시오. 호흡수가 하나에서 열까지 순관과 역관을 한 번 하면 될 것입니다. 다음 주에는 10분으로 늘려 보세요. 세 번째 주부터 시간을 점차 늘려갑니다.

아침에 시간 여유가 있다면 아침 시간을, 저녁에 시간 여유가 있다면 저녁 수행의 시간을 점차 늘려가세요. 비록 10분 정도의 수식관이라 해도 아침 수행은 하루의 삶을 맑게 하고, 저녁 수행은 잠의 세계를 맑게 합니다.

호흡에 숫자 붙이기도 점차 늘려가세요. 첫 주에는 하나에서 열까지 순관, 역관을 한 번 정도 합니다. 다음 주에는 하나에서 스물까지 순관, 역관을 진행합니다. 세 번째 주부터 열 단위로 숫자를 늘려가세요. 아침저녁 중 시간을 할애할 수 있는 때에 호흡수를 늘려가십시오.

숨의 숫자는 날숨에 붙이십시오. 순관 중이든 역관 중이든, 지금 내쉬는 숨이 몇 번째인지 헷갈리거나 생각나지 않을 때는 망설이지 말고 처음 하나부터 다시 세어 가십시오. 당신이 하나에서 백까지 아무 헷갈림 없이 한 번의 시도로 마치는 횟수가 늘어난다면 그만큼 집중력이 높아졌다는 것을 의미합니다. 수식관 수행의 시간도 50분에서 한 시간 정도 걸릴 것입니다. 방석에 앉아서 고요하게 앉아 있을 수 있는 시간이 50분 정도 되는 것입니다. 본격적으로 공안을 참구할 수 있는 몸과 마음의 준비가 되는 것이지요. 이 예비수행을 지금부터 100일 동안 하시면 됩니다.

## 묻고 답하기 〈예비수행〉

—

지난 한 주 동안 아침저녁으로 수식관을 하고 있습니다. 그런데 들숨이 아랫배까지 쭈욱 내려가지를 않아요. 내려보내려고 하면 양쪽 옆구리에 뭔가 걸리는 것 같습니다. 코에서 가슴까지만 숨이 들어옵니다. 어떻게 해야 배까지 숨이 내려가게 할 수 있을까요?

횡격막이 많이 경직되어 있는 것 같군요. 우리가 숨을 마시면 가슴과 배를 나누고 있는 횡격막이 부드럽게 아래로 이완됩니다. 그것 때문에 배가 약간 앞과 옆으로 부풀게 되는 것이지요. 숨을 내쉬게 되면 아래로 이완됐던 횡격막이 원래 상태로 돌아오면서 부풀었던 배가 원래대로 수축이 됩니다. 당신은 우선 횡격막이 아래로 이완될 때의 감각과 느낌을 아는 것이 필요합니다. 이완의 느낌만 알면 복식호흡은 정말 쉽게 됩니다. 일단 횡격막을 쉽게 이완시킬 수 있는 방법을 말씀드리겠습니다.

아침저녁으로 수식관을 할 때 누워서 해 보세요. 누워서 편안하게 몸을 이완합니다. 아랫배에 작지만 무게감 있는 무엇인가를 올려놓습니다. 가볍게 아랫배에 무엇인가 올려져 있다는 감각이 선명하면 됩니다. 저는 주로 영어사전이나 국어사전을 올려놓고 했었습니다.

숨을 마시면서 배 위에 있는 것을 위로 밀어 올려 봅니다.

내쉴 때는 수축하는 배를 따라 아래로 내려오도록 합니다.

이렇게 누워서 복식호흡을 하면 횡격막이 중력의 영향을 덜 받으므로 수축과 이완을 쉽게 유도할 수 있어요. 누워서 편안하게 복식호흡을 하면서 횡격막이 아래로 이완되는 감각을 잘 느껴보세요. 이완 감각이 어떤지를 분명하게 느끼고 기억하세요. 누워서 하는 복식호흡이 자연스러워지면 앉아서도 부드럽게 하실 수 있을 것입니다. 무엇보다 수식관을 하겠다는 의도를 내는 것이 중요합니다. 열심히 하십시오.

저는 숨을 마실 때 아랫배가 볼록해지고 내쉴 때 홀쭉해지기는 합니다. 그런데 시간이 조금 지나면 정신이 몽롱해지는 것 같아요. 그리고 가슴이 살짝 조이는 듯하고 답답해집니다. 숨의 길이도 짧아지는 것 같아요.

호흡하실 때 폐에 공기가 들어오는 느낌이 없나요?

예. 가슴은 가급적 움직이지 않으려고 합니다. 단전만 움직여서 호흡이 되게 하려고 노력합니다.

혹시 아랫배 즉, 단전 부위를 움직여서 숨을 아래로 빨아들이려고 하시나요?

예. 지금 생각해 보니 그런 의도가 있는 것 같군요.

그것은 좋은 방법이 아닙니다. 복식호흡이라 해서 가슴이 전혀 움직이면 안 되는 것이 아닙니다. 단전호흡 또는 복식호흡은 숨이 아랫배까지 충분히 내려온다는 느낌으로 하는 것이지 단전이나 배만을 움직인다는 것이 아니거든요. 이런 호흡은 충분한 공기를 몸에 들어오게 할 수 없습니다. 자칫 호흡할 때 작용하는 가슴 부위의 여러 근육을 경직시킬 수도 있습니다.

호흡은 단전이나 복식으로 한다고 해서 숨이 직접 아랫배로 들어오는 것이 아닙니다. 숨은 가슴에 있는 폐에만 들어오는데 횡격막의 이완에 의해 호흡이 좀 더 길게, 깊게 진행되는 것이지요. 이렇게 횡격막이 아래로 이완되면 들어온 숨이 폐의 아랫부분에까지 가득 차게 됩니다. 얕고 불규칙한 호흡은 대체적으로 폐의 윗부분 삼분지 일까지만 들어온답니다. 폐 전체를 사용하지 못한다는 것이지요. 횡격막이 아래로 이완되면, 들어오는 숨이 폐의 아랫부분까지 들어오게 됩니다. 폐의 아랫부분에는 많은 혈관이 모여 있어서 숨으로 들어온 산소를 더 많이 흡수할 수 있다고 합니다. 중요한 것은 배가 부풀었다 수축하는 외형의 모양이 아닙니다. 실제로 횡격막의 이완과 수축이 부드럽고 충분하게 이루어져야 합니다.

횡격막의 이완과 수축 작용은 호흡할 때 폐 전체를 사용하는 이점만 있는 것이 아닙니다. 횡격막이 아래로 이완될 때 심장과 내부 장기들도 부드러운 자극을 받는다고 합니다. 내장 기관 전체에 부드러운 마사지를 해 주는 매우 긍정적인 작용이 일어나는 것이지요. 동시에 척추와 연관된 모든 코어 근육을 건강하게 하는 효과도 있습니다. 중요한 것은 배가 부풀었다 수축되는 모양에 있는 것이 아니라 그런 현상이 횡격막의 이완과 수축에 의해 일어나야 한다는 것입니다.

이를 위해서는 배로 숨을 빨아들이듯 하는 호흡은 적합하지 않습니다. 코에서 폐로 들어온 호흡을 아래로 내려보내듯 하는 호흡이 좋습니다. 일상적인 들숨은 가슴에서 끝나지만, 횡격막을 아래로 이완시킴으로 인해 마치 아랫배까지 내려오는 느낌이 일어나는 것입니다. 외형적 모양만을 기준으로 아랫배만 움직여서 하는 호흡은 흉식호흡보다 더 안 좋은 호흡입니다. 지혜롭게 공부하시기를 바랍니다.

저는 무엇보다도 숫자 붙이는 것이 잘 안 됩니다. 숫자를 붙이지 않고 복식호흡에만 집중하면 잘 되는데 숫자를 붙일 때는 너무나 자주 몇 번째 숫자를 붙여야 하는지 까먹습니다. 숫자를 붙이지 않고 그냥 호흡에만 집중하는 것은 어떨까요?

그러시군요. 어떤 경우에 숫자 붙이기를 까먹게 되는지 말씀해 주실 수 있나요?

예. 잠깐씩 엉뚱한 생각이 일어나면 여지없이 지금 몇 번째 숨을 내쉬는지 까먹습니다. 그래서 숫자 붙이기에 신경을 쓰려고 하면 호흡 감각을 느끼는 것이 분명하지 않게 됩니다.

번거롭다고 생각되더라도 숫자는 제대로 붙여주도록 하세요. 우리의 마음에서는 거칠고 분명한 표면적인 생각부터 아주 미세한 생각까지 잠시도 쉬지 않고 흐르고 있습니다. 이런 생각들은 당신이 호흡에 집중하는 것을 끊임없이 방해합니다. 또 몇 번째의 날숨인지 기억하는 것도 방해합니다.

수식관은 잠시도 쉬지 않고 흐르는 미세하거나 거친 생각들 속에서 당신이 호흡에 계속 집중하고, 분명하게 숫자를 기억해 내는 연습을 하는 것입니다. 또한, 들숨과 날숨의 감각을 알아차리는 것과 숫자를 기억하는 두 가지를 동시에 해낼 수 있는 마음의 균형감을 확립하는 방법이기도 합니다. 이 두 가지는 서로 상충하는 것이 아닙니다. 잘 살펴보십시오. 당신이 숫자를 놓쳤을 때 날숨의 알아차림은 온전했나요? 대부분 일어나는 생각에 마음이 기울어 숨의 감각과 숫자를 다 놓치고 있는 상태일 것입니다. 수식관은 생각을 따라가는 마음을 계속해서 숨에 가져다 놓는 것입니다. 동시에 몇 번째 숨을 내쉬는지에 대한 기억을 유지하는 것입니다. 수식관에서 뜻하는 집중은 이 두 가지 기능이 온전하게 작동하는 상태를 뜻합니다. 마음이 숨의 감각을 분명하게 알아차리면서 숫자도 놓치지 않는 연습이 충분히 된 후 숫자 붙임을 생략할 수 있습니다. 번거롭다는 생각이 들더라도 꾸준히 연습하시기 바랍니다.

저는 호흡의 길이가 너무 짧은 것 같습니다. 하나에서 백까지 순관과 역관을 마치면 50분 정도의 시간이 될 것이라고 하셨는데 저는 약 30분 정도밖에 안 걸립니다. 그래서 들숨과 날숨을 더 길게 쉬려고 노력하고 있지만 쉽지 않아요. 몇 번 정도의 호흡은 길게 쉬는 게 되는데 곧 숨이 차서 다시 짧아집니다. 어찌하면 좋을까요?

그것은 전혀 고민하실 일이 아닙니다. 참선의 예비과정으로 수식관을 하는 두 가지 이유를 다시 기억해 봅시다. 하나는, 복잡하고 산란한 마음을 집중을 통해 고요하게 하는 것입니다. 다른 하나는, 수행자들과 모여서 참선할 때 충분한 시간, 보통 50분 정도를 편안하게 앉아 있을 수 있는 몸의 조건을 만들기 위한 것입니다.

그리고 횡격막을 이용한 복식호흡도 숨의 길이를 길게 하기 위한 도전이 아닙니다. 숨이 짧더라도 몸의 내면에 좋은 자극을 계속 유지할 수 있으면 되는 것이지요. 숨의 길이는 개인마다 다를 수 있습니다. 당신보다 폐활량이 큰 사람은 당신보다 숨의 길이가 길겠지요. 그런 사람과 누가 더 길게 숨을 쉬는지 경쟁할 필요는 없습니다.

횡격막의 이완감, 그리고 배가 부풀거나 수축이 되는 감각에만 깨어서 집중해 보세요. 횡격막과 근육들이 유쾌한 이완에 익숙해질수록 숨의 길이도 더 늘어나게 됩니다. 그러나 명심하셔야 할 것은 숨의 길이를 늘리려고 무리하면 안 된다는 것입니다. 오히려 횡격막이 더 경직되어서 매우 불쾌한 숨이 될 수도 있습니다. 당신의 현재 조건에서 횡격막의 적절한 이완감을 찾도록 해 보세요.

그리고 당신에게 맞는 숨의 길이는 어떻게 알 수 있을까요? 하나에서 백까지 순관과 역관을 진행해도 숨이 가빠지지 않으면서 평소의 호흡보다 길면 됩니다. 그리고 하나에서 백까지 순관과 역관을 마쳐도 30분 정도밖에 안 된다면 나머지 20분 정도는 하나부터 다시 시작하면 되는 것이지요. 수식관에 익숙해져서 마음도 고요해지고 앉아 있는 힘도 생긴다는 것은 도전이나 경쟁을 하자는 것이 아닙니다. 그런 경쟁은 당신 자신과도 해서는 안 됩니다. 다만 수식관을 즐기면서, 한 번 한 번의 숨에 마음을 모아가시면 가장 바람직한 수식관이 될 것입니다.

저는 수식관을 하면 몸에서 열이 많이 납니다. 또 몸의 여기저기에서 생각지도 못하던 감각들이 일어나기도 합니다. 좀 낯설기도 하고 잘하고 있는 것인지 염려가 되기도 합니다.

숨을 길게 하려는 욕심에 무리하는 것이 아니고, 코로부터 배까지 부드럽게 숨이 들어오고 나가고 있다면, 어떤 감각이 일어나더라도 평온하게 수식관을 계속 하십시오. 또 열이 머리에서만 집중적으로 나는 것이 아니고 몸 전체에서 느껴지는 것이라면 걱정하실 것은 아닙니다.
횡격막이 움직이는 복식호흡을 하면 몸의 에너지가 활성화됩니다. 열감, 간지러움, 저릿함, 간헐적으로 무엇인가 흐르는 듯한 느낌 등 매우 다양한 감각이 일어나기도 합니다. 감각이 예민한 분일수록 더 다양한 감각들을 느끼게 됩니다. 그런 감각들은 다만 알아차리기만 하면 충분합니다.
마음은 언제나 배와 횡격막의 움직임 그리고 들어오고 나가는 숨에만 집중합니다. 몸에서 일어나는 감각에 마음을 빼앗기면 수식관을 유지하기 어렵습니다. 마음에서 일어나는 복잡한 생각들에 마음을 빼앗기는 것과 같아요. 마음이 자꾸 생각을 쫓아가면 숨의 숫자를 놓치게 되지요? 몸의 감각, 일어나는 생각들은 단지 알아차리기만 하면 됩니다. 집중해야 할 것은 들어오고 나가는 숨의 감각, 횡격막과 배의 움직임입니다. 놓치지 말아야 할 것은 지금 나가는 숨이 몇 번째 호흡인지에 대한 기억입니다.

저는 다리가 너무 저립니다. 잠깐 앉아 있어도 다리가 저려옵니다. 그럴 때마다 다리를 바꾸어 앉고 있어요. 그러다 보니 호흡에 대한 집중도 충분하지 않은 것 같습니다. 이럴 때는 어떻게 하는 것이 좋은가요?

마음먹고 참선을 하려고 앉아 있으면, 다리 저림뿐만 아니라 어깨, 무릎, 허리 등 참 여러 군데에서 아우성을 칩니다. 특히 다리가 저릴 때는 더 난감하지요. 그런데 이런 몸의 반응은 거의 모든 수행자가 거치는 과정입니다. 칠지좌법으로 바르게 앉는 것이 익숙하고 평온해지는 데에는 시간이 필요합니다. 칠지좌법이 익숙해질 때까지의 여러 가지 경험 또한 참선 수행의 일부입니다. 몸에서 일어나는 여러 가지 불쾌한 감각을 인식한다는 것 자체가 자기 자신에게 온전하게 마음을 집중한다는 의미이기도 하니까요.

다리가 저려올 때 이렇게 해보세요. 원칙을 말씀드리면 다리가 저려도 펴거나 주무르거나 다리를 바꾸거나 하지 않고 그냥 내버려 두는 것입니다. 칠지좌법으로 앉아 있는 이유는 수식관을 하기 위한 것이므로 다리가 저리든 말든 수식관을 진행해야 합니다. 이렇게 하면 처음엔 다리가 저린 듯하다가 아파지기 시작할 것입니다. 저릿한 느낌이 다리 전체로 퍼지면서 발이 매우 차가워질 것입니다. 시간이 좀 더 지나면 저린 다리의 감각이 없어지고 묘한 통증만 느껴질 것입니다. 그래도 더 내버려 두면, 어느 순간 다리의 통증과 저림이 거짓말처럼 사라집니다. 다리 저림과 함께 일어난 발의 차가움도 가시고 따듯해질 것입니다. 그런데 이 과정은 참기가 쉽지 않아요. 마음에서는 두려움과 불쾌감이 상응해서 일어나기도 합니다.

그래서 초보수행자들은 이렇게 합니다.

다리가 저려와도 가급적 참고 내버려 둔다.

정신을 좀 차리고 수식관의 진행에 집중해 간다.

당연히 저림의 감각이 더 강해지겠지요. 그러면 어느 순간부터 마음이 호흡을 떠나 자꾸 다리의 저린 감각으로 가려 할 것입니다. 마음을 다시 호흡으로 가져다 놓아도 어느새 저린 감각으로 갈 것입니다. 이쯤 되면 본말이 바뀌어 버리게 됩니다. 마음이 호흡에 집중되지 않고 자꾸 다리 저림에 가게 됩니다. 이때 다리를 반대로 바꿔 주십시오. 그리고 수식관에 집중해 갑니다. 그러다가 다리가 다시 저려오면 위와 같은 요령을 반복해 줍니다.

두 가지만 기억하십시오. 앉는 이유는 수식관을 하기 위한 것이므로 웬만하면 수식관에 집중하고, 다리 저림이 너무 심해서 마음이 자꾸 호흡을 떠나 다리로 쏠리면 본말이 바뀐 것이니까 다리를 바꿔 줄 것, 매일 이렇게 해나가시면 점차 다리 저림이 수식관을 방해하지 않게 될 것입니다.

저는 자꾸 졸립니다. 피곤할 때 졸린다면 그러려니 하겠는데, 컨디션이 좋은 날에도 수식관을 하면 졸음이 쏟아집니다. 이렇게 졸다 보면 수식관은 물 건너 가버리곤 합니다. 저 자신이 한심하게 생각되기도 하고 짜증도 납니다. 어떻게 하면 졸음에서 벗어나게 될까요?

이 세상에서 가장 무거운 것이 눈꺼풀이라는 말이 있습니다. 졸음을 참는 게 그만큼 어렵다는 우스갯소리입니다. 다리가 저리다면 이렇게 저렇게 방법을 써보겠지만 졸음에 떨어지는 것은 쓸 방법도 마땅한 게 없습니다.

예로부터 선의 스승들이 하시는 말씀 중에 이런 것이 있어요. "보통의 사람들은 딱 두 가지만 하면서 살고 있다. 매 순간 생각에 사로잡혀 헛된 망상으로 살다가, 망상이 없는 때에는 졸음에 떨어져 지낸다."

보통의 우리는 생각에서 헤매지 않으면 졸음에 떨어지고, 졸음에서 벗어나면 생각 속에서 헤맨다는 것입니다. 이렇게 살고 있다는 말씀이지요. 당신은 어떠신가요? 그렇지 않은가요? 생각에 빠져 있지 않고 졸음과 잠에 떨어져 있지도 않으면서 청명한 마음으로 깨어있다면 진정 참선 수행자일 것입니다.

졸음은 참선 과정에서 가장 혹독한 장애 가운데 하나입니다. 그런데 재미있는 것은 고민이나 생각이 많아 머릿속이 복잡하면 잠이 안 온다는 것입니다. 잠은 자고 싶은데 마음이 참으로 알뜰하게도 생각에 붙어 있게 되고 자려고 할수록 잠들기가 어렵습니다. 마치 다리가 심하게 저릴 때 아무리 호흡에 집중하려 해도, 저절로 마음이 다리의 저린 감각으로 향하는 것과 같습니다. 이때도 웬만해서는 졸음에 떨어지지 않습니다.

그런데 수식관을 할 때는 왜 쉽게 졸음에 떨어질까? 반면에 몸이 피곤해도 마음이 복잡하면 왜 쉽게 잠이 들지 못할까? 다리가 심하게 저릴 때는 왜 졸음이 오지 않을까? 졸음은 결국, 마음이 아무것도 하지 않고 눈을 감고 있는 상태입니다. 마음이 무엇인가 열정적으로 하고 있을 때는 졸음에 떨어지지 않습니다.

수식관을 할 때는 마음이 명료하게 숨과 숨을 통해 일어나는 다양한 감각들을 관찰하고 인식해야 합니다. 그것이 마음이 해야 할 일인 것이지요. 그러므로 당신은 좀 더 세밀하고 명료하게 숨이 들어오고 나가는 전 과정을 알아차리도록 노력하시면 좋을 것 같습니다.

그래도 안 된다면 눈을 정면보다 약 15도 위를 바라보면서 숨에 집중하십시오. 위를 바라본다고 해서 턱을 들고 보실 필요는 없습니다. 턱은 살짝 당겨진 상태를 유지하고 눈이 약간 위를 본 상태로 하시면 됩니다. 그래도 안 된다면 숨을 깊게 마시고 가능한 한 오래도록 꾹 참았다가 길게 내쉬기를 몇 회 반복해 봅니다.

이때에도 날숨에는 연이어서 숫자를 붙여 줍니다. 그래도 안 되면 항문을 조였다 폈다를 수십 회 해보세요. 소위 케겔 운동이라고 하는 것입니다. 그래도 안 되면 아직 일어날 시간이 안 됐다 할지라도 방석에서 일어나 걸으십시오. 걸을 때도 횡격막 호흡을 유지하시고 숨에 숫자를 붙여 가십시오. 졸음이 몰려올 때마다 이것을 차례대로 시도해 보세요. 당장 졸음에서 벗어나긴 어렵겠지만 점차 벗어나게 될 것입니다.

졸음에 쉽게 떨어지는 또 다른 이유는, 수식관의 영향으로 당신의 몸과 마음이 깊은 곳에서부터 이완되는 반응일 수가 있습니다. 이것은 매우 긍정적인 현상입니다. 이런 몸과 마음의 이완에 당신이 미처 적응하지 못할 때 졸음에 떨어지게 됩니다. 실망하지 말고 계획대로 수식관을 수행해 가십시오. 점차 졸음에 떨어지는 횟수나 시간이 줄어들게 될 것입니다.

그리고 항상 기억하세요. 졸음을 극복하는 일이 참선에서 가장 힘든 것 가운데 하나입니다. 수행이 익숙해졌을 때조차 졸음이 갑자기 당신을 괴롭히기도 합니다. 가장 필요한 것은 졸음에 수시로 떨어지면서도 포기하지 않고 수행을 계속하는 것입니다.

저는 눈을 감고 하는데 자꾸 밝은 빛이 비칩니다. 그래서 눈을 뜨고 수식관을 하다 보면 눈 바로 옆에 작은 전등이 켜져 있는 것처럼 느껴집니다. 그 상태에서 계속 수식관을 하면 빛이 매우 밝아지기도 합니다. 은근히 신경이 쓰입니다.

신경이 쓰이더라도 내버려 두고 숨에만 집중하세요. 그것은 마음이 빛으로 느껴지는 것입니다. 숨에 대한 집중이 잘 되고 있다는 의미이기도 합니다. 그냥 숨에 대해서만 집중하시고 빛, 몸의 감각들, 마음에서 일어나는 생각 등은 단순하게 그때그때 알아차리기만 하면 됩니다. 사라지는 현상은 사라지는구나 내버려 두고, 유지되는 현상이 있으면 유지되고 있구나 내버려 두십시오. 그렇게 해야만 숨 감각에 대한 집중이 유지됩니다. 숨에 대한 집중 외에는 관심을 갖지 않도록 하세요.

저는 생각이 너무나 많이 일어나서 집중 자체가 힘이 듭니다. 심할 때는 숨을 마시는 순간에도 생각들이 몰려오는 듯해요. 그래서 지금 내쉬는 숨이 몇 번째인지를 자주 놓칩니다. 내가 이것도 못하나 하는 자괴감도 들고 답답하기도 합니다.

수식관을 처음 할 때부터 그랬다는 건가요? 아니면 처음에는 잘 됐는데 요즘 그렇다는 건가요?

처음에도 물론 생각들이 일어났었지만, 지금처럼 몰려오듯 하지는 않았어요. 수식관을 할수록 마음이 더 고요해진다고 하셨는데 저는 반대로 되는 것 같아요.

좀 당황스럽겠군요. 그렇지만 당황하거나 실망하지 마십시오. 종종 있는 일입니다. 지금 들고나는 숨에 집중하면 마음은 깨어남과 동시에 이완이 됩니다. 그 과정에서 마음에 잠재되어 있던 아주 사소한 기억들이 올라옵니다. 마음이 번잡한 환경에 반응해서 이런저런 생각들이 일어날 때는, 그것에 대한 자각이 되지 않기 때문에 수많은 생각의 존재를 알 수가 없습니다. 그러다가 마음을 숨에 집중하기 시작하면 생각들이 알아차려지기 시작합니다. 다시 말해서, 알아차리지 못할 뿐 우리는 원래 그렇게 복잡하고 바쁜 생각 속에 있는 것입니다.

수식관을 처음 할 때보다 오히려 지금 더 많은 생각이 일어난다는 것은, 본래 있었지만 알지 못했던 생각들을 이제 알아차리게 되었다는 것입니다. 또한, 긴장 때문에 눌려 있던 기억들이 수식관에 의해 마음이 이완되는 틈으로 올라오고 있다는 의미로 볼 수도 있어요. 이런 현상은 나중에 공안을 참구할 때도 종종 경험하게 됩니다. 수식관에 의한 좋은 신호라고 생각하셔도 좋습니다.

그래도 생각이 너무 많이 일어나 수식관을 하기가 힘들다면 이렇게 해보세요. 숫자는 날숨에 붙여주는 게 원칙이긴 하지만, 들숨과 날숨 모두에 붙이도록 해보세요.

숨을 내쉬면서 하나… 마시고 내쉬면서 둘… 하던 것을
숨을 마시면서 하… 내쉬면서 나… 마시면서 두… 내 쉬면서 울… 이렇게 하시는 겁니다.

숨 감각에 집중하면서 숫자의 차례도 무난하게 이어질 것입니다. 편안한 마음으로 이렇게 연습하시다 보면 어느 순간부터 마음이 뚜렷하게 고요해질 것입니다. 그때부터는 날숨에만 숫자를 붙여가시면 됩니다.

저는 수식관을 하는 도중에 가끔씩 공안문이 불쑥 떠오르고 '조주 스님은 왜 개에게 불성이 없다'고 했는지에 대해 궁금증이 올라올 때가 있습니다. 이럴 때는 어떻게 하는 것이 좋을까요?

아주 좋은 소식이군요. 점차 당신과 조주무자 공안의 인연이 깊어져 간다는 신호입니다. 수식관 도중에 문득 '왜 개에게 불성이 없다고 했을까?' 하는 생각이 일어나면, 숫자 붙이는 것을 멈추고 그 생각에 집중하세요. 그러다가 그 생각이 사라지면 다시 수식관을 진행합니다.

언제든 조주무자에 대한 궁금증이 일어나면 그 생각에 머무르시면 됩니다. 궁금증이 사라지거나 다른 생각 때문에 깨지면, 다시 수식관을 하시는 것입니다. 그리고 '공안문 읽고 생각하기'를 좀 더 여러 번 해 주시기 바랍니다.

공안문 읽는 것에 대해 궁금한 것이 있습니다. 처음 얼마 동안은 공안문 읽는 게 매우 쉬웠습니다. 공안문이 짧으니까 오래 걸리지도 않구요. 그런데 어느 순간부터 공안문이 마치 시험 문제처럼 여겨지기 시작했습니다. 답을 맞추지 못하면 안 될 것 같은 기분이 들기도 합니다. 그래서 요새는 공안문을 보고 또 보기를 반복하게 됩니다. 왜 개에게 불성이 없다고 했을지 생각도 깊어지게 됩니다. 제가 공안문을 시험 문제처럼 여기고 답을 구하려 하는 것이 괜찮은 건가요?

괜찮은 정도가 아니고 아주 훌륭합니다. 공안은 시험 문제 중의 시험 문제라고 할 수 있습니다. 왜냐하면, 진리를 깨닫기 위한 문제이고, 자기의 완전성과 합일되기 위한 문제이고, 부처가 되기 위해 해결해야 할 문제이기 때문입니다. 공안문이 시험 문제의 지문地文이고, 조주 스님이 개에게 불성이 없다고 한 이유가 무엇인지를 묻는 문제인 셈입니다. 이 문제를 해결하면 그대로 깨달은 자, 완전성과 합일된 자가 되는 것입니다.

예부터 선 센터를 선불장選佛場이라고 불렀습니다. 선불장은 '부처를 가려 뽑는 장소'라는 뜻입니다. 무엇으로 부처다, 아니다를 가린다는 것일까요? 공안의 가르침, 공안이 제시하는 문제를 해결했는가, 아닌가에 달린 것입니다. 그러므로 당신이 공안을 시험 문제로 여기게 된 것은 정말 좋은 일입니다. 앞으로 참선을 열심히 하셔서 반드시 그 답을 알아내시기 바랍니다.

## 체크 포인트 〈예비수행〉

―

1. 수식관 수행을 할 때 들숨과 날숨의 상태는 편안하고 유쾌한가?
2. 일어나는 잡념, 감각 등은 잘 알아차려지는가?
3. 숨을 마시거나 내쉴 때, 시작, 중간, 끝, 숨의 부재 상태 등 모든 과정이 잘 알아차려지는가?
4. 숫자를 자꾸 놓치지는 않는가? 숫자를 놓쳤을 때 반드시 처음의 하나부터 다시 시작하고 있는가?
5. 수식관을 마치고 나서 몸과 마음의 고요함과 생생한 느낌을 경험하는가?
6. 하루 세 번, 공안문 읽고 생각하기를 실천하고 있는가?

# 간화선 看話禪,
# 그 깨달음의 원리

- 소염시 小艷詩로 선 수행의 핵심을 드러내다

- 최초의 화두 수행자는 고타마 붓다

- 도저히 전할 수 없는 것을 전하는 것이 선의 가르침

## 소염시小艷詩로 선 수행의 핵심을 드러내다

참선을 하면 깨닫게 된다고 하는데 어떤 원리인지, 아니면 이해하거나 기억해 놓으면 유익한 실질적인 가르침이 있다면 부탁드립니다. 저처럼 참선을 처음 시작하는 수행자가 이해할 수 있는 가르침이 혹시 없을까요?

선문에서 중요하게 인용되는 시 중에 소염시小艷詩가 있습니다. 이 시의 지은이는 알려지지 않았는데 당송 시대 민간에 널리 구전되던 시라고 합니다. 시의 배경은 중국의 대표적 미인 중 한 사람인 양귀비와 그녀의 연인 안록산의 애틋한 사랑입니다. 언뜻 들으면 사랑하는 사람을 그리워하는 여인의 마음을 절절하게 노래하고 있는 아주 짧은 시입니다. 이런 남녀의 사랑 이야기가 어떻게 엄중한 선문에서 인용하는 시가 되었을까요? 소염시의 내용은 다음과 같습니다.

> 아름다운 님 모습 어떤 솜씨로도 그릴 수 없다네.
> 구중심처 여기에서 나의 마음 어이 전할까.
> 공연히 소옥이만 계속 부르지만
> 소옥에게 볼일이 있는 것이 아니네.
> 오직 어딘가에 계실 님께서 이 소리 듣기만 바랄 뿐.

모두가 아는 것처럼 양귀비는 당나라의 6대 황제인 현종의 비妃였습니다. 그런데 그녀는 안록산이라는 장군과 몰래 사랑을 나누는 사이였습니다. 그녀가 안록산을 사모하는 마음이 얼마나 깊은지 그 그리움은 미려하고 섬세한 글로도 표현할 수 없고, 아무리 뛰어난 솜씨로도 모습을 그릴 수 없을 정도였습니다. 그리움을 해소할 방법은 오직 직접 만나는 것밖에는 없었습니다. 그런데 양귀비가 사는 곳이 눈과 귀가 많은 궁중이다 보니 남몰래 만나는 게 쉽지는 않았겠지요. 만약에 들키기라도 한다면 두 사람 다 목숨이 날아갈 아주 위험한 사랑을 했던 것입니다.

양귀비의 처소는 넓은 궁궐에서도 가장 깊은 곳에 있었습니다. 소위 구중심처九重深處였습니다. 또한, 황비의 신분으로 자유롭게 돌아다니지도 못했을 것입니다. 그렇다면 이 구중궁궐의 깊은 곳에서 양귀비는 간절한 사랑의 마음을 어떻게 안록산에게 전할 수 있었을까요?

두 사람에게는 은밀한 방법이 있었습니다. 매일 밤, 안록산이 양귀비의 처소 담장 밖에 와 있는 것입니다. 양귀비는 처소에서 시중을 드는 시녀인 소옥이를 멀리 심부름을 보내놓고 아무도 없는 처소에서 소옥이의 이름을 크게 부릅니다.

"소옥아, 소옥아." 시녀의 이름을 부르지만, 사실 그것은 소옥이를 부르는 게 아니었지요. 담장 밖에 와 있을 님을 부르는 소리였던 것입니다. "님아! 내가 지금 여기에서 기다리고 있으니 어서 오소서." 하고 자신의 존재와 상황을 알리는 것이었습니다.

그러면 담장 밖에 기다리고 있던 안록산이, 소옥이 부르는 소리를 듣는 즉시 양귀비에게 들어가는 것입니다. 소옥이를 부르지만, 소옥이가 오지 않고 안록산이 나타납니다. 양귀비가 소옥이를 부르는 것은 사실은 안록산을 부르는 것이니까요.

이 소염시를 선가에 등장시킨 분은 오조법연五祖法演(104~1104) 선사입니다. 법연 선사는 송나라 때 유명한 선의 스승입니다. 오조사五祖寺라는 절에 머물면서 수많은 수행자를 지도했던 이유로 오조법연 선사로 불리고 있습니다. 간화선을 정립해서 선에 새로운 바람을 주도한 대혜

大慧 선사의 할아버지뻘 되는 분입니다.

어느 날 법연 선사와 제자인 원오극근 선사, 그리고 진제형이라는 거사가 길을 가고 있었습니다. 진제형 거사는 벼슬길에서 물러난 지 얼마 안 된 관리 출신입니다. 진 거사는 은퇴하기 이전에도 늘 참선 공부하기를 바라고 있었습니다. 벼슬길에서 물러나자마자 한가해진 시간을 틈타 참선 공부를 하기 위해 법연 선사가 계시는 절에 함께 묵고 있었습니다. 법연 선사와 함께하는 나들이는 거사에게 매우 귀중한 기회였습니다. 진제형 거사가 법연 선사에게 선과 수행에 대해서 가르침을 청했습니다.

"스님, 선을 수행하면 깨닫게 되는 원리는 무엇입니까?"

이때 법연 선사는 엉뚱하게도 저자에 널리 퍼져 있는 소염시를 거론합니다.

"거사님은 소염시를 아십니까?"

"예. 예전에 많이 들어봤습니다."

"그 소염시에 선의 비밀이 표현되어 있습니다. 특히 뒤의 두 구절을 잘 살펴보십시오."

"아, 예. 그렇군요."

진제형 거사는 말로는 이해한 듯했지만 실제로는 법연 선사의 뜻을 알아듣지 못했습니다. 그런데 함께 있던 원오극근圜悟克勤 선사가 법연 선사의 의도를 알아차려 깨닫게 됩니다. 이때부터 소염시를 선가에서도 자주 인용하게 되었답니다.

법연 선사는 소염시의 '공연히 소옥이만 계속 부르지만, 소옥에게 볼 일이 있는 것이 아니네. 오직 어딘가에 계실 님께서 이 소리 듣기만 바랄 뿐….'이라는 구절을 특히 강조하고 자세히 살펴 그 뜻을 생각해 보라고 했습니다.

비록 이 소염시를 보고 원오 선사처럼 그 자리에서 즉시 깨닫는 최고의 경사가 우리에게 일어나지 않아도 좋습니다. 이 시의 뒤 두 구절은 간화선의 구조와 원리를 너무나 훌륭하게 설명해 주고 있습니다. 이것을 분명하게 이해하신다면 앞으로 수행하시면서 순간순간 결정적인 도움을 받게 되실 것입니다. 지금 이러쿵저러쿵 자세하게 이야기해 드리는 것은 별 도움이 되지 않을 것 같습니다. 다만 다음과 같은 관점으로 소염시를 음미하신다면 별다른 설명이 필요 없이 좀 더 직관적으로 이해가 될 것입니다.

양귀비를 참선 수행자로, 소옥이를 공안으로, 소옥이 이름을 부르는 것을 화두 참구로 놓고, 안록산을 공안을 내신 조사의 마음으로 놓아 보십시오. 이때, 양귀비의 본래 청정한 완전성은 무엇일까요? 이 관점으로 소염시를 본다면 화두 참구에 대한 내밀한 원리를 금방 눈치채실 것입니다. 실제로 참선 공부를 해갈수록 이 원리는 더욱 분명하게 다가와서 당신에게 확신을 줄 수도 있습니다. 이 원리는 그 자체로 아주 미묘한 것입니다.

모든 것을 다 보는 눈이 유일하게 보지 못하는 것 하나는 눈 자신입니다. 눈이 스스로를 보기 위해서는 거울이 필요합니다. 거울에 비친 눈은 그림자이지 실제의 눈은 아닙니다. 처음에는 거울을 통해 실제와 닮은 그림자 눈을 보는 것부터 시작하지만 결국에는 눈이 스스로를 직접 보는 이치에 도달하게 됩니다. 이것이 소염시에 스며있는 간화선의 원리입니다.

간화선의 정립을 완성해서 본격적인 수행의 방법으로 제시한 분은 대혜 선사입니다. 그런데 이미 대혜 선사의 할아버지뻘 되는 법연 선사는 간화선의 원리를 이처럼 정확하게 정립하고 있었다는 것을 알 수 있습니다.

이것은 법연 선사의 제자이자 대혜 선사의 스승이 되는 원오극근 선사에게 전해졌고 최종적으로 대혜 선사가 이어서 완성을 한 것입니다. 결국, 간화선은 최소 삼대의 연구와 노력으로 정리가 된 것이지요. 또한, 대혜 선사보다 훨씬 이전에도 이미 공안을 제시하고 수행의 방법으로 삼은 사례들이 종종 있습니다. 대혜 선사가 간화선을 정립하고 수행법으로 내어놓을 시점에서는 이미 충분한 선례를 통한 검증까지 마친 상태였고, 매우 강력한 효과에 힘입어 수많은 선의 스승을 탄생시켜 왔습니다.

## 최초의 화두 수행자는 고타마 붓다!

간화선을 수행하지 않는 분들 가운데는 간화선 자체를 부정하는 분들도 있습니다. 그 이유로는 부처님은 간화선을 수행해서 깨달은 것이 아니라는 것입니다. 이런 주장에 대해서 의견을 말씀해 주십시오. 부처님이 간화선으로 깨달은 것이 아니라는 것은 간화선을 수행하는 분들도 대부분 동의하는 것으로 알고 있습니다.

물론, 부처님이 간화선을 수행해서 깨달은 것은 아닙니다. 경전에도 기록되어 있는 것처럼 부처님은 들숨과 날숨에 대한 집중과 마음 관찰을 통해 깨달음을 이루셨습니다. 간화선이라는 수행법은 부처님 당시에는 없었습니다. 그렇지만 부처님의 출가와 수행의 여정을 들여다보면 간화선의 가장 중요한 특징이 보입니다. 그 특징이 무엇일까요? 매우 강렬한 의문입니다. '나는 어디에서 왔는가? 왜 모든 생명은 죽어야 하는가? 죽고 나면 어디로 가는가? 끝인가?' 등 생명의 본질에 대한 강렬한 의문과 살면서 경험하는 고통, 죽으면서 경험하는 고통에서 벗어날 방법은 없는가에 관한 거부할 수 없는 연민과 의문이 그것입니다.

이것은 고타마 태자로 하여금 왕위의 계승이 아닌 출가의 길을 선택하게 했습니다. 또한, 이 궁금증은 수행의 전 과정에 동기부여는 물론이고 수행이 최종적으로 완성되었는가, 아닌가를 판단하는 확고부동한 기준이 되어 주었습니다.

출가해서 두 분의 스승을 모시고 수행했던 것도, 그 곁을 떠날 수밖에 없던 것도 이 궁금증을 해결하기 위해 수행을 시작했고, 이 수행으로는 이 궁금증을 풀 수 없다는 결론에 도달했을 때 스승들의 곁을 떠났습니다.

고행림에서 극단의 고행을 장기간 감행한 이유도 고행 자체가 목적이 아니라 이 궁금증을 해결하기 위해서 시작했고, 결국 고행으로도 이 문제를 해결할 수 없다는 결론에 도달하고서야 멈추었습니다. 그 후, 왕자 시절에 해봤던 호흡을 관찰하는 중도적 방법을 통해 도를 이루게 됩니다. 도를 이룬 그 순간 '내가 도를 이루었다'라고 판단한 기준도 출가할 때 품었던 의문에 대한 답이 나왔는가 아닌가였습니다.

수행의 동기가 될 만한 강렬한 문제의식이 있는가? 모든 걸 뛰어넘을 만한 호기심이 있는가? 수행의 동기가 된 문제의식에 온전한 답을 얻었는가? 등의 요소들은 다른 수행법과 구분 짓는 간화선의 대표적 특징입니다. 고타마 붓다가 간화선을 수행하시지는 않았지만, 출가 동기와 수행의 동기 그리고 수행의 완성을 판단하는 기준이 어떤 수행자보다 명확했습니다. 그리고 그런 동기와 기준의 전 과정이 간화선의 중요한 특징과 일치합니다. 이런 이유로 저는 최초의 화두 수행자를 고타마 붓다라고 생각합니다.

앞에서 깨달음에 이르는 네 가지 길에서 이야기한 것처럼, 간화선은 스승의 심오한 가르침에 의해 수행자의 마음이 온전하게 고양되는 독특한 네 번째의 방법에 해당한다고 말씀드린 것을 기억하시나요? 이것과 고타마 붓다의 수행이 다른 점은 고타마에게는 궁극적 가르침을 줄 수 있는 스승이 없었다는 것 단 하나뿐입니다. 그래서 스승에게 가르침으로 받은 화두는 없었지요. 그러나 고타마의 내면에서 솟아나오는 본질에 대한 강렬한 의문이 곧 자발적 화두가 되었다고 할 수 있습니다. 그래서 저는 지금도 제가 아는 한 최초의 화두 수행자는 고타마 붓다라고 생각합니다.

## 도저히 전할 수 없는 것을 전하는 것이 선의 가르침

깨달음을 성취한 스승과 그렇지 못한 수행자는 무엇이 다를까요? 깨달았다는 것은 완전성을 회복했다는 말입니다. 완전성을 회복했다는 말은 본래의 전체성이 되었다는 것입니다. 전체성이 되었다는 것은 모든 에고적 습성 즉 스스로 지어온 업의 굴레에서 벗어났다는 말입니다. 하늘에 비유한다면, 자신이 구름이 아니라 허공이라는 것을 깨달아서 허공의 가치로 존재한다는 것입니다.

아직 과정에 있는 수행자는 전체성이 되지 못한 상태입니다. 에고적 습성, 자신이 스스로 지어온 업의 굴레와 기준에 속박되어 있는 상태입니다. 그 굴레가 존재의 모든 것이라는 착각 속에 있기 때문에 전체성을 알 수도 없고 이해할 수도 없습니다. 다만 허공의 일부인 그 무엇으로 존재할 수밖에 없습니다. 자신의 진정한 모습이 아니라 생각으로 스스로 규정한 것에 집착하고 속박되어 있는 것이지요.

　어떤 일을 앞에 두었을 때 깨달은 사람은 그 일이 결코 전체가 아니라는 것을 어느 순간에도 망각하지 않습니다. 그래서 일의 전후를 지혜롭게 살필 수 있는 안목이 있습니다. 그리고 결과에 집착하지 않습니다. 그러나 깨닫기 전의 사람은 눈앞의 일이 모든 것이 되고, 그 일의 전후를 잘 살필 안목이 없습니다. 그래서 결과에 집착하게 됩니다. 우주로 비유한다면 깨달은 사람은 자신이 우주 전체일 뿐만 아니라 우주가 생겨나기 이전이기도 하다는 것을 압니다. 그러나 과정에 있는 사람은 우주 안에 존재하는 아주 작은 그 무엇이라는 착각으로 존재할 수밖에 없습니다.

　선을 가르친다는 것은 앞서 깨달은 스승이 모든 존재의 본질인 빅뱅 이전의 완전성과 전체성의 비밀을 에고에 꽁꽁 갇혀 있는 수행자에게 전하는 것입니다. 사실 존재의 본질이 비밀은 아닙니다. 그러나 그 본질을 보지 못한 수행자에게는 감조차 잡을 수 없는 비밀이 됩니다.

　선은 심오한 가르침이 아닙니다. 그러나 어리석음에 갇혀 있는 수행자에게는 그 어떤 것보다도 심오한 가르침이 됩니다. 완전히 다른 차원의 것을 전하려 하는 것입니다. 그래서 지식으로 전할 수도 없고 이론으로 전할 수도 없습니다. 오직 직접 보여 주는 방법밖에는 없어서 선의 스승은 빅뱅 이전부터의 존재의 본질을 말이나 행동으로 표현해 보여 줍니다.

　그러나 까마득히 낮은 차원의 수행자는 알 수가 없습니다. 수행자가 즉시 알아차리면 즉시 깨달을 텐데 알 수 없어서 수행자에게 화두話頭가 되는 것입니다.

선의 가르침인 공안에는 일체 존재의 본질이 다 들어 있고 수행자는 화두 참구를 통해 스승의 마음과 하나가 될 수 있습니다. 이것이 가능한 이유는 자신의 본질을 모르는 수행자의 본질이 곧 완전성이고 전체성이기 때문입니다. 또한 소염시의 비유에서 보이는 깨달음의 원리에 대한 스승들의 치밀한 안배 덕분이기도 합니다.

# 본수행

- 조주의 개, 무자 공안
- 참구한다는 것이 무엇일까?
- 망상妄想, 혼침昏沈, 무기無記와 화두 참구

- 참구 1단계 : 무색중생無色衆生인 망상을 해탈시키기
- 참구 2단계 : 화두, 그 알 수 없음에 충분히 몰입하기
- 참구 3단계 : 수행의 본류本流에 들다
- 참구 4단계 : 본연의 고요함을 만나다
- 참구 5단계 : 에고는 죽고 본래 지혜가 발현되다
- 참구 6단계 : 깨달음, 보임保任

당신은 100일간의 예비수행을 훌륭하게 마치셨습니다. 이제부터 참선의 본수행을 시작합니다. 당신은 본수행도 매우 훌륭하게 해내실 것입니다. 이것은 당신에게 가장 본질적인 이로움일 뿐만 아니라, 모든 생명과 존재에게도 가장 이롭고 가치 있는 일이기에 반드시 당신의 완전성을 깨닫는 순간까지 멈춤이 없기를 진심으로 기원합니다.

지금쯤 당신은 수식관을 통해 고요하고 맑은 마음으로 50분 정도는 편안히 앉아 있을 힘이 길러졌을 것입니다. 조주의 무자無字 공안 또한 최소 300번 정도는 읽고 생각해 왔으니 공안의 내용, 해결해야 할 문제 등을 분명하게 파악하고 있을 것입니다. 본격적 참구를 위해 다시 한번 간단하게 정리해 봅시다.

## 조주의 개, 무자無字 공안
—

어느 날, 조주 스님께 물었다.
"스님, 개도 불성佛性(완전성)이 있습니까?"
조주 스님이 답하기를
"없느니라(無)."

이 공안에서 참으로 중요한 점이 무엇일까요? 조주 스님이 개에게 불성이 없다고 하신 까닭이 무엇인가 하는 것입니다. 왜 개에게 불성이 없다고 한 것일까? 분명한 것은, 정말로 개에게 불성이 없어서 없다고 한 것이 아니라는 것입니다. 그렇다면 왜 없다고 했을까? 당신은 이 하나의 큰 의문을 꿰뚫어 해결해야 합니다. 왜 없다고 했는지를 알아내야 합니다. 이 의문을 해결한다는 것은 당신도 조주 스님처럼 완전성을 온전하게 회복한다는 의미이고 선에서 이야기하는 깨달음을 성취한다는 뜻입니다. 참선 수행의 완성을 뜻하고 공안(화두) 참구의 완성을 뜻합니다.

개에게 불성이 없어서 없다고 한 것이 아니다!
그렇다면 왜 없다고 했을까?

당신이 지금 바로 그 이유를 알아낸다면 이 자리에서 수행이 끝납니다. 그러나 모른다면 화두가 되어 참구해야 합니다.

## 참구參究한다는 것이 무엇일까?
—

공안을 참구한다는 것, 화두를 참구한다는 것은 무엇일까요? 알 수 없는 가르침에 대해서, 뜻이나 답을 알게 될 때까지, 끊임없이 의심疑心해 가는 것을 말합니다. 의疑 자에는 '아무것도 결정되지 않은 것을 결정하려는 노력'이라는 뜻이 있습니다. 의심이란 결정되지 않은 것을 바르게 결정하려는 마음, 모르는 것을 알아내려고 하는 마음입니다.

조주 스님이 개에게 불성이 없다고 한 말은 분명 맞지 않은 말입니다. 그래서 흔쾌히 없다는 가르침에 동의할 수가 없어요. 또한, 붓다의 화신으로까지 존중받는 스승이 이렇게 중요한 질문에 대해 거짓으로 답을 했을 리가 없습니다. 분명히 개에게 불성이 없다고 한 이유가 있을 것입니다. 그런데 우리는 그 이유를 모릅니다. 그래서 어쩔 수 없이 왜 없다고 했는지 의심할 수밖에 없습니다. 왜 없다고 했는지를 결정하기 위해서, 분명한 답이 나올 때까지 의심해야 합니다. 이것을 공안을 참구한다, 화두를 참구한다고 하는 것입니다.

예를 들어서 한 가지 묻겠습니다. 1+1은 얼마인지 아시나요?

**1+1요? 하하하, 2이지요.**

그럼 1+1이 얼마인지 의심해 보세요.

**1+1은 2인데 뭘 의심하라는 것인가요?**

그래요. 1+1은 2라는 것을 이미 아니까 의심할 수가 없지요?

**예. 의심이 안 됩니다.**

그럼 조주 스님은 왜 개에게 불성이 없다고 했을까요?

**그것은 아직 모르겠습니다. 지금부터 알아봐야지요.**

공안을 참구한다는 것이 바로 이와 같습니다. 무자 공안을 보는 즉시 조주 스님의 마음을 완전하게 간파한다면, 없다고 한 뜻을 이미 아는 것이라서 참구할 필요가 없습니다. 그러나 모르면 왜 없다고 했는지 철저하게 의심해야 합니다. 철저하게 참구해야 하는 것입니다.

조주 스님의 의도를 몰라서 알아내려고 의심하고 의심하는 참구를 통해 수행자의 마음은 점차 완전성과 가까워집니다. 공안의 답을 확연하게 알아낼 수 있는 내면적 여건이 되어가는 것입니다. 달을 가리고 있는 구름이 점차 걷혀 가는 것입니다. 이것이 참구의 힘입니다.

모르는 것에 대해 알고 싶은 마음으로 의심해 들어갈 때, '혹시 이래서가 아닐까? 저래서가 아닐까?' 하고 생각으로 따지면 참구가 아닙니다. 그렇게 따지는 것은 결국 생각과 관념의 길로 가는 것이라서 선에서 이야기하는 참구가 되지를 않습니다. 끝없이 생각의 길에서 헤매게 될 뿐입니다. 이것인가 저것인가 따지지 말고 알아내겠다는 마음 하나로 모르는 것에 대해서 철저하게 의심만 해가야 끝에 도달할 수 있습니다.

참구의 첩경은 알 수 없는 것에 대한 강한 의심에 달려 있습니다. 그런데 진정한 의심이 일어나는 것이 마음대로 되지 않습니다. 알 수 없는 공안에 대해 간절함과 진정성을 동반한 마음 전체가 열리고 몰입되어야 비로소 진정한 의심이 시작되고, 이때부터 진정한 간화선 수행이라고 할 수 있습니다.

## 망상妄想, 혼침昏沈, 무기無記와 화두 참구

참선을 할 때 수행자를 가장 힘들게 하는 것이 세 가지가 있습니다. 망상과 혼침 그리고 무기가 그것입니다. 망상은 마음의 집중을 방해하는 다양한 잡념雜念을 말합니다. 혼침은 망상과 반대되는 현상으로 졸음에 빠지는 것을 말합니다. 무기는 망상도 없고 혼침에 떨어지지도 않았지만 멍하니 자신에 대한 자각이 없는 상태입니다. 이 세 가지는 수행자가 반드시 경험하게 되는 장애障礙입니다. 수행자는 이 장애를 지혜롭게 극복해 나가야 합니다. 참선 수행을 한다는 것은 사실 이 세 가지 장애를 해결해 나가는 과정입니다. 조금 더 자세히 알아보겠습니다.

〈망상〉

그대를 고통스럽게 하는 생각도
그대를 즐겁게 하는 생각도
다만 망상일 뿐이다.

망상은 수행에 장애가 되는 모든 생각을 말합니다. 수행에 장애가 된다는 것은 무엇일까요? 간화선을 수행하기 위해서는 마음이 화두에 집중되고 몰입되어야 합니다. 이것을 방해하는 모든 생각을 망상이라고 합니다. 마음이 화두에 제대로 집중되어 있다면 마음에는 화두에 대한 생각 하나만 존재하게 됩니다. 그런데 망상이 일어나면 집중은 깨지고 다양한 생각들이 그 자리를 차지합니다. 하나의 생각이 끝나기 무섭게 다음 생각이 일어납니다. 하나의 생각이 다음 생각을 불러오기도 합니다. 어떤 생각은 감정을 동반해서 더욱 강력하게 마음을 점령합니다.

마음을 자세히 관찰해 보면, 우리의 마음에 생각이 흐르지 않는 순간은 거의 없습니다. 하루를 생각으로 시작해서, 잠드는 순간까지 생각 속에 빠져 있음을 알 수 있습니다. 사실 생각은 우리가 잠들어 있는 시간에도 계속됩니다. 다만 잠잘 때는 알지 못할 뿐입니다. 그러다가 잠에서 깰 때가 되면 그 생각을 꿈이라는 환영으로 보게 되는 것입니다.

생각이나 감정 중에는 우리를 불쾌하게 하거나 고통스럽게 만드는 것도 있지만 유쾌하고 즐겁게 만드는 것들도 있습니다. 누구나 불쾌하고 고통스러운 생각들은 싫어하고 유쾌하고 즐거운 생각들은 좋아합니다. 그런데 참선 수행에서는 두 가지 모두가 망상입니다. 싫어하고 좋아하는 마음의 태도가 더 많은 괴로움과 불만족을 만들어 냅니다.

망상은 업(業)의 거울이다.
망상을 본다는 것은 그대의 업을 보는 것이다.

참선 수행에서는 이 망상을 달을 가리는 구름에 비유합니다. 또 망상이 가득한 마음을 찌꺼기가 잔뜩 끼어서 탁해진 물에 비유합니다. 잠시도 쉬지 않는 이 망상들은 어디에서 비롯되는 것일까요? 참선에서는 모든 망상이 업식業識에서 일어난다고 합니다.

업식은 지금까지 우리가 살면서 경험한 모든 것입니다. 하나를 경험하면 하나의 업業이 쌓입니다. 우리는 하루를 살면서 24시간 동안 크고 작은 수많은 경험을 합니다. 그 경험들이 모두 업으로 쌓이고, 마음을 움직여서 수많은 생각과 감정을 지어내는 요소가 됩니다. 당연히 삶에 절대적 영향을 줍니다. 지금 쓰고 있는 마음은 순수한 마음이 아니고 업식에 물든 마음입니다. 이것이 망상입니다. 즉 헛된 생각입니다. 헛되다는 것은 실재가 아닌 환영, 영원하지 않고 잠시 일어났다가 사라지는 일시적 현상을 뜻합니다.

망상은 귀한 손님이다.
망상은 그대의 스승이다.
망상은 그대와 함께 가는 도반이다.

참선을 수행한다는 것은 이 망상을 제거해 나가는 과정입니다. 참선뿐만 아니라 마음 수행 방법들은 모두 수행자가 망상에서 벗어나게 하는 가르침입니다. 망상은 분명 강력한 수행의 장애 요소입니다. 수행을 방해하고 번거롭게 하고 불필요한 힘을 쏟게도 합니다. 그래서 망상을 반기지 않습니다. 피하려고 합니다. 그런데 망상은 피하려고 할수록 수행자를 힘들게 합니다. 그럼 어떻게 해야 할까요?

선의 스승들은 망상에 대해 싫은 마음을 내지 말라고 가르칩니다. 망상을 수행의 적으로 여기지 말고, 귀한 손님처럼 여기라고 합니다. 수행의 스승으로 여기고, 수행을 돕는 도반으로 여기라고 합니다.

이런 가르침은 수행자의 의식에 일대 전환을 요구하는 것입니다. 수행자는 망상에 속거나 지배를 당하면 안 됩니다. 오히려 망상을 강력한 수행의 동기로 삼아야 합니다. 망상이 일어나는 순간을 수행의 기회로 삼아야 합니다. 망상이 일어날 때 연관된 업을 해결할 귀중한 순간으로 삼아야 합니다.

공안 즉 화두를 참구할 때 이 가르침은 정말 중요한 의미가 있습니다. 참선 수행이 망상을 제거하는 과정이라면 곧 업장을 소멸해 가는 과정이 되기 때문입니다. 다만 참선에서는 담박하게 깨달음만을 말하기 때문에 너저분하게 다른 것을 말하지 않을 뿐입니다.

　　그대의 마음에 망상이 없다면
　　그대는 곧 혼침昏沈에 떨어질 것이다.

수행자의 마음에 망상이 없다 해서 모두 졸음에 떨어지는 것은 아닙니다. 망상이 차지하고 있던 마음에 화두가 있다면 결코 졸음에 떨어지지 않습니다. 그러나 망상이 없는데 화두도 없다면 대부분 졸음에 떨어집니다. 왜 그럴까요? 마음이 할 일이 없기 때문입니다.

마음은 쉬지 않고 무엇인가 하려는 특성이 있습니다. 망상이 가득할 때 마음은 망상과 어울리느라 졸음에 떨어지지 않습니다. 그러다가 피곤한 상태에서 망상이 잠시 쉬어서 텅 비게 되면 마음은 어울릴 대상이 없어서 곧바로 졸음에 떨어집니다.

선의 스승들은 이것을 가리켜 "중생의 마음은 오직 두 가지만 하면서 산다. 망상 아니면 혼침이 그것이다"라고 지적하고 있습니다. 우리의 삶은 실제로 아침에 눈을 떠서 하루 종일 잠시도 쉬지 않고 온통 잡다한 생각으로 살아갑니다. 그리고 밤이 되면 잠을 자고 아침에 깨어나서부터 또 생각으로 살다가 밤이 되면 잠이 듭니다. 매일매일 다를 것이 없습니다.

아직 여물지 못한 수행자도 마찬가지입니다. 앉아서 수행하는 동안 망상에 시달리지 않으면 꾸벅꾸벅 졸기가 쉽습니다. 이것을 역으로 보면 망상 때문에 졸음에 떨어지지 않는다는 것입니다. 망상은 분명 수행의 큰 장애 요소이지만 수행자가 마음먹기에 따라서 수행에 큰 도움이 되기도 합니다. 또한 망상은 혼침과 무기의 장애를 해결할 수 있는 열쇠이기도 합니다.

그래서 망상을 수행에 지혜롭게 활용해야 합니다. 지혜롭게 활용한다는 것은 망상을 통해 수행의 길을 여는 것을 뜻합니다. 이것에 대해서는 잠시 후에 실제로 공안 참구를 설명할 때 자세하게 말씀드리겠습니다.

〈혼침, 무기〉

혼침은 마음이 어둡게 가라앉는다는 말입니다. 졸음에 떨어진 상태입니다. 무기無記는 기억이 없다는 뜻인데, 수행에서는 스스로에 대한 어떠한 자각도 없는 상태를 말합니다. 무기와 반대가 되는 말은 억념憶念과 정지正知입니다. 억념과 정지를 위빠사나 수행에서는 사띠라고 합니다. 지금 경험하는 것에 전면적으로 마음이 깨어나 기억하고 알아차리는 마음입니다.

망상은 마음이 제멋대로 허상을 좇아 움직이는 것이고, 혼침과 무기는 마음이 어두움에 잠들어 버리는 것입니다. 그래서 혼침과 무기는 몇 가지 유사한 점이 있습니다.

하나는 시간과 공간에 대한 자각自覺이 없다는 것입니다. 혼침은 잠에 떨어지는 것이고 무기는 멍함에 떨어지는 것이라는 차이는 있지만 둘 다 일체에 대한 자각이 없는 상태입니다. 수행에서 가장 금기시하는 장애입니다. 혼침과 무기는 아무리 여러 번 경험해도, 아무리 긴 시간을 머물러도 수행자에게 한 치의 긍정적인 변화도 일어나지 않습니다.

누구나 매일 일정 시간 잠을 잡니다. 잠은 우리에게 육체와 정신의 피로를 해소하는 소중한 선물을 줍니다. 건강의 필수 요소입니다. 그러나 번뇌와 고통의 원인이 되는 근본 어리석음을 해결하는 데에는 도움이 되지 않습니다. 우리가 매일 잠에서 깨어나지만 잠들기 전보다 근본 어리석음이 적어지고 지혜가 늘어나지는 않습니다. 매일 잠을 자지만 근본 어리석음은 한치도 변하지 않습니다. 멍함에 빠지는 무기도 이런 점에서 다르지 않습니다.

망상은 마음이 깨어있는 상태이기 때문에 수행에 긍정적으로 활용할 수 있습니다. 그러나 혼침과 무기는 마음이 눈을 감는 현상이기 때문에 수행에 활용할 수 없습니다. 망상보다도 더 은밀하게 수행하는 마음을 잠재우는 장애입니다.

앞으로 나아가는 길에 아무리 많은 장애물이 있다고 해도 눈을 떠서 바라볼 수 있다면 시간이 걸리더라도 무사히 갈 수 있지만, 눈을 감고 길을 가야 한다면 아무런 장애물이 없는 길이라도 앞으로 나아가기 어려운 이치와 같습니다.

수행자는 망상을 제거하는 과정을 통해서 지혜로운 각성의 힘을 길러 혼침과 무기에서 벗어나야 합니다. 간화선에서 지혜로운 각성이란 공안에 대한 강한 호기심과 순수한 의심을 말합니다.

당신은 분명 수행을 시작함과 동시에 다양한 망상을 경험하게 될 것입니다. 망상에 어느 정도 적응해서 수행의 맛을 느끼려는 순간부터 혼침에 떨어질 수 있습니다. 망상이 정신없이 일어날 때는 혼침에 떨어지지 않습니다.

그래서 당신은 망상을 통해 화두를 참구하는 각성의 힘을 길러야 합니다. 그 힘으로 망상이 제거된 마음에 오직 화두에 대한 강력하고 밝은 각성인 의심이 자리하게 해야 합니다. 그러면 혼침과 무기에 떨어질 여지가 사라질 것입니다. 당신이 여기까지 분명하게 이해하셨다면 이제 본격적으로 참선을 시작할 수 있습니다.

# 참구 1단계 :
# 무색중생無色衆生인 망상을 해탈시키기

- 공안에 대한 의도적 의심(주작做作 공부)
- 모르는 마음인 화두를 경험하기
- 망상과 업식을 '모름'으로 전환시키기(무색중생의 해탈)

수행자가 공안을 참구할 때 가장 먼저 익혀야 할 것은 빼곡하게 일어나는 망상을 어떻게 화두로 전환시킬 것인가입니다. 또한 무엇을 화두라고 할 것인가에 대한 분명한 이해가 필요합니다. 머리로만 이해하는 것이 아니라 실제 참구를 통해 끊임없이 경험하고 체화시켜 가야 합니다.

조주 스님께 여쭈었다.
"스님, 개도 불성이 있습니까?"
"없느니라!"

이 조주무자趙州無字 공안을 앞에 놓고 생각해도 좋고, 마음에 떠올려서 생각해도 좋습니다. 방석 위에 칠지좌법으로 바르게 앉아서 잠시 수식관을 합니다. 마음이 고요해지면, 이 공안에서 당신이 해결해야 하는 것이 무엇인지 생각해 보십시오. 예비수행 100일 동안 당신은 일상에서 이 공안을 읽고 생각하기를 반복해 왔기 때문에 당신이 해결해야 하는 것이 무엇인지 이미 충분히 이해하고 계실 것입니다. 그것을 좌선 자세에서 다시금 기억하고 생각해 보는 것입니다.

자, 조주무자 공안에서 당신이 해결해야 할 문제는 무엇인가요? 오직 한 가지 조주 스님이 개에게 불성이 없다고 한 이유일 것입니다. 이것 외에 당신이 모를 것은 없습니다. "왜 조주 스님은 없다고 했을까?" 이것 하나가 참선 수행의 모든 과정에서 당신이 알아내야 할 문제입니다.

왜 없다 했을까? 의심하면
마음은 알지 못하는 상태가 된다.
알 수 없기에 생각이 끊어진다.
생각이 끊어진 자리에는
오직 알 수 없음, 모름만 가득하다.
이 알 수 없음이 화두話頭이다.

'조주 스님은 왜 없다고 했을까?' 하고 스스로에게 질문하십시오. 그리고 실제로 '왜 없다 했을까…' 하고 가만히 생각해 봅니다. 생각해 봐도 그 이유를 알 수 없을 것입니다. 또 묻고 생각해 봐도 알 수 없을 것입니다. 곰곰이 생각해 볼수록 모름은 더 분명하게 느껴질 것입니다.

'왜 없다 했을까?' …

생각해 보지만, 그 이유를 알 수 없는 것과 동시에 자잘하게 흐르던 생각이 갑자기 사라집니다. 생각을 따라 흐르던 마음도 이 순간에 멈추게 됩니다. 생각은 마음이 움직이는 길입니다. 생각이라는 길이 사라지니 그 길을 따라 흐르던 마음도 갈 곳이 없어져서 멈추는 것입니다.

생각은 무엇인가에 대해 안다는 마음에서 주로 생겨납니다. 안다고 하는 것은 지금까지의 경험을 바탕으로 합니다. 그런데 우리는 공안에서 가리키는 것에 대해서는 한 번도 경험해 본 적이 없습니다. 공안이 가리키는 것은 완전성입니다. 완전성을 한 번도 경험해 본 적이 없기 때문에 이 질문에 대해 어떠한 생각도 일어날 수 없습니다. 다만 깜깜하게 알 수 없는 상태가 됩니다. 순간적으로 모든 생각이 사라지고 모름으로 가득 찰 것입니다. 텅 비고 고요한 상태가 됩니다. 이때 비로소 마음은 생각, 즉 망상에서 벗어나 지금 여기에 머물게 됩니다.

이처럼 흐르던 모든 생각이 사라지고 마음이 모름의 상태가 된 것을 화두話頭라고 합니다. 화두는 알지 못하는 마음, 알 수 없는 마음, 모름인 것입니다. 선의 전통에서는 생각이 일어나기 이전이라고도 합니다.

'조주 스님은 왜 없다고 했을까?'  (스스로에게 질문함)
'왜 없다고 했을까?'              (질문에 대해 생각해 봄)
알 수가 없다!                    (화두가 드러남)

이것이 참구의 과정입니다. 지난 100일 동안 하루에 세 번씩 공안을 읽고 생각했던 것이기도 합니다. 스스로에게 질문하고 답을 생각하는 것이 의심입니다. 의심을 했더니 답이 생각나지 않아서 다만 모름의 상태에 마음이 머물게 됩니다. 이 모름의 상태가 화두입니다. 알 수 없는 것을 알기 위해서 다시 '왜 없다고 했을까?' 하고 생각하는 것이 의심이고, 마음은 또 화두인 '모름'에 머물게 됩니다. 선에서는 '의심이 없으면 화두도 없다!'라고 합니다. 이것을 분명하게 기억하시기 바랍니다. 공안을 한 번 의심할 때마다 짧은 순간일지라도 한 번씩은 화두를 보게 되는 것입니다.

조주 스님은 '왜 없다고 했을까?' …. '알 수 없다(화두)'. 알 수 없는 마음인 화두를 가만히 지켜봅니다. 망상이 일어나면 다시 의심합니다. 그러면 다시 알 수 없음, 화두가 드러납니다. 그것을 지켜봅니다. 이것을 반복하세요.

이때 '알 수 없음'은 알 수 없다고 생각하는 것이 아닙니다. 답을 모르기 때문에 마음이 자연스럽게 침묵하게 되는 것입니다. 이 마음의 침묵이 '알 수 없음' '모름'인 화두입니다. 의심하고 모름(화두)을 보다가, 망상이 일어나면 다시 의심하고 모름(화두)을 보고…이것을 반복하십시오. 마음에서 의심이 일어나지 않아도 좋습니다. 의심이 일어나지 않아도 당신은 순간순간 화두를 보는 것입니다. 마음에서 의심이 일어나지 않아도 '왜 없다고 했을까?' 하는 생각은 당신이 마음만 먹으면 언제든지 얼마든지 일으킬 수 있습니다.

"조주 스님은 왜 없다 했을까?" 생각하고 의심을 해봐도 실제로 의심이 일어나지 않습니다. 화두 공부는 의심이 일어나야 되는 거 아닌가요? 그래야 한다고 들었습니다.

물론 화두 공부는 마음에서 진정한 의심이 일어나야 합니다. 그런데 이 진정한 의심은 처음부터 일어나기 어렵습니다. 당신은 아직 조주무자(趙州無字) 공안이 친숙하지 않습니다. 화두에 진정한 의심이 일어나기까지 올바른 노력과 시간이 필요합니다. 이 단계는 진정한 화두 의심을 위한 토대를 만드는 단계입니다. 이때는 우선 망상으로부터 마음을 분리시켜서 알 수 없는 화두 자리를 보고, 보호하는 것이 중요합니다. 그래서 진정한 의심이 일어나지 않더라도 공안을 들어 의심하고, 생각하고, 답을 알지 못하는 마음을 지켜보는 것을 반복하는 것입니다.

진정한 의심은 원한다고 해서 곧바로 일어나지 않습니다. 진정한 의심은 생각보다 더 깊은 감정의 영역입니다. 생각은 마음대로 언제든 일으킬 수 있지만, 감정은 그렇지 않습니다. 지금처럼 일어나지 않는 의심을 일부러 생각으로 일으키는 것을 주작做作 공부라고 하는데 이 주작 공부를 꾸준히 반복하면 저절로 진정한 의심이 일어나는 단계로 들어가게 될 것입니다.

'조주 스님은 왜 없다고 했을까?'… 알 수 없음!
'조주 스님은 왜 없다고 했을까?'… 알 수 없음!

이 알 수 없는 마음인 화두를 지켜보다가 망상이 일어나 지켜봄이 끊어질 것 같거나, 마음이 이미 망상에 빠져 있음을 알아차리는 순간, 망상은 그대로 놓아둔 채 마음을 돌이켜 '조주 스님은 왜 없다고 했을까?' 하고 의심을 하세요. 그러면 마음은 다시 알 수 없는 화두에 머물게 됩니다.

일체의 망상이 끊어지고, 다만 알 수 없는 마음만 현전現前할 때 이 알 수 없는 상태의 마음을 화두話頭라고 하고, 이것을 지켜보는 것을 화두를 보는 것(간화看話)이라고 합니다.

의심 직후의 알 수 없는 마음은
가던 길이 돌연히 막힌 것과 같고
영화관에서 영화를 보다가
갑자기 정전이 되어, 빛도 소리도 끊어진
깜깜한 적막함에 휩싸인 것과도 같다.

화두, 그 알 수 없는 마음자리는 흡사 열심히 길을 걷다가 예상하지 못한 막다른 길목을 만난 느낌과도 같습니다. 앞으로 더 나아갈 수가 없습니다. 걸음을 멈추어야 합니다. 우리 마음에는 늘 생각이 흐릅니다. 우리의 모든 행동은 그 생각을 따라서 진행됩니다. 그런데 갑자기 알 수 없는 마음이 되면 흐르던 생각들이 순간 사라집니다. 생각의 공백 상태가 됩니다. 생각이 멈추면 생각을 따르던 마음도 멈춥니다.

영화관에서 흥미진진하게 영화를 보다가 갑자기 정전이 되었을 때, 시야를 가득 메우고 돌아가던 영상이 사라지고 하얗게 텅 빈 스크린만 몰록 드러나는 것과도 같습니다. 영상을 따라 흐르던 모든 소리도 멈추고, 적막함이 몰록 드러나는 것과도 같습니다. 영화를 따라 함께 꾸던 꿈은 사라지고, 텅 빈 스크린과 적막함 속에 있는 자신을 보게 되는 것과 같습니다. 수많은 생각과 관념, 그 환영의 흐름이 멈추고, 다만 알 수 없는 텅 빈 마음에 깨어나게 됩니다. 이처럼 알 수 없는 상태의 마음인 화두는, 순간적으로 수행자의 마음길을 끊고 막다른 길에 세워 둡니다.

공안을 의심해서 도달한
깜깜하게 모르는 이 자리가
알 수 없는 공안의 세계로 통하는
유일한 문이다.

공안의 뜻을 알아내기 위해 의심을 했는데, 알 수 없는 텅 빈 마음만 느껴진다면, 당신은 공안이 가리키는 방향을 정확하게 보는 것입니다. 그 알 수 없는 마음의 이면에 공안의 답이 있음을 기억하세요. 컴컴한 구름 뒤에 환한 달이 있는 것과 같습니다. 달을 보기 위해서는 가리고 있는 구름을 주시해야 하듯이, 공안의 뜻을 깨닫기 위해서는 가장 먼저 이 알 수 없는 상태의 마음을 주시注視해야 합니다.

왜 의심이 일어나지 않을까 조바심 내지 마십시오. 또 의심이 일어나게 하려고 억지로 마음을 쓰지 마십시오. 의심이 일어나지 않아도 아무런 상관이 없다는 마음이어야 합니다. 의심이 일어나야 한다는 강박을 완전히 내려놓고, 그냥 '왜 없다 했을까?' 의심합니다. 그리고 왜 없다 했는지 실제로 생각해 봅니다. 이유를 알 수가 없습니다. 이렇게 알 수 없어서 모든 망상까지 끊어진 모르는 마음을 지켜보고 경험하십시오. 반복하십시오.

공안을 의심할수록, 알 수 없는 상태의 마음을 주시할수록, 당신은 더욱더 철저하게 모름 속으로 들어가게 될 것입니다. 왜냐하면, 점점 더 안다는 착각, 개념의 속박, 관념의 틀에서 벗어나게 되기 때문입니다. 이 알 수 없는 상태의 마음, 깜깜하게 모르는 마음이 공안의 세계, 스승의 마음, 당신의 완전성과 통하는 유일한 문입니다.

>   의심하고 지켜보고
>   의심하고 지켜보라.
>   의심하지 않으면
>   알 수 없는 마음인 화두도 없다.
>   의심하라. 그리고
>   망상이 끊어져 텅 빈
>   알 수 없는 상태에 머물러라.
>   그곳에서 휴식하라.

방석 위에 칠지좌법으로 바르게 앉습니다. 당신이 방석 위에 편안하게 앉아 있음을 느끼십시오. 지금부터 참선 수행을 시작하니 훌륭하신 모든 스승들의 가호가 함께 하기를 기원하세요. 그리고 잠시 수식관을 합니다.

'조주 스님은 왜 없다고 했을까?', 스스로에게 질문하고 실제로 왜 없다고 했을까? … 답을 생각하십시오. 답을 알 수 없습니다. 그 답을 알 수 없는 상태에서 텅 빈 모르는 마음을 주시합니다. 의심이 일어나지 않는다고 해서 곧바로 또 의심하려고 하지 마십시오. 텅 빈 알 수 없는 마음을 주시하다가 망상이 일어나면 그 망상은 그대로 두고 마음을 돌이켜 '왜 없다고 했을까?' 스스로에게 질문하세요. 마음은 다시 알 수 없는 화두로 돌아옵니다. 망상이 일어나기 전까지 알 수 없는 화두를 지켜봅니다. 망상이 일어나는 것을 귀찮게 여기지 마세요. 일어나는 망상을 '왜 없다 했을까?' … 의심을 일으키라는 신호로 삼으십시오.

'없어서 없다고 한 것이 아닌데, 왜 없다고 했을까?', 마음은 다시 알 수 없는 상태가 될 것입니다. 그 상태를 주시하십시오. 일어나는 모든 망상을, 공안의 답을 알 수 없는 상태인 화두를 경험하는 기회로 만들어 갑니다. 예비공부에서 연습하신 수식관을 기억해 보세요. 망상 때문에 숫자를 놓쳤을 때, 처음으로 돌아가 다시 숫자를 붙여 주었던 방법과 같습니다.

> 망상과 싸우지 말라.
> 망상을 스승으로 삼아라.
> 망상이 일어남을 안다면
> 당신의 마음은 깨어 있는 것이다.
> 천 가지, 만 가지 망상을 오직 한 생각
> 왜 없다 했을까? 의심에 실어
> 알 수 없는 마음으로 들어가라.

망상 때문에 알 수 없는 마음인 화두를 자꾸 놓친다고 해서, 망상을 일으키지 않으려고 마음을 억압해서는 안 됩니다. 망상이 일어나 화두를 놓치면 다시 공안을 의심하면 됩니다. 놓치면 다시 의심하고, 놓치면 다시 의심하세요. 망상은 억압한다고 해서 잠잠해지지 않습니다. 망상을 억압하려는 마음이 이미 또 하나의 망상이고, 이것이 심해지면 공안 참구 자체가 힘들어집니다. 몸과 마음에 불필요한 긴장이 생기기도 하고, 마음이 거칠어져 공부에 큰 장애가 되기도 합니다. 몸과 마음을 모두 내려놓은 듯한 편안함 속에서 의심하고 지켜보기만을 반복하세요. 지금은 망상이 당신을 혼침에서 깨어나게 하는 각성제입니다.

망상은 알아차림의 대상입니다. 억압하거나 다룰 대상이 아닙니다. 다만 망상이 일어났다는 것을 알아차리면 됩니다. 알아차린 후 없애려 해서도 안 됩니다. 그냥 마음을 알 수 없는 화두에 가져다 놓으시면 됩니다. '조주는 왜 없다고 했을까?' 하고 의심하면 됩니다. 언제든 의심을 통해 마음은 알 수 없는 상태인 화두에 머물게 됩니다.

망상과 싸우는 것은 쨍쨍한 햇빛 아래에 있는 사람이 자기의 그림자를 없애려고 애쓰는 것처럼 어리석은 일입니다. 그림자를 없애는 아주 쉬운 방법은 그냥 그늘 안으로 들어가면 됩니다. 마찬가지로 망상은 마음을 화두에 가져다 놓는 순간 사라집니다. 망상이 일어나면 화두를 다시 챙기라는 신호로 여겨서 왜 없다고 했을까? 의심하십시오. 수천수만 가지의 망상이 온다 해도 '왜 없다고 했을까?'…. 한 생각이면 그대로 알 수 없는 화두에 녹아버립니다.

일어나는 망상을
알 수 없는 화두에 녹이면
그 망상은 해탈이 된다.
망상이 해탈되면
그 뿌리인 업식도 소멸된다.

티베트의 최상위 수행인 족첸 전통에는 망상이 일어날 때 즉시즉시 해탈시키라는 가르침이 있습니다. 망상의 해탈이란 일어난 곳에 되돌려 놓는 것을 뜻합니다.

「이 망상은 어디서 온 것인가?
마음의 본성에서 인연 따라 온 것이다.
잘 알아차려서 내려놓으면 본성에 녹아 사라진다.
망상이 해탈되어 보리심이 된다.」

생겨난 모든 생명은 업에 의지해서 존재합니다. 우리의 몸도 업을 따라 나왔고 마음도 업을 따라 나왔습니다. 하루를 살면 하루만큼, 일 년을 살면 또 그만큼의 업을 지으며 살고 있습니다. 이 순간은 지금까지 지어온 업의 결과입니다. 지금부터 짓는 업은 미래를 형성할 것입니다. 그래서 우리의 마음은 물론이고 몸의 세포 하나하나에까지 업식이 깃들지 않은 곳이 없습니다. 이 업식은 당신의 모든 생각과 행동에 관여합니다. 당신이 참선을 수행할 때 일어나는 잡다하고 수많은 망상의 뿌리입니다. 참선 수행이 망상을 제거해 가는 과정이라 한다면 업식을 소멸해 가는 과정이라고도 볼 수 있습니다.

당신의 삶은 생각의 연속입니다. 생각을 번뇌라고도 하고 망상이라고도 합니다. 놀라운 것은 당신이 일으키는 수많은 생각 중 같은 생각은 하나도 없다는 것입니다. 어제의 생각과 똑같은 생각이 오늘 일어났다고 해도 사실 그것은 성향만 같을 뿐 전혀 다른 생각입니다. 어제도 화가 났었고 오늘도 화가 났다고 해서 그 화가 같은 것이 아닙니다. 어제의 일과 똑같은 일이 오늘도 일어나서 화가 났다고 해도 지금의 화는 없던 것이 새로 생겨난 것입니다. 화뿐만 아니라 모든 마음 작용이 그렇습니다. 우리의 마음은 매 순간 그것이 무엇이든 생각과 감정으로 가득 차 있습니다. 이런 생각이나 감정을 붓다께서는 '무색중생無色衆生'이라고 했습니다.

참구 1단계의 수행은 몸과 마음에 가득 찬 업식인 무색중생을 스승의 가르침인 공안을 통해 조금씩 비우는 것입니다. 조금씩 해탈시키는 것입니다. 망상이 일어날 때마다 '왜 없다고 했을까?' 의심을 통해, 알 수 없는 마음, 모름 속으로 들어가는 것, 일어난 망상을 모름으로 바꿔 주는 것입니다. 망상이 모름으로 바뀌어서 텅 빈 알 수 없는 화두가 되었을 때, 무색중생이 해탈되었다고 합니다. 이 단계에서 수행자가 해야 할 것은 '왜 없다고 했을까?' 하는 참구를 통해, 일어나는 무색중생들을 차분하게 해탈시켜 가는 것 하나입니다.

> 깨진 바가지 하나를 들고
> 태평양의 바닷물을 모두 퍼버어
> 바닥을 보겠다는 마음으로
> 왜 없다고 했을까? 참구하고 참구하라.
> 일어나는 망상을 해탈시켜 가라.

깨진 바가지를 들고 태평양의 물을 모두 퍼내라! 참 어이없는 말이지요? 결과에 신경 쓰지 말고 지금 이 순간 다만 알 수 없는 화두를 참구만 하라는 역설적 가르침입니다. 거창하고 황당한 말이지만 처음 수행을 시작하는 수행자에게는 참 알맞은 조언입니다.

처음에는 '왜 없다고 했을까?' 하고 의심을 일으킨다고 해서 곧바로 일어난 망상이 끊어져 모름이 되지 않아요. 또 새로운 망상이 일어납니다. 물론 당신은 100일 동안 수식관을 수행하셔서 망상을 알아차리고 활용하는 데 큰 어려움이 없을 수 있습니다. 또 조주 스님의 무자 공안에도 비교적 익숙해서 의심하면 곧바로 망상이 모름으로 바뀔 수도 있습니다. 그렇지만 망상은 바람이 거센 바닷가에 몰려오는 파도와 같습니다. 끊임없이 일어납니다.

그러다 보면 누구나 자신감이 떨어지게 됩니다. 내가 참선 수행을 정말 할 수 있을까? 이렇게 하는 것이 정말 나의 완전성과 만나는 바른 길일까? 참선은 선택받은 사람들만 할 수 있다는데 내가 어떻게 할 수 있지? 등등 수행을 시작하기 전에는 일어나지 않던 여러 가지 생각이 수행하려는 마음을 위축시킵니다. 그런가 하면 어떨 때는 깨달음을 바라는 기대감이 마음을 성급하게 만들어 수행을 방해하기도 합니다. 수행의 열정을 위축시키는 마음도, 깨달음에 대한 성급한 기대감도 수행의 관점에서는 망상입니다.

위의 가르침은 이런 수많은 망상을 태평양의 물에 비유하고 있습니다. 당신이 가지고 있는 것은 깨지고 금이 간 바가지 하나입니다. 부족한 믿음, 선에 대한 이해와 경험의 부족 등 지금의 당신은 참으로 초라한 수행자의 모습이라는 비유입니다. 처음 수행을 시작하는 사람은 누구나 이와 같습니다.

'천 리 길도 한 걸음부터'라는 격언이 이때 필요한 말입니다. 천 리 길을 한순간에 갈 수는 없습니다. 지금 처음 내딛는 걸음부터 시작입니다. 천 리의 먼길도 한 걸음 한 걸음이 모이면 도달하게 되는 것입니다. 이 한 걸음이, 망상이 일어날 때마다 한 번씩 공안을 참구해서 모름에 녹이는 것입니다. 위축감이 들 때마다, 성급한 마음이 일어날 때마다, 즉시즉시 알 수 없는 화두로 해탈시켜 가는 것만이 필요한 일입니다. 망상이 일어날 때마다 공안을 의심해서 모름 속에 머무르십시오.

의심을 통해 알 수 없는 화두 보기를 반복하다 보면, 어느 순간부터 공안을 의심한 마음이 점점 한 곳에 머무는 것을 느끼게 됩니다. 마음이 머무는 곳이 바로 알 수 없는 마음인 '화두'입니다. 마음이 화두에 머물면 지켜보는 것이 점점 수월해질 것입니다. 망상이 일어남을 기회로 의심하고 의심하고, 생각하고 생각하고, 몰라지고 몰라지십시오. 망상을 문제시하지 않습니다. 망상을 피하지도 않습니다. 망상을 붙잡지도 않습니다. 다만 '왜 없다고 했을까?', 공안을 참구하는 기회로 삼습니다. 그러면 점차 몸과 마음에 가득한 업식과 망상이 비워질 것입니다. 업식과 망상이 비워지는 만큼 알 수 없는 마음인 화두가 자리하게 됩니다. 몸과 마음은 점점 더 고요하고 명징해질 것입니다. 이 단계는 망상과 업식을 화두로 전환시키는 수행입니다. 공안과 화두에 대한 진정한 의심이 일어날 마음의 공간을 만드는 단계입니다.

> 진정한 의심이 일어나지 않는다고 절망하지 말라.
> 의심은 감정이다. 감정은 쉽게 일어나지 않는다.
> 같은 생각이 쌓이고 쌓이면 어느 순간 감정이 된다.
> 생각이 감정이 될 때 진정한 의심이 시작된다.

공안을 참구하면서 의심이 일어나지 않는다고 조급해하지 마십시오. 공안에 대해 궁금함이 생기지 않는다고 걱정하지 마세요. 다만, 알고 싶은 마음을 내어 의심하고 알 수 없는 화두를 지켜보기만 반복하세요. 이것이 쌓이고 쌓이면 결국 마음이 깨어납니다. 그때는 공안의 뜻, 스승의 마음이 정말로 궁금해집니다.

지금은 생각 차원에서 공안을 참구하는 것입니다. 마치, 슬프지 않은 사람이 억지로 슬픈 연기를 하는 것과 같습니다. 당신이 지금 슬프지 않아도 마음만 먹으면 '나는 지금 슬프다'라고 생각할 수 있습니다. 그러나 이렇게 생각한다고 당장 슬픔이 일어나지는 않습니다. 슬픔은 감정입니다. 생각은 일부러 일으키는 것이 가능하지만, 감정은 일부러 일으켜지지 않습니다. 화두에 대한 의심도 마찬가지입니다. '왜 없다고 했을까?' 하고 생각하는 것은 얼마든지 가능하지만 실제로 궁금증은 감정이 움직여야 일어납니다. 그리고 감정은 일어날 만한 사연이 있어야 일어납니다. 지금은 단지 '왜 없다고 했을까?' 스스로에게 묻고, 이유를 생각해 보고, 알 수 없는 화두에만 머무십시오. 그러다 보면 신기하게도 감정이 움직이는 순간이 올 것입니다.

의심은 알 수 없는 것에서만 일어납니다. 알 수 없는 상태에 대한 자각이 지극해지면 마음이 움직이고, 마음이 움직이면 오랫동안 잊고 있었던 그리움이 갑자기 일어나는 것처럼 진정한 의심이 일어날 것입니다. 진정한 의심이 일어난다는 것은 참선 수행의 핵심에 도달했다는 것입니다. 의심이 나지 않는다고 조급하게 서두르거나 절망하지 마십시오. 의심하고 주시하기를 반복하다 보면 당신의 마음은 점차 알 수 없는 화두에 머물게 될 것입니다. 무색중생인 망상이 해탈되어 비워지는 만큼 알 수 없는 화두가 자리를 잡게 되고, 마음도 그만큼 고요하고 평온해질 것입니다.

## 수행이란?

참선을 수행한다, 공안을 참구한다는 것은 망상과 번뇌를 알 수 없는 화두로 바꾸는 일입니다. 몸과 마음을 알 수 없는 화두로 남김없이 가득 채우는 일입니다.

## 이 단계를 물과 파도에 비유하자면…

바람이 멈추었으나
물에는 아직 그 힘이 남아 있다.
고요해지려면 기다림이 필요하다.

  그릇에 가득한 탁한 물을 맑게 하려면 어떻게 해야 할까요? 그릇을 흔들거나 물을 휘젓는 것을 멈추어야 합니다. 마음이 망상에 빠지는 것을 방치하거나 망상을 쫓아다니는 것은 그릇을 흔들고 물을 휘젓는 것입니다. 일어나는 망상을 신호로 공안을 참구하는 것은 그릇을 흔들거나 물을 휘젓는 것을 멈추는 것입니다.
  거센 바람이 계속 불어와 파도가 일어나는 것 역시 망상을 방치하거나 쫓아다니는 것과 같습니다. 일어나는 망상을 신호로 공안을 참구하는 것은 바람을 잠재우는 것입니다. 그런데 휘젓는 것을 멈추고 바람을 잠재웠다 해서 물이 즉시로 고요해지지는 않습니다. 휘젓던 힘과 바람의 힘이 물에 남아 있기 때문입니다. 망상을 모름인 화두로 전환시켜 가면서 기다리십시오. 곧 마음이 텅 빈 듯 고요해질 것입니다.

## 〈스승들의 가르침〉

  공안을 공부하는 모든 과정에서 당신이 참고할 만한 스승들의 가르침을 간략하게 소개해드리겠습니다. 수행하는 데 필요한 영감을 얻으실 수 있을 것입니다.

> 관觀하는 것으로 말하자면
> 화두 공부는 알 수 없는 의심을 일으켜
> 그 의심을 관하는 것이다.
> — 무여 스님

> 나는 누구인가?
> 오직 모를 뿐!
> — 숭산 스님

> 화두는 암호밀령暗號密令이다.
> 죽어도 알 수 없는 것이다!
> — 성철 스님

> 화두는 '모름'이고
> 모름은 백지白紙이다.
> 백지는 청정淸淨이고
> 성정은 여래如來이다.
> — 혜국 스님

> 나!
> 나란 무엇일까?
> 무엇인데 어디서 왔을까?
> 생각할수록 점점 더

몰라가기만 하는 이 일!

나란 과연 무엇일까?
흙? 물? 불? 나무?
동. 서. 남. 북?
어제. 오늘. 내일?
답답만 하여라. 무엇이 어디서?
누운들 잠이 오는가!
먹어도 물이 넘어가지를 아니하니!

앞뒤가 캄캄한!
용신容身할 곳도…
홀연히 아무것도 없어졌다.
동서남북도 위아래도
우주 인생이 다 없어졌다!

텅텅 비었다.
점점 크게 비어 간다.
가(둘레)도 끝도 없다.
빈 것도 없어졌다.
가(둘레) 끝마저 없어졌다.
너도 나도
부처도 중생도 없어졌다!

캄캄 몰라졌다.

모르는 것도 몰라졌다.
없어지고 몰라지고
없고 모르고가 다 없어졌다.
물질로 이루어진 삼차원의 우주 인생
다 없어졌다!
- 이하 생략 -
- 청담 스님

화두는 깨달은 경계의 가르침이라 알 수가 없는 것이다.
다만 '조주 스님은 왜 불성이 없다고 했을까?' 의심하고
의심이 일어나지 않더라도 알지 못하는 마음을 지켜보라.

망상이 일어날 때마다
'왜 불성이 없다고 했을까?' 하고
알지 못하는 마음을 지켜보라.

천, 만 번을 하다 보면
어느 순간 마음이 머무는 곳이 있다.
마음이 머무는 순간부터 참구가 시작된다.
- 적명 스님

 표현은 각각 다르지만, 공안 참구는 그 답을 알 수 없는 '모름 속에 길이 있다'는 가르침은 분명하고 한결같습니다.

【 참구 1단계 핵심 요약 】

1. 참구 내용
   - 조주 스님이 '개에게 불성이 없다'고 하신 이유 알아내기.

2. 참구 1단계의 의미
   - 무색중생無色衆生인 망상을 공안 참구를 통해 알 수 없는 화두로 전환해서 해탈시킨다.
   - 무엇을 화두라고 하는 것인지 분명하게 이해한다.

3. 방법
   - 망상이 일어날 때마다 공안을 참구하라는 신호로 삼아 공안에 대한 의심을 일으켜서 답을 알지 못하는 텅 빈 마음인 화두를 경험하고, 주시하기를 반복한다.

4. 참구 1단계의 초점
   - 공안의 답을 알지 못하는 텅 빈 마음인 화두 지켜보기.

## 묻고 답하기

―

저는 화두 자리가 잘 느껴지지 않습니다. 무엇을 화두라고 하는 것인지 다시 한번 말씀해 주십시오.

조주 스님이 왜 개에게 불성이 없다고 했는지 아시나요?

아니요. 아직 모릅니다.

모르는 그 마음을 화두라고 부르는 것입니다. '왜 불성이 없다고 했을까?' 하고 의심할 때마다 당신이 그 이유를 모른다는 것은 알게 되지요? 의심할 때마다 확인되는 그 알지 못함, 모르는 마음이 화두입니다. 그 마음을 그대로 지켜보는 것입니다.

지금 그렇게 하고 있습니다. 그런데 의심도 안 일어나고 이것이 화두로구나 할 만한 느낌도 없어요.

지극히 정상입니다. 실망하지 마십시오. 계속하시면 익숙해지고 익숙해지면 저절로 분명해질 것입니다. 지금 상태는 당신 스스로 참선을 수행하겠다고 뜻을 세우긴 했지만, 마음은 아직 타인의 강요 때문에 억지로 하는 것과 다르지 않아요. 알고 싶다는 마음으로 한번 한번 분명하게 의심을 하시고 의심 끝에 드러나는 모르는 마음을 편안하게 지켜보아 가십시오.

지금은 바퀴가 헛돌아 가는 것과 같은 기분일 수 있습니다. 생각으로는 참구를 하지만 마음은 아직 함께하지 않는 것입니다. 서두르지 말고 알고 싶다는 마음으로 '왜 없다고 했을까?' 의심하고 망상이 일어나면 다시 의심하기를 반복만 하십시오. 그러면 점차 조주 스님의 뜻이 무엇일까 관심이 생길 것입니다. 관심이 생기는 만큼 화두 자리가 분명해지고, 관심이 더 깊어지면 조금씩 진정한 의심인 궁금증이 일어날 것입니다.

저는 망상에 대한 강박이 있습니다. 의심을 일으키면 곧 모르는 마음, 화두가 분명해지는데, 망상 때문에 화두 자리가 끊어질까 긴장하게 됩니다. 그러다 보니 쉽게 피곤해지기도 합니다.

망상을 일으키지 않으려는 마음은 충분히 이해합니다. 망상을 일으키지 않아야겠다고 마음을 먹어서 망상이 일어나지 않는다면 더 이상 바랄 것도 없을 것입니다. 그런데 아무리 굳은 결심을 해도 망상이 저절로 일어나서 우리의 마음을 끌고 다닙니다. 망상을 일으키지 말아야겠다고 하면 더 세게 일어납니다. 우선은 망상을 일으키지 말아야겠다고 결심하는 것부터 이미 망상이 시작되는 것임을 알아야 합니다.

당신은 이미 예비수행에서 수식관을 통해 망상에 어떻게 대처해야 하는지 충분한 경험을 하셨습니다. 공안을 참구할 때도 그때와 다른 것은 없습니다. 망상이 100번 일어나면 101번을, 1000번 일어나면 1001번의 의심을 통해 마음을 망상에서 화두 자리로 가져다 놓으시면 됩니다. 망상이 일어나는 것은 너무나 당연한 거예요. 망상이 일어나는 것을 걱정하거나 두려워하지 마십시오. 망상이 일어나지 않게 하려고 노력하지 마십시오. 망상이 일어나 화두를 놓치면 다시 의심해서 가져다 놓겠다는 마음이면 됩니다.

망상을 두려워하거나 일어나지 않게 하려는 것은 망상과 싸우는 것입니다. 망상은 늘 당신의 마음에서 일어납니다. 당신이 곧 망상입니다. 망상과 싸우는 것은 당신의 마음과 싸우는 것입니다. 햇볕 아래에서 당신의 그림자를 없애겠다고 그림자와 싸우는 것과 같습니다. 결코 이길 수가 없습니다.

망상은 그냥 망상의 일을 하게 내버려 두세요. '일어나는구나' 하고 내버려 두세요. 공안을 참구하다가 마음을 망상에 빼앗겼더라도 '아, 내가 망상에 빠졌구나' 하고 아는 순간 당신은 곧바로 '왜 없다 했을까?' 하고 마음을 화두에 가져다 놓을 수 있습니다. 그것이면 충분합니다.

**작은 망상이라도 일어날 때마다 마음을 화두에 가져다 놓아야 하나요?**

수식관을 수행하실 때는 어땠나요? 아마도 망상이 일어나더라도 숨에 대한 감각과 숫자를 놓치지 않았다면 계속 진행했을 것입니다. 공안을 참구할 때도 마찬가지입니다. 망상이 일어나더라도 화두에 대한 몰입이 유지되고 있다면 굳이 다시 의심을 일으킬 필요는 없습니다. 망상이 일어났지만 곧 사라져서 화두에 대한 몰입이 깨지지 않았다면 다시 의심함이 없이 몰입을 계속 유지하시면 됩니다.

그런데 망상 때문에 알 수 없는 마음에 대한 몰입이 깨졌거나, 망상이 점점 강해져서 몰입이 깨질 것 같다면, 다시 의심해서 마음을 알 수 없는 화두 자리에 가져다 놓으시면 됩니다. 당신이 화두에 대한 몰입에 익숙해져서 마음에 힘이 생길수록 망상이 일어나는 빈도도 점차 줄어들 것입니다. 마음이 망상에 끌려갈 때마다 다시 화두 자리로 가져다 놓는 것은 언제든지 마음만 먹으면 할 수 있습니다.

저는 한 번 의심을 일으키면 선명하게 화두가 느껴집니다. 이제는 망상도 심하지 않아서 무리 없이 몰입도 됩니다. 마음이 정말 편안해지고 마치 푹 쉬는 것 같습니다. 그런데 문득 이것이 궁금합니다. 예비수행에서 수식관을 할 때도 공안을 참구할 때처럼 마음이 고요하고 편안해지는 것을 자주 경험했었어요. 마음이 고요하고 편안한 것은 수식관을 통해서도 될 수 있는데 왜 굳이 공안을 참구하라고 하는지, 공안 참구가 좀 힘들고 번거롭거든요.

무엇보다 화두가 선명하게 몰입이 된다니 기쁩니다. 예비수행도 훌륭하게 마치신 것 같고요. 수식관이 잘 되면 본수행인 공안 참구도 더 잘 됩니다. 마음을 집중하는 것, 망상으로부터 집중된 마음을 잘 보호할 수 있는 힘과 요령이 길러지기 때문이지요. 공안을 참구할 수 있는 토대가 단단해졌다는 의미가 됩니다.

당신이 말씀하신 것처럼 수식관을 통해서도 마음이 더없이 고요하고 편안해지는 것을 경험할 수 있습니다. 방금 수식관으로 경험하는 고요함이 공안 참구를 통해 경험하는 화두 자리와 같다고 하셨는데 좀 더 예리하게 느껴보면 차이가 있습니다. 화두는 좀 더 막막함이 느껴집니다. 무엇인가 끊어져 있는 느낌이지요. 그리고 약간의 긴장감이 느껴지기도 합니다. 이때의 긴장감은 조바심과는 다릅니다. 마음이 생생하게 깨어나는 듯한 느낌입니다. 이러한 느낌은 화두를 지켜볼수록 더 강해질 것입니다. 좀 더 수행이 진행되어서 본격적인 의심이 일어나면 수식관의 고요함과는 더욱 큰 차이가 남을 알게 되실 것입니다.

그런데 무엇보다 공안을 참구해야 하는 이유는 지금 우리가 수행하는 것이 간화선이기 때문입니다. 간화선은 스승의 가르침인 공안을 통해 마음이 강력하게 고양되는 수행입니다. 마음이 고양되면 집중이 아닌 몰입이 일어납니다. 이 몰입의 힘으로 도저히 알 수 없는 공안의 뜻, 스승의 가르침을 꿰뚫어 알게 되는 수행법입니다. 그래서 다소 번거롭더라도 공안을 참구해야 합니다. 공안에 대한 본격적인 의심이 일어난다면 공안 참구가 결코 번거롭지 않음을 알게 될 것입니다.

간화선은 스승의 가르침에 고양된 마음이 강력한 의심을 일으키고, 그 의심이 강력한 몰입을 유도해서 지금까지 잘못 알고 있던 것들이 모두 걷히고, 결국엔 스승의 가르침을 시원하게 꿰뚫게 되는 독특한 수행법입니다. 아무리 번거롭더라도 반드시 공안을 참구하시기 바랍니다. 당신이 알 수 없는 마음인 화두의 의미를 잘 이해하고 실천한다면 공안을 참구하는 것이 곧 번거롭지 않아질 것입니다.

## 참구 1단계 체크 포인트

—

1. 공안을 참구하면 마음에 흐르던 생각들이 멈춰지는가?
2. 생각들이 멈춰진 상태에서 공안의 답을 모르는 마음이 뚜렷하게 자각되는가?
3. 알 수 없는 상태에서 마음이 쉬어짐을 느끼는가?
4. 알 수 없는 상태에서 망상이 일어나는 것을 예리하게 알아차리는가?
5. 망상으로 알 수 없는 상태의 주시注視가 끊어졌을 때 다시 공안을 의심하면 쉽게 알 수 없는 상태에 들어가는가?
6. 알 수 없는 상태의 주시를 유지하기 위해 망상을 누르려고 하지는 않는가?
7. 알 수 없는 상태가 유지되고 있음에도 조바심에 다시 공안의 의심을 일으키고 있지는 않은가?
8. 의심이 일어나지 않는 것에 불안감을 가지고 있지는 않은가?
9. 의심이 일어나지 않아도 천 번이고 만 번이고 의심을 일으켜 알 수 없는 상태에 들어가겠다는 마음이 확고한가?
10. 공안 의심에서 비롯되는 답을 알 수 없는 마음의 의미를 이해하고 있는가?

# 참구 2단계 :
# 화두, 그 '알 수 없음'에 충분히 몰입하기

- 화두 자리를 확고하게 다지기
- 의심을 위한 의심으로는 안 된다.
- 발심發心
- 공안의 답을 알고 싶은 간절함 하나

## 생각 차원에서 마음 차원으로

앞에서 저는 공안의 의심을 통해 알 수 없는 상태인 화두에 마음이 머물러야 한다는 것을 계속 강조했습니다. '알 수 없음'이 화두라고 말씀드렸습니다. 공안에 대해 궁금증이 일어나든 안 일어나든 상관하지 말고 다만 망상이 일어날 때마다 의심을 일으키고 답을 알지 못하는 상태에 머물러 주시하라고 말씀드렸습니다. 아마도 처음에는 곧바로 일어나는 망상 때문에 알 수 없음을 지켜볼 겨를이 없었을 것입니다.

그러나 지금쯤이면 길지는 않아도 '알 수 없음'이 분명하게 느껴짐을 경험하고 계실 것입니다. 마음이 고요해져서 지켜보는 힘도 향상되어 있을 것입니다. '알 수 없음'이 마음에 자리를 잡는 만큼, 그만큼 마음은 더 고요해집니다. 공안을 참구할 수 있는 힘과 조건이 갖추어지는 것입니다.

이제부터는 무엇을 어떻게 해야 할까요? 단계가 바뀌었다고 해서 새로운 방법이 필요한 것은 아닙니다. 다만 지금까지의 방법을 반복하면서 의심이 좀 더 깊은 차원에 들어가도록 수행해 가는 것입니다. 생각으로 일으키는 의심에 마음이 움직여서 궁금증이라는 감정이 되도록 깊이를 더해가는 과정이 될 것입니다.

> 보글거리는 물거품은
> 아래의 깊은 물 속을
> 갈 수도, 알 수도 없다.
> 작더라도 단단한 돌이어야
> 가장 빠르게 물결을 가르고
> 깊은 바닥에 닿는다.

생각 차원의 참구는 아직 진정한 참구가 아닙니다. 생각은 항상 일시적으로 일어났다 사라집니다. 마치 물 위를 떠다니는 거품과 같습니다. 그래서 생각으로 하는 참구는 힘이 약합니다. 공안의 뜻을 의심해 알 수 없는 마음자리에 들어도 차분하게 주시할 겨를도 없이 쉽게 망상에 빠지기도 합니다.

이제 생각보다 한 차원 깊은 마음 차원의 참구가 필요합니다. 생각이 물거품이라면 마음은 물 자체라 할 수 있고, 마음 차원의 공안 참구는 돌멩이에 비유할 수 있습니다. 작지만 옹골찬 의심으로 알 수 없는 마음의 밑바닥에 내려가야 합니다. 생각 차원에서 마음 차원으로 자연스럽게 수행이 익어가야 합니다. 비록 당신이 한 번 의심하면 알 수 없는 화두가 분명하게 인식되어, 그 상태에 흔들림 없이 충분히 머물 수 있다고 해도 더 철저하게 익혀가야 합니다.

## 의심을 위한 의심은 마음만 피곤할 뿐 바닥에 닿을 수 없다
—

왜 개에게 불성이 없다 했을까?
도저히 알 수 없는 자리에서
진정 알고 싶은 마음을 일으켜라.
입술과 생각만의 의심으로는
스승의 뜻에 닿을 수 없다.

공안을 참구하는 이들 중에는 의외로 '의심을 위한 의심'을 하는 수행자가 많습니다. 의심을 위한 의심이란 무엇일까? 입술과 생각만으로 의심하는 것을 말합니다. 마음이 배제된 기계적인 의심입니다. 처음 공안을 공부하는 수행자라면 대부분 이런 참구부터 시작합니다. 아직은 공안 참구가 익숙하지 않은 상태에서 끊임없이 일어나는 망상의 방해를 받으면 언뜻 기계적인 의심처럼 될 수도 있으니까요.

그런데 제법 오랫동안 공안을 공부한 수행자가 이런 의심을 하고 있다면, 그 원인을 철저히 점검해서 고쳐야 합니다. 나름대로 열심히 공안을 공부하는데 이처럼 기계적인 의심, 의심을 위한 의심이 된다면 그 이유는 무엇일까요?

첫째는, 공안에 대한 수행자의 오해입니다. 앞에서 저는 공안이 깨달음을 드러낸 독특한 가르침이라고 누누이 강조했습니다. 그런데 이 가르침을 진리에 대한 가르침으로 보지 않고, 단지 순간순간 수행자의 마음에서 망상을 제거하기 위한 기술적 수단으로만 보는 견해가 있습니다. 이것이 공안에 대한 오해입니다.

물론 공안은 수행자의 생각과 관념이 순간적으로 끊어지게 합니다. 의심을 일으키면 알 수 없는 화두가 드러나는 것이 그것입니다. 그러나 이것은 공안의 작용 중 하나일 뿐 온전한 목적은 아닙니다. 만약 수행자가 '공안은 생각을 끊어지게 하기 위한 방법'이라고만 여긴다면, 생각이 일어나는 순간마다 기술적인 참구, 기계적인 참구를 계속할 수밖에 없습니다. 이렇게 하면 공안에 내포된 스승의 뜻을 알아내려는 진정한 마음이 생기지 않기 때문에, 시간이 지나도 의심이 깊어지기가 어렵습니다. 공안에 대한 바른 이해는 수행자에게 매우 중요합니다. 분명히 기억하세요. 수행자가 공안을 의심하고 참구하는 목적은 그 뜻을 알아내기 위함입니다.

둘째는, 너무 조급한 마음으로 참구하는 것입니다. 흔히 공안을 참구할 때는, 그 의심이 끊어지지 않게 해야 한다고 합니다. 맞는 말씀입니다. 그런데 막상 의심을 해보면 갖가지 망상이 일어나서, 의심하면 끊어지고 의심하면 끊어집니다. 어쩌다 망상이 잠잠해지면 졸음에 떨어져서 끊어집니다. 망상과 졸음이 없어도 의심이 분명치 않으면 '내가 제대로 의심하고 있는 건가?' 하는 걱정에 또 급하게 의심을 일으키게 됩니다.

이러다 보면 공안에 대한 의심을 마치 염불하듯 쉴 새 없이 일으키게 됩니다. 공안에 대한 의심이 끊어지게 해서는 안 된다는 조급한 마음에, 의심의 상태를 유지하기 위해서만 의심하게 됩니다. 어쩔 수 없이 의심을 위한 의심만 반복하게 됩니다. 마음이 쉬어지기는커녕 더 복잡해지기도 하고 피곤해집니다. 이런 '의심을 위한 의심'이 되는 것을 막기 위해 당신은 앞 단계에서 알 수 없는 화두 자리에 대한 충분한 숙고와 주시를 반복해 왔습니다.

끊어짐이 없는 의심은 공안의 뜻이 무엇인지 '알고 싶은 마음'이 간절해지면, 저절로 일어나게 됩니다. 앞으로도 당신은 여유 있는 마음, 진정 알고 싶은 마음으로 의심하고, 의심이 생기지 않더라도 알 수 없는 화두에 머물러서 침묵하는 마음으로 '알 수 없음에 대한 자각과 주시'를 분명히 하십시오. 우선 모름이 분명해져야 합니다.

참구 1단계에서 지켜본 '알 수 없음'을, 망상이라는 장막으로 양쪽이 가려진 길을 달려가면서 찢어진 틈새로 아주 잠깐씩 망상이 없는 장막 밖을 보는 정도라 한다면, 참구 2단계는 달리던 걸음을 멈춰서 장막을 들추고 밖의 풍경을 자세히 들여다보는 것에 비유할 수 있습니다.

일어나는 망상을 계속해서 화두로 전환시키기를 반복하다 보면 점차 망상이 현저하게 적어지고 약해집니다. 마음이 알 수 없는 화두에 더 오랫동안 분명하게 머물게 됩니다. 화두가 점점 확고하게 자리를 잡습니다. 마음도 점점 고요해질 것입니다. 1단계에서 '텅 비어 알 수 없는 화두'를 경험했다면, 2단계에서는 의심이 일어나지 않더라도 그 화두에 마음이 분명하고 오랫동안 머물러 '고요해지는 경험'을 하게 됩니다.

## '알 수 없는 것'을 알려고 하는 마음이 핵심

―

참구 1단계의 핵심은 잠시도 쉬지 않고 일어나는 망상을 해탈시키는 것이었습니다. 망상이 일어날 때마다 공안을 의심하면 마음은 순간적으로 답을 알 수 없는 텅 빈 상태가 되었습니다. 공안의 답을 '알 수 없는 텅 빈 마음'이 화두라고 말씀드렸습니다. 공안의 뜻을 알려고 하는 것보다 공안의 뜻을 모르고 있다는 사실을 자각하고 지켜보면서 마음이 고요함 속에서 쉬는 연습을 했습니다. 이것을 통해 당신은 무색중생인 망상을 어떻게 다룰 것인지, 어떻게 수행에 활용할 것인지 등 공안을 참구하는 기초를 다졌습니다.

참구 2단계의 핵심은 공안의 답을 알려고 하는 마음으로 의심하기입니다. 그리고 의심 끝에 보게 되는 '알 수 없는 텅 빈 화두'도 알려고 하는 마음으로 지켜보기입니다. 1단계의 의심하고 지켜보기는 망상을 화두로 바꾸기 위한 것이었다면, 2단계의 의심하고 지켜보기는 알지 못하는 것을 알려고 일으킨다는 차이가 있습니다.

1단계의 연습을 통해 당신은 2단계의 수행을 어렵지 않게 연습할 토대를 다졌습니다. 주의하실 것은, 다만 '모르는 것을 알아야겠다는 마음'으로 의심하고 지켜볼 뿐, 진짜 의심이 일어나지 않는다고 조바심을 내지 말아야 합니다. 의심이 일어나지 않는다고 실망하지 말라는 것입니다. 망상이 일어날 때마다 알아야겠다는 마음으로 의심하고 지켜보고 의심하고 지켜보기를 반복해 가십시오.

## 알 수 없는 화두에 대한 주시注視는 고양이가 쥐 잡듯이..

―

고양이가 쥐구멍 앞에서
꼼짝하지 않고 있는 것은
구멍을 보려는 것이 아니라
쥐가 나오기를 기다리는 것!

수행자가 알 수 없는 마음인

화두를 지켜보는 이유는
모름을 보려는 것이 아니라
공안의 답이 나오기를 기다리는 것!

천 가지, 만 가지 생각을 똘똘 뭉쳐서 오직 하나의 생각에 몰입하는 것! 이 말은 간화선 수행을 묘사하는 적절한 표현입니다. 천 가지, 만 가지 생각이란 순간순간 일어나는 망상을 말합니다. 앞에서도, 일어나는 망상을 두려워하지 말고, 공안을 참구하라는 신호로 삼으라고 말씀드린 것을 기억하실 겁니다. 망상이 일어날 때마다 망상을 공안에 대한 의심으로 전환시켜서 오직 하나의 생각인 '왜 없다 했을까?' 하는 의심에 몰입하라는 말입니다. 이처럼 거듭 의심을 해도 답을 알 수 없으니, 마음은 저절로 알 수 없는 상태에 머물게 됩니다. 그냥 머무는 것이 아니라 점점 몰입됩니다.

이러한 몰입을 선에서는 종종 쥐를 잡는 고양이에 비유해 왔습니다. 고양이에게 쫓기던 쥐가 구멍으로 들어갔습니다. 고양이는 자세를 낮추고 모든 감각을 집중해서 구멍을 노려봅니다. 이때는 쥐구멍 외의 다른 것에는 거의 신경을 쓰지 않습니다. 시간이 지나도 눈도 깜박이지 않고 쥐구멍에만 몰입합니다. 이렇게 고양이가 쥐구멍에 몰입하는 이유는 쥐구멍을 보려는 것이 아니라 그 구멍에서 쥐가 나오기를 기다리는 것입니다.

공안을 참구하는 수행자가 알 수 없는 마음인 화두를 주시하는 것도 이와 같습니다. 단지 알 수 없는 상태를 보기 위해 몰입하는 것이 아닙니다. 모르는 것을 알아내기 위해 몰입하는 것입니다. 조주 스님이 왜 개에게 불성이 없다 했는지 알 수 없는 상태에서, 왜 없다 했는지 알아내기 위해 일으키는 의심이 수행자의 마음을 저절로 몰입으로 이끄는 것입니다.

공안 공부에서 '알고 싶은 마음인 의심'과 '알 수 없는 마음인 화두'는 서로를 더욱 철저하게 만들어 줍니다. 알고 싶은 열망이 강할수록 더 깜깜하게 알 수 없게 되고, 알 수 없는 마음이 견고할수록 알고 싶은 열망 또한 강해집니다. 이 과정에서 망상은 힘을 잃고 몰입은 강해집니다. 생각으로 참구하는 차원에서 점차 더 깊어져서 마음으로 공안을 참구하게 되는 것이지요.

자연스럽게 공안에 대한 관심이 점점 더 깊어져 갑니다. 공안의 뜻을 털끝만큼도 알 수 없는 상태에 대한 분명한 자각과 모르는 것을 간절하게 알고 싶은 마음으로 주시하고 몰입하십시오. 그 알 수 없는 마음속에 공안의 답이 있습니다.

〈숭산 스님의 스승은 고양이〉

공안 공부를 고양이가 쥐 잡듯이 하라는 비유를 실감케 하는 에피소드가 있습니다. 숭산 스님의 실제 사례입니다. 숭산 스님은 한국의 선을 구미歐美에 널리 전하신 큰 스승입니다. 스님이 한창 수행에 전념하던 젊은 시절의 일이랍니다. 겨울철 공부를 위해 선방에 여러 명의 수행자가 모였습니다. 이번 공부 기간에 스님이 맡은 일은 식자재를 관리하는 것이었답니다. 스님이 관리하는 중요한 식자재 중에 두부가 있었습니다. 지금은 두부를 냉장고에 보관하지만, 냉장고가 없던 시절에는 큰 함지에 물을 받아 놓고 그 속에 담가 놓곤 했습니다.

공부가 시작되었고 수행자들은 낮이고 밤이고 수행에 전념하고 있었습니다. 그런데 어느 날부터 매일 두부 한 모씩이 없어지더랍니다. 스님은 배가 고픈 누군가가 몰래 먹는 것이라 생각하고, 든든한 자물통으로 식자재를 보관하는 광의 문을 잠가 놓았답니다. 그런데도 여전히 거의 매일 한 모씩 없어지더래요. 숭산 스님 외에는 자물통의 열쇠를 가지고 있는 사람이 없었답니다. 그럼에도 두부가 계속 없어지니 참 이상한 일이 벌어지고 있는 것이지요. 그래서 직접 광에 숨어서 지켜보기로 했답니다.

밤이 되어 광에 들어가 두부 도둑이 나타나기를 기다렸습니다. 그런데 아무리 기다려도 광에 들어오는 사람이 없더래요. 시간이 꽤 지나 새벽쯤 되었을 때랍니다. 천정에서 시커먼 짐승 같은 것이 소리도 없이 내려오더니, 두부가 담겨진 함지 옆에 와서 쪼그려 앉더랍니다. 자세히 보니 고양이더래요. 두부 함지 옆에 앉은 고양이는 꼼짝도 하지 않고 물속에 잠겨 있는 두부를 지켜보더랍니다. 그 상황이 이상해서 스님도 숨죽이고 지켜봤답니다. 고양이는 정말 꼼짝도 하지 않고 두부만 바라보고 있더래요.

그렇게 얼마의 시간이 지나자 믿을 수 없는 일이 일어났답니다. 함지의 물속에 잠겨 있던 두부 중 한 모가 둥실하고 물 위로 떠오르더랍니다. 그 순간 고양이는 떠오른 두부를 잽싸게 앞발로 쳐서 꺼내더래요. 그리고 정말 맛나게 먹고는 소리 없이 사라지더랍니다.

이를 처음부터 지켜본 숭산 스님은 큰 충격을 받았답니다. 고양이 같은 미물도 정신을 집중하면 이런 이변이 일어나는구나! 만물의 영장이라는 나, 나는 참선을 공부한다고 하면서 저 고양이처럼 공부에 집중을 해 보았는가? 정말 큰 부끄러움이 올라오더랍니다. 이것이 계기가 되어 큰 발심을 하게 됐답니다. 두부 도둑인 고양이가 숭산 스님의 크나큰 스승이 된 셈입니다.

구멍 앞에서 쥐를 기다리는 고양이처럼, 두부가 떠오르기를 기다리는 고양이처럼 당신이 공안의 가르침을 알지 못해 답답한 마음에, 꼭 알아야겠다는 생각으로 몰입한다면 참선을 성취하는 것이 먼 나라 이야기가 아닌 바로 당신의 이야기가 될 것입니다.

## 이제 진정한 발심發心을 해야 한다
—

존재하는 모든 생명은
예외 없이 피로움 속에 있다.
존재하는 모든 생명은
이 피로움에서 벗어나기를 갈망한다.

1단계의 수행은 물밀듯이 다가오는 망상을 어찌하면 스승이자 친구로 삼아 수행에 도움을 받을 수 있는지에 대한 기술적 접근이 중요했습니다. 그런데 이제부터는 기술적 접근만으로는 더 나아갈 수 없습니다. 수행에 대한 진정성이 필요합니다.

나는 왜 간화선을 수행하려고 하는 것인가? 어느 수준까지 도달하고 싶은가? 이런 사항에 대해 진지하게 생각해 보십시오. 간화선은 다른 명상법들과 비교해 그 방법은 매우 단순하지만, 훨씬 높은 진정성이 요구됩니다. 이것을 발심發心이라고 합니다. 발심이 되지 않으면 수행다운 수행을 지어가기가 어렵습니다. 혹시 누군가 '당신에게 간화선 수행은 어떤 의미입니까?' 하고 묻는다면 무엇이라고 답을 하시겠습니까? 또 선 수행에 대한 굳건한 마음을 갖기 위해 어떻게 해야 할까요?

선사禪師들은 모든 생명에게는 두 가지의 공통점이 있다고 가르치고 있습니다. 첫 번째는 '모든 생명은 예외 없이 고통 속에 있다'라는 것입니다. 당신은 어떠십니까? 당신이 지금 고통 속에 있다는 것이 느껴지시나요? 살아오신 날들을 돌이켜 보십시오. 아마도 기쁨, 분노, 슬픔, 즐거움 등의 끊임없는 반복이었을 것입니다. 이런 반복을 고통이라고 합니다. 누구나 예외 없이 이런 반복 속에서 살고 있습니다.

불교에서는 크게 여덟 가지의 괴로움을 이야기합니다. 태어남, 늙어감, 병듦, 죽음, 이 네 가지는 태어난 모든 생명이 갖는 보편적이고 숙명적인 괴로움입니다. 또한, 각자의 인연에 따라 네 가지의 괴로움이 벌어집니다. 사랑하는 것과 헤어져야 하는 괴로움, 증오하는 것과 만나야 하는 괴로움, 가지고 싶은 것을 갖지 못하는 괴로움, 만족을 모르는 무지의 괴로움 등이 그것입니다.

당신의 삶을 되돌아보십시오. 당신과 가까운 가족과 친구들의 삶을 살펴보십시오. 아마도 이런 괴로움에서 자유로운 분은 없을 것입니다. 그런데 그 누구도 이 괴로움을 좋아하지 않습니다. 벗어날 수 있다면 벗어나기를 바랄 것입니다. 괴로움에서 벗어나기를 바라는 마음이 모든 생명이 가지는 두 번째의 공통점입니다.

> 모든 생명의 고통에 연민憐愍의 마음을 내라.
> 사랑하는 자식의 행복을 위해
> 인고의 노력을 감내하는 어버이처럼
> 모든 생명의 고통을 멈추기 위해
> 수행하겠다는 마음을 내라.
> 이 마음이 최상의 발심發心이다.

내가 살아가면서 매일 만나는 사람들이 고통 속에 있다면 나도 고통 속에 있는 것입니다. 이 세상에 나 혼자만의 행복은 없습니다. 당신이 참선 수행을 통해 완전성을 찾고 모든 고통과 어리석음에서 벗어난다면 그 행복은 당신에게만 주어지는 것이 아닙니다. 당신이 스스로의 완전성과 만난다면 당신이 사랑하는 모두를 행복하게 할 수 있습니다. 참선 수행은 사랑하는 사람의 고통을 보고 그것을 해결해 줄 능력과 방법을 찾기 위해 하는 것입니다. 마치 부모가 사랑하는 자식을 조금이라도 더 행복하게 해 주겠다는 마음으로 온갖 어려움도 마다하지 않고 자신의 체면도 돌보지 않는 것과 같습니다.

이처럼 사랑하는 사람이 고통받는 것을 참을 수 없어서 반드시 해결해 주겠다고 결심하는 것을 보리심菩提心이라고 합니다. 보리심은 생명에 대한 사랑에서 비롯됩니다. 수행의 시작과 끝맺음에 가장 강력한 힘이 됩니다. 이 보리심을 내는 것을 발심發心이라고 합니다.

> 진정한 발심을 한 수행자는
> 이미 고귀하다.
> 선禪은
> 고귀한 수행자에게 주는
> 궁극의 선물이다.

참선 수행의 여정은 잘 될 때도 있지만 곳곳에 어려움이 함께합니다. 수행자가 혼자만의 행복을 추구하는 마음이라면 크고 작은 어려움 앞에서 포기하기 쉽습니다. 참선 수행은 혼자만을 위한 것이 아니라 모든 생명을 위한 것임을 깊게 느껴야 합니다. 포기하고 싶어도 주위의 사랑하는 사람들, 고마운 사람들의 고통을 해결해야 하기에 포기할 수 없어야 합니다. 이런 마음이 보리심입니다. 그리고 보리심에 의지해 수행하는 존재를 보살菩薩이라고 합니다. 깨달음과 상관없이 이미 고귀한 수행자입니다.

보리심을 낸 고귀한 수행자에게 선禪은 궁극의 선물입니다. 보리심은 인간의 마음 중에서도 가장 아름다운 마음입니다. 선은 수행자의 보리심이 실제 이루어질 수 있게 하는 궁극의 선물입니다. 수행자는 모든 생명의 행복의 원천입니다. 모든 생명의 고통을 멈추게 할 가능성의 존재입니다. 그리고 선은 수행자의 가능성을 실제로 꽃피우게 하는 최상의 선물이고 궁극의 선물입니다. 부디 매일 매 순간 발심發心하기 바랍니다.

## 다시 공안의 참구에 대하여 핵심만 정리하자면….

선생님. 공안 참구 1단계에서는 수행에 가장 방해가 되는 망상을 어떻게 화두로 바꾸면 되는지 그 방법을 이해했습니다. 실제로 망상이 일어날 때 공안을 의심하면 망상이 사라지고 문득 공안의 답을 알지 못하는 마음만 선명하게 드러납니다. 아주 간단하고 쉽기는 한데, 선에는 이것 외에 다른 방법은 없다고 하시니, 이렇게만 해도 정말 선을 이룰 수 있을지 의문이 듭니다. 제가 확신할 수 있도록 공안과 참구에 대해서 간단하게 다시 설명해 주십시오.

공안公案은 모든 존재의 본래 모습인 완전성을 깨달은 자의 완전한 가르침입니다. 이 가르침은 완전성의 차원에서 설해진 것이라서 깨닫지 못한 자는 알 수가 없습니다. 조주 스님에게 '개도 불성이 있습니까?' 하고 묻는 자는 깨닫지 못한 차원에 있습니다. 조주 스님은 깨달은 차원에서 '없다!'고 답을 했습니다. 개에게 불성이 있느냐고 물은 자는 이 가르침을 알아들을 수 없습니다. 이 가르침은 깨달은 차원에서야 알 수 있는 것이기 때문입니다. 이것이 조주무자, 당신이 공부하는 공안입니다.

공안의 가르침은 이것이 완전성이라고 알려준 것이지 의심하라고 준 것이 아닙니다. 존재의 본질인 완전성을 이런 표현으로 설명한 것입니다. 어떤 비유나 논리를 생략하고 곧바로 완전성을 말한 것입니다. 왜냐하면, 비유나 논리는 완전성을 왜곡시키기 때문입니다. 3x3은 곧바로 9라고 말하는 것과 같습니다. 이것을 직지直指의 가르침이라고 합니다. 가르침을 받는 자가 깨달은 상태라면 곧바로 그 뜻을 알겠지만, 깨달은 상태가 아니면 그 뜻을 알 수가 없습니다. 바꾸어 말하면, 공안의 뜻을 알게 되면 완전성을 깨닫게 된다는 것입니다.

깨닫기 위해서는 알지 못하는 공안의 뜻을 알아내야 합니다. 그러기 위해서는 오직 '왜 개에게 불성이 없다고 했을까?' 생각하는 방법밖에 없습니다. 공안 자체가 비유나 논리를 배제한 가르침이라서 그 뜻을 알아낼 방법도 논리를 배제하고 직접 파고 들어가야 합니다. 알 수 없는 것을 알아내려면 '공안의 뜻이 무엇일까?' 생각하는 수밖에 없습니다. 알 수 없는 것을 알아내려고 생각하는 이것이 의심疑心입니다.

그래서 '왜 개에게 불성이 없다고 했을까?' 하고 의심할 수밖에 없습니다. 그런데 '왜 없다고 했을까?' 생각을 해 봐도 왜 그랬는지 알 수가 없습니다. 이 알 수 없음을 화두라고 합니다. 옛 스승들은 공안을 의심하라고 하지 않았습니다. 왜 조주가 개에게 불성이 없다고 했는지 답을 내놓으라고 했습니다. 답을 하려고 하지만 당장 알 수가 없어서 마음이 꽉 막힙니다. 알 수 없음에 꽉 막힌 이 상태가 화두입니다.

분명히 기억하세요. 공안은 의심하라고 준 것이 아닙니다. 알아내야 하는 것입니다. 알아내려고 '왜 없다고 했을까?' 생각하면 몰라서 꽉 막히고 알아내야 하니까 또 의심하고, 의심하면 또 꽉 막혀서 화두가 되는 것입니다. 그래서 의심이 없으면 화두도 없다고 하는 것입니다. 이 과정에서 알아내려는 의심은 더 깊어지고, 마음은 더욱더 꽉 막힙니다. 의심이 깊어짐에 따라 꽉 막힌 화두도 더욱 견고해지는 것입니다.

그런데 아직 준비가 덜 된 수행자는 갖은 망상의 방해를 받습니다. 마음에 '공안의 뜻이 무엇일까?' 하는 생각은 없고 망상만 가득합니다. 공안의 뜻을 알아내려는 의지도 거의 없습니다. 의심하라니까 의심하는 것입니다. 그래서 알 수 없는 꽉 막힘도 일어나지 않습니다. 어떻게 해서든 망상을 해결하고 공안을 참구할 수 있는 여지를 만들어야 합니다. 그 방법이 공안 참구 1단계입니다.

1단계의 방법을 통해 당신은 망상을 스승으로, 친구로 삼는 방법을 익혔습니다. 망상이 일어날 때, 공안의 답을 알려고 왜 개에게 불성이 없다고 했을까? 의심해서 아직 꽉 막힌 견고한 느낌은 아니지만, 알 수 없는 상태인 화두를 경험했습니다. 이제 비로소 망상의 방해에도 불구하고 공안을 제대로 참구할 수 있는 준비를 한 것입니다. 텅 빈, 알 수 없는, 망상도 없는 화두 자리가 바로 진정한 참구를 위한 자리입니다. 그리고 발심發心의 중요성과 의미도 이해하셨습니다. 진정한 수행자의 조건을 더 많이 갖추셨습니다.

공안 참구 2단계는 화두 자리에서 시작합니다. 무색중생인 망상이 여전히 방해하겠지만, 단지 망상을 해탈시키기 위한 참구를 지나 실제로 공안의 뜻을 알아내기 위한 참구를 시작하는 단계입니다. 끝까지 명심하세요. 공안은 의심하라고 준 것이 아닙니다. 그 뜻을 알아내야 하는 것입니다.

## 참구 2단계의 핵심은
## 공안의 답을 알아내기 위한 의심인 '왜?'에 있다

정말 고맙습니다. 막연하던 것이 이제 더 분명해졌습니다. 앞으로도 제대로 이해하지 못하고 헤맬 수 있겠지만, '공안은 의심하라고 준 것이 아니라, 뜻을 알아내라고 준 것'이란 지금의 말씀을 기준으로 삼고 정진해 나가겠습니다. 말씀하신 보리심과 발심도 이해했습니다. 이제 이 단계에서 어떻게 공부를 지어나가야 하는지 말씀해 주십시오.

참구 1단계의 핵심은 정신없이 일어나는 무색중생들인 망상을 해탈시키는 것이었습니다. 망상이 해탈되어 알 수 없는 화두에 마음이 머물게 하는 것이 목표였습니다. 마음이 화두 자리에 머물기 시작하면 고요해지기 때문에 비로소 제대로 참구할 수 있는 여유가 생깁니다.

참구 2단계부터는 고요한 화두 자리에서 공안의 답을 차분하게 생각하는 것입니다. 이를 위해서 조주 스님의 무자 공안을 다시 한번 자세하게 살펴봅시다.

"스님, 개도 불성이 있습니까?"
"없다!"

고타마 붓다께서는 이미 오래전에 모든 생명은 예외 없이 완전성인 불성이 있다고 하셨기 때문에 개에게 불성이 없다고 한 조주 스님의 대답은 이해할 수 없는 말이다. 더욱이 다른 수행자에게는 개에게 불성이 있다고도 답을 했다. 개에게 불성이 있다고 답한 것은 고타마 붓다의 가르침과 일치하므로 문제가 되지 않는다.

　없다고 한 대답이 문제이다. 이를 통해 알 수 있는 것은 개에게 불성이 없어서 없다고 한 게 아니라는 것이다. 개에게 불성이 있는가 없는가의 문제가 아니다. 중요한 점은, 조주 스님이 무슨 이유로 붓다의 가르침과 상반된 오류를 범하면서까지 개에게 불성이 없다고 한 것일까?

당신은 이미 예비수행에서 충분히 무자 공안을 읽고 생각했습니다. 참구 1단계에서는 이 공안을 의심해서 망상을 해탈시키고 화두 자리에 마음이 머물도록 연습해 왔습니다. 이제 그 화두 자리에서 차분하게 공안의 답을 생각할 수 있는 힘과 여유가 생겼습니다. 차분하게 참구해 보세요. 참구란 공안의 답이 무엇일까? 생각하고 의심하고 구하는 것입니다. 개에게 불성이 있다는 사실은 의심할 수 없는 것, 그런데 '조주 스님은 왜 없다고 했을까?' 없어서 없다고 한 것이 아닌데 그렇다면 '왜 없다고 했을까?' '왜 없다고 했을까?' '왜?'

　자꾸 답이 무얼까 생각하고 의심해 나가면 나중에는 '왜?' 하는 것만으로도 무자 공안 전체가 들립니다. 망상이 일어나면 '왜?' 하고 의심하고 의심하는 것을 반복합니다. '왜?' 하는 것은 '왜 없다고 했지?' 하고 공안의 답을 실제 생각하는 것입니다.

　참구 1단계의 포인트가 알 수 없는 화두 자리에 마음이 머물게 하는 것이라면, 2단계부터는 '왜????' 하는 의심이 포인트입니다. 쥐구멍 앞에서 쥐가 나오기를 꼼짝하지 않고 기다리는 고양이처럼, '왜?' 하는 의심 하나로 알 수 없는 공안의 답을 겨냥하십시오. 이렇게 '왜?' 하고 화두에 대해 의심하는 것을 '화두를 든다'라고 합니다. 화두를 들 때는 다음의 세 가지를 명심하세요.

첫째, 화두 의심이 분명하게 일어나든 말든 개의치 말 것.
둘째, 화두 의심이 지속되든 안 되든 개의치 말 것.
셋째, 다만 '왜?' 하고 의심만 반복하고 반복할 것.

이 세 가지는 봉암사에 계시던 적명 스님이 늘 강조하시던 사항입니다. 공안이나 화두에 대한 진정한 의심은 마음대로 일어나는 것이 아니지만, 망상을 벗 삼아서 화두를 드는 것은 얼마든지 당신 의지로 할 수 있지요? 그렇게 하시라는 것입니다. 차분한 마음으로 반복해서 공안의 답에 대해 의심하고 생각하고 반복하다 보면 어느 순간부터 약하더라도 '왜 없다고 했지?' 하는 제대로 된 의심이 일어나게 됩니다.

### 이제부터 필요한 것은? 오직 간절함 하나!

알고 싶은 마음이 간절하면 의심이 간절해지고
의심이 간절하면 마음에 사무치고
마음에 사무치면 진정한 의심이 일어난다.

죽음 앞에서 살 길을 찾는 간절함으로, 조주 스님이 개에게 불성이 없다고 한 이유를 알아내십시오. 알아내면 깨달아 삶과 죽음을 모두 초월하고, 알아내지 못하면 삶과 죽음 모두에 떨어져 버립니다. 간절해지지 않을 수가 없습니다. 결국에는 이 간절함이 마음에 사무쳐서 공안 참구가 생각 차원에서 마음 차원으로 깊어집니다. 알아내야겠다는 마음, 알고 싶은 마음이 화두에 깊이 스며드는 것입니다.

의심은 알고 싶은 마음이고, 화두는 알 수 없는 마음이라서, 따로 있는 것 같지만, 모른다는 점에서 실상은 하나입니다. 이제 수행자는 알 수 없는 화두에 '왜?'라는 의심도 함께 있음을 느끼게 됩니다. 아직은 의심이 분명하지는 않겠지만 알 수 없는 화두 자리는 더욱 분명하게 자각될 것입니다. 알고 싶은 마음이 간절하면 의심이 간절해지고, 모르는 마음의 상태, 화두도 그만큼 더 분명해집니다. 더욱더 몰라져 갑니다.

### 간절함을 위해 사유할 것들

언젠가 죽는다는 것을 기억하라.
시간은 번개처럼 빠르고
이 세상에는 죽음의 길에 가져갈 수 있는 것이
아무것도 없다.

"사람은 백 년도 못 살면서 천 년을 살 것처럼 여긴다!"라는 말이 있습니다. 생명에는 분명한 끝이 있으나 그 욕망은 끝이 없다는 것을 지적하는 말이지요. 어쩌면 죽음이라는 현상이 너무나 두려워 마치 없는 것처럼 마음 깊이 묻어버리고 외면하는 것인지도 모르겠습니다. 그러나 죽음은 모든 생명에게 찾아옵니다. 이것을 모르는 사람은 아무도 없습니다. 죽음이 두렵고 우울한 주제이기는 하지만 우리가 분명하게 인정하고 직면한다면 놀랄 만한 지혜와 가치를 발견할 수도 있습니다.

죽음을 생각하면 지금 나의 삶이 얼마나 건강한지 판단할 수 있습니다. 진정성 있고 가치 있는 것은 죽음을 생각하면 더욱 빛이 납니다. 반대의 경우라면 죽음 앞에서 감당하기 어려운 후회가 일어날 것입니다. 애플사의 창업자 스티브 잡스는 가끔 자신에게 이런 질문을 했다고 합니다. '내가 일주일 후에 죽는다 해도 지금 이것을 할까?' 이 질문을 통해 자신이 하는 일의 가치를 판단했던 것이지요.

티베트에는 "내일來日이 먼저 올지 내생來生이 먼저 올지 아무도 모른다!"라는 속담이 있습니다. 또한, 수행자들은 죽음에 대한 깊은 사유를 수행으로 삼기도 합니다. 죽음은 지금의 헛된 욕망이나 집착의 어리석음을 바로 보게 합니다. 수행자로서 당신이 지금 무엇을 하는 것이 참되고 지혜로운 것인지를 통찰하게 합니다. 지금이라는 시간의 가치, 생명과 삶의 가치를 새롭게 합니다.

참선 수행에 확신이 서지 않을 때, 포기하고 싶은 생각이 일어날 때, 죽음과 직면해 보십시오. 내가 일주일 후에 죽는다면 지금 나의 삶, 내가 하는 것들은 어떤 의미가 있을까? 하고 질문하고 진지하게 생각해 보세요. 죽음은 분명 당신에게 길을 제시할 것입니다.

모든 생명은 반드시 죽는다.
나도 반드시 죽는다.
죽음의 길에 나와 함께할 수 있는 것이 무엇인가?
아무것도 없다.
오직 내가 닦은 업식業識이 나를 끌고 갈 뿐이다.

삶을 되돌아보라.
최선을 다하지 못한 후회,
귀중한 시간을 낭비한 후회,
어리석음에 대한 후회가 일어난다면

고귀한 수행자여,
이것이 참선을 진실하고 간절하게 대해야 하는 이유이다.

60년대 말부터 80년대 초반까지 젊은 청년들에게 왕성하게 선을 전하던 스승 중에 백봉白峰이라는 분이 계셨습니다. 재가자의 신분으로 선 수행을 시작한 지 6개월이라는 짧은 기간에 화두를 타파하고 깨달음을 성취한 유명한 스승이었습니다. 일제 강점기에는 독립운동, 이후에는 학교를 세워 교육 사업도 하신 분입니다. 화통한 성격에 술도 좋아하는 소위 한량 기질이 강했던 분입니다. 선을 수행하는 친구를 따라서 우연히 선방에 간 덕분에 일생일대의 깨달음을 성취하신 분입니다.

그런데 천하의 백봉 거사도 처음에는 참선 공부가 지독히도 안 되던 모양입니다. 무자 공안을 놓고 아무리 애를 써도 망상만 잔뜩 일어나서 잠시도 화두가 잡히지 않았답니다. 한동안 그렇게 애를 쓰다 보니 나중에는 자신이 더없이 한심하게 여겨지더래요. 저절로 지나온 삶을 되돌아보게 되더랍니다. 어지러운 시절에 태어나 큰 뜻을 품고 독립운동도 하고, 나라를 위한 동량을 키우겠다고 학교를 세워 분주히 살아왔지만 무엇 하나 만족할 만한 성과를 거둔 것이 없더랍니다. 지나온 삶 전체가 한심하고 초라하게 생각되더래요. 엄청난 후회가 일어나더랍니다. 물론 이 후회는 선택에 대한 후회가 아니었습니다. 좀 더 노력하지 못한 것, 적당히 만족하고 적당히 타협했던 순간들, 그래서 더 나은 성과를 이루지 못한 것 등에 대한 후회였습니다.

이렇게 지나온 삶을 후회와 자책으로 돌이켜 보고 났더니 갑자기 참선 수행에 대한 마음의 태도가 변하더랍니다. 참선 수행만큼은 그런 후회가 남지 않도록 해야겠다는 마음이 들었고, 자연스럽게 간절한 마음으로 공안을 대하게 되더랍니다. 이때 백봉 거사의 나이가 56세였습니다.

참선 수행은 진정성이 생명입니다. 삶 자체를 참선 수행에 녹여야 합니다. 사는 이유가 참선 수행을 하기 위해서…라고 말할 정도가 돼야 합니다. 백봉 거사는 참선 수행의 어려움을 통해 지나온 모든 삶을 되돌아보고 간절한 마음을 얻었습니다. 이 간절함이 56세의 늦은 나이에 참선을 만났음에도 6개월이라는 짧은 시간에 완전성의 깨달음을 성취하게 했습니다.

누구나 삶을 되돌아보면 후회되는 점이 한두 가지가 아닙니다. 크고 작은 상처도 많겠지요. 이런 아픔과 후회를 성찰하면 세월의 무상함, 거품 같은 삶의 허망함 등이 보이게 됩니다. 자연스럽게 진실한 마음이 일어나고 참선 수행에 대한 간절함이 생겨날 것입니다.

## 스스로의 가치를 돌아보라

갠지스강가의 어느 마을에 한 거지가 있었습니다. 사람들이 제법 붐비는 길목에서 수십 년째 구걸하고 있었습니다. 마치 처음부터 그 자리에 있던 것처럼 오직 한곳에서 작고 낡은 상자에 앉은 채로 오가는 행인에게 손을 벌렸습니다. 어느 날 거지 앞으로 지혜로운 수행자가 지나가게 되었습니다. 거지는 습관처럼 손을 내밀며 수행자에게 말했습니다.

"고귀하신 님이시여, 저에게 한 푼만 적선해 주십시오."

"그대가 보다시피 나는 순례자입니다. 당신에게 드릴 만한 물질이 없군요."

그러다가 거지가 앉아 있는 오래된 상자를 보고 말했습니다.

"그런데 그대가 앉아 있는 그 상자에는 무엇이 들어있나요?"

"아, 모르겠습니다. 처음부터 이곳에 이 상자가 있어서 제가 오랫동안 잘 쓰고 있을 뿐입니다."

"그 상자를 한 번도 열어본 적이 없었나요?"

"그렇습니다. 몇십 년 동안 앉아 있었지만, 열어볼 생각은 한 번도 한 적이 없습니다."

"그랬군요. 그 상자에 뭐가 들었는지 한 번 열어보시는 건 어떨까요?"

수행자의 말을 듣고 거지는 처음으로 이 상자에 뭐가 들었을까 궁금해졌습니다. 그리고 아무 생각 없이 아주 오래된 상자의 뚜껑을 열었습니다. 그런데 그 속에는 뜻밖에 금은보화가 가득 들어 있더랍니다. 그것을 본 수행자가 껄껄 웃으면서 거지에게 말했습니다.

"하하하, 그대는 본래 거지가 아니었군요. 다만 그대 자신이 큰 부자라는 것을 모르고 있었을 뿐이었어요!"

스스로의 가치를 깨닫지 못한 채 살아가고 있는 우리의 어리석음을 깨워주는 우화입니다. 당신은 본래부터 완전한 존재입니다. 그러나 그 완전성을 깨닫지 못하면 그냥 불완전한 존재로서 어리석음의 왜곡에서 벗어날 수 없습니다. 결국, 상자 속에 금은보화가 가득 들어 있는 것을 알지 못해서 거지로 생을 보내는 것과 다를 바 없습니다. 부디 참선을 통해 당신의 완전성을 온전하게 깨닫기를 바랍니다.

최선의 삶이란
자신의 가치를 온전하게 발현시키는 삶이다.
어디 꽃들만 아름다운가.
자기답게 살아가는 주변의 모든 이들
빈·부·귀·천에 상관없이
얼마나 아름답고 향기로운가.

사람으로 태어났음에 감사하라.
수행할 수 있음에 감사하라.
이 기회와 인연은
전에도 없었고 앞으로도 다시 만나기 어렵다.

고타마 붓다는 두 가지의 어려움을 설명하는 것으로 모든 수행자를 축복하고 격려하고 있습니다. 첫 번째의 어려움은 사람으로 태어나는 것입니다. 완전성을 깨닫지 못한 생명들은 각자의 인연과 업에 따라 여섯 가지 세상에 살고 있답니다. 지옥계, 아귀계, 축생계, 인간계, 수라계, 천상계가 그 여섯 가지 세상입니다. 이 중에 자신의 완전성을 깨달아서 태어남과 죽음, 그리고 온갖 거짓 괴로움과 거짓 즐거움에서 벗어나기에 가장 좋은 세상은 인간계라고 합니다.

사실 모든 존재와 현상의 완전성은 감추어져 있는 비밀이 아닙니다. 그냥 온전하게 드러나 있습니다. 그런데 지옥계의 생명들은 극심한 고통 때문에 완전성을 볼 수가 없답니다. 아귀계의 생명들은 극심한 욕망 때문에 완전성을 보기 어렵습니다. 축생계의 생명들은 무지無智의 어두움 때문에 완전성을 보지 못합니다. 수라계의 생명들은 극심한 분노 때문에 완전성을 보지 못합니다. 천상계의 신들은 극도의 쾌락 때문에 완전성을 보지 못합니다. 더 정확하게 따져보면 이러한 특성 때문에 완전성을 깨달으려는 마음을 내지 못하는 것입니다.

이에 비해 인간계는, 좋은 것도 싫은 것도 영원하지 않음을 느끼기에 가장 적합한 곳이라고 합니다. 그래서 인간계는 완전성을 깨닫기 위해 태어나는 세계라고도 합니다. 그런데 인간계에 사람으로 태어나기가 너무나 어려운 일이랍니다. 그렇습니다. 이것은 단지 주변에 있는 나무, 풀, 곤충, 짐승 등의 개체수와 사람의 개체수를 단순 비교해 봐도 금방 알 수 있습니다. 지금의 당신은 이런 어려움을 극복하고 사람으로 태어나 살고 있습니다. 완전성을 깨닫기에 최적의 조건 하나를 갖춘 것입니다.

또 하나의 어려움은 참된 진리를 만나는 것이랍니다. 이것은 사람으로 태어나기보다도 더 어려운 것입니다. 참된 진리란 '당신의 본질이 완전하다'라는 가르침입니다. 이것을 몰라서 모든 생명이 나고 죽고 나고 죽으면서 끝이 없는 괴로움을 겪어야 하는 것입니다. 괴로움은 모두 스스로가 지어내는 환영입니다. 이 환영에서 벗어날 수 있는 유일한 길이 당신에게 본래 갖추어져 있는 완전성을 깨닫는 것입니다. 그래서 완전성에 대한 가르침이 최상의 진리입니다.

그런데 이 가르침을 만나기가 사람으로 태어나는 것보다 더 어렵다고 합니다. 다행스럽게도 우리는 지금 그 가르침을 만나고 있습니다. 참선, 간화선은 전적으로 완전성에 대한 가르침으로 완전성 외에는 거론하지 않습니다. 이미 사람으로 태어났고, 이미 최상의 진리를 만났습니다. 아직 이것이 얼마나 다행한 일인지, 얼마나 귀하고 소중한 기회인지 실감 나지 않을 것입니다. 기억하십시오. 지금 이 기회를 놓친다면 언제 다시 만날지 알 수 없습니다. 또다시 만나게 된다는 보장도 없습니다. 반드시 이 기회에 수행해서 완전성을 깨닫고 다른 생명들도 완전성에 도달하도록 돕기를 바랍니다. 설사 완전성의 깨달음에 이르지 못한다고 해도 참선 수행은 당신을 배반하지 않습니다. 수행한 만큼 지혜로워질 것입니다. 수행한 만큼 평화로워질 것입니다. 수행한 만큼 행복해질 것입니다.

> 모든 생명은 반드시 죽는다.
> 나도 반드시 죽는다.
> 이 순간까지 나의 삶은 얼마나 만족스러웠는가.

나의 가치가 무엇인지 나는 알고 있는가.
나의 삶에 나의 가치는 얼만큼이나 피어났는가.
선의 가르침은 나에게 어떤 의미인가.
선은 나에게 어떤 기회인가.

이 가운데 하나만이라도 깊이 사유하고 사유해 보세요. 그러면 분명히 참선 수행에 대해 간절한 마음이 생겨날 것입니다. 간절함, 이 하나가 수행자에게 필요한 모든 것입니다.

## 참구 2단계에 든 수행자의 마음은…

알 수 없음
고요함

공안의 뜻을 알지 못하는 화두 위에서, 알아내겠다는 마음으로 '왜 없다고 했을까?' 의심하고 생각하는 수행자는 참구 2단계에 들어선 수행사입니다. 알고 싶은 마음으로 알 수 없는 화두를 의심하고 생각해 가면 모름의 상태인 화두는 더욱더 분명해집니다. 의심하고 몰라지고, 의심하고 몰라지고를 반복해 감에 따라 알 수 없는 화두는 견고해지고 마음은 저절로 고요해집니다. 망상이 일어나도 곧 알 수 없는 화두가 됩니다. 화두가 확고해질수록 마음은 더욱더 고요해집니다. 화두는 공안의 뜻을 알지 못하는 모름이고, 모름의 상태이기에 망상이 있을 수 없고, 망상이 없기에 고요해지는 것이지요.

1단계의 특징이 알 수 없는 화두를 보는 것이라면, 2단계의 특징은 화두가 분명해짐에 따라 마음이 확연하게 고요해지는 것입니다. 1단계에서는 알 수 없음, 모름을 보게 되고 2단계에서는 알 수 없음과 고요함을 보게 됩니다.

지금부터는 공안의 뜻을 알아야겠다는 간절함으로 수행을 지어가야 합니다.

'조주 스님은 왜 없다고 했을까?' '왜?'

알 수 없는 화두 위에서 알고 싶은 마음인 '왜?…'에 방점을 두어 참구해 가십시오.

## 이 단계를 물과 파도에 비유하자면…

바람이 멈추고 파도도 멈추었다.
물에 남아 있던 파도의 힘도 소멸되었다.
고요함이 찾아왔다.

1단계는 망상이라는 바람은 멈추었지만 바람 따라 일렁이던 힘은 여전히 물에 남아 있는 상태였습니다. 2단계는 바람도 멈추고 물에 남아 있던 파도의 여력도 멈추는 단계입니다. 바람도 없고 물의 일렁임도 잦아들었습니다. 비로소 고요해진 상태입니다. 이제 막 고요해진 물에는 온갖 티끌과 찌꺼기가 함께 섞여 있습니다. 바람이 거세고 파도가 사나울 때 물도 함께 뒤집어졌기 때문입니다. 이제 비로소 바람이 멈추어서 파도가 멈추고 고요해졌으나 물은 여전히 탁한 상태입니다.

【 참구 2단계 핵심 요약 】

1. 1단계의 방점이 '알 수 없는 화두' 즉, '알 수 없음'을 지켜보기였다면 2단계의 방점은 '알고 싶은 마음' 즉, '왜??'라는 의심을 지켜보기입니다.

2. 의심은 간절하게 알고 싶은 마음에서 일어납니다.
'왜?'에 방점을 두되 억지로 의심을 일으키려고 할 일은 아닙니다.
첫째, 화두 의심이 분명하게 일어나든 말든 개의치 말 것.
둘째, 화두 의심이 지속되든 안 되든 개의치 말 것.
셋째, 다만 왜? 하고 의심만 반복하고 반복할 것.

## 묻고 답하기

―

저는 공안 참구의 1단계와 2단계의 차이가 무엇인지 잘 모르겠습니다.

참구하는 방법의 차이는 없습니다. 1단계에서는 공안의 가르침이 가리키는 것이 무엇인지에 대해서 직접 체험하는 것이 중요합니다. 그것은 바로 '공안의 답을 알 수 없는 마음'입니다. 공안의 뜻을 의심했지만, 답을 모르니까, 자연스럽게 알 수 없는 상태에 이르게 됩니다. 이 알 수 없는 마음을 주시하는 것입니다. 망상이 일어나 '알 수 없는 마음'에 대한 자각이 끊어지면, 다시 공안을 의심해서 알 수 없는 마음이 되어 지켜보면 됩니다. 알고 싶어서 의심한 마음이 알 수 없는 마음에 머무는 것이지요.

아직은 공안을 의심해도 실제 의심이 일어나지 않는데, 다시 의심하지 않고 모르는 마음만 지켜봐도 되나요?

그렇습니다. 모르는 마음을 지켜보다가 망상 때문에 끊어지거나 끊어질 것 같을 때, 다시 의심을 일으켜 모르는 마음을 주시하세요. 이것을 반복하면서 모르는 마음 상태를 자꾸 체험하고 지켜보시면 됩니다. 공안의 답을 몰라서 꽉 막힌 상태, 텅 빈 상태의 마음을 저는 '화두'로 규정합니다. 공안을 알 수 없어서 알려고 하는 것이 의심이지요? 조주 스님이 개에게 불성이 없다고 한 뜻을 몰라서 그 뜻을 알려고 '왜 없다 했을까?' 의심하는 것입니다. 그런데 아직은 알 수 없어요. 마음이 저절로 알지 못하는 상태에 머물게 됩니다.

공안이 가리킨 곳을 봤더니, '답을 알 수 없는 마음'이 보이는 것입니다. '맑은 하늘과 같은 수행자'와 '구름 낀 하늘과 같은 수행자'의 비유와 같습니다. 이 알 수 없는 마음은 의심을 통해 일어난 마음이기 때문에 이미 의심이 씨앗처럼 내포되어 있습니다.

2단계에서 간절하게 알고 싶은 마음이 더해지면 의심이 저절로 일어날 것입니다. 잊지 마십시오. 공안을 참구하는 목적은 공안의 뜻을 알기 위해 하는 것이지, 의심하기 위해 하는 것이 아닙니다. '공안을 의심한다, 화두를 의심한다'라고 하는 것도 그 뜻을 알기 위해 하는 것입니다. 의심하는 것에만 너무 집착하면 자칫 의심을 위한 의심에 빠지게 됩니다.

2단계에서도 참구하는 방법은 같습니다. 차이가 있다면 수행자가 '알 수 없는 마음'에 대한 자각이 뚜렷해지고, 끊어짐 없이 숙고하고 주시할 수 있는 시간이 길어져서, 간절한 마음을 낼 수 있는 조건이 갖추어졌다는 것입니다. 그 결과로 진정한 의심이 일어날 수 있는 조건도 갖추어지는 것이지요. 이제 참구의 방점이 '알 수 없음을 지켜보기'에서 '왜? 무슨 뜻일까?' 하는 의심으로 옮겨지는 것입니다. 그러나 2단계에서도 '왜 의심이 일어나지 않는가?' 걱정하지 말고 꾸준히 의심하고 주시하세요.

간화선을 비판하는 내용 중에, 간화선에는 반조反照가 없어서 깨달음에 이르기 어렵다는 견해가 있습니다. 어떻게 생각하십니까?

알 수 없는 상태를 숙고하고 주시하는 것이 반조입니다. 어떤 수행법이든 정확한 방법으로 공부를 해나가면 저절로 일어나는 마음 작용입니다.

저는 좌선할 때는 물론이고 평소에도 문득문득 알 수 없는 마음이 자각됩니다. 그럴 때는 강하지는 않지만 '왜?'라는 의심도 느껴집니다. '알 수 없는 마음'과 '왜?'라는 의심이 하나로 느껴집니다. 그 상태를 자각하고 지켜보는 시간도 많이 길어졌습니다. 그런데 간절해지지는 않아요. 어떻게 하는 것이 좋을까요?

수행이 잘 되고 있는 것입니다. 토대가 잘 다져지고 있는 것 같습니다. 다만 진정한 의심이나 간절함은 생각만 해서 되지는 않습니다. 정말 마음이 움직여야 일어납니다. 자신에게 충분한 시간을 주십시오. 예전에 저에게 호흡법을 가르쳐 주신 스승님은 이런 말씀을 하셨습니다.

"거거거중지去去去中知 행행행리각行行行裏覺, 가고 가고 가다 보면 알게 되고, 행하고 행하고 행하는 속에 깨달음이 있다."

속히 무언가를 맛보고 싶어 하는 조급증을 내지 말고 바르게만 공부해 가라는 경책이었습니다. 공안의 뜻을 깨닫겠다는 굳은 목표를 가지고, 매일매일 꾸준히 참구하시면 어느 순간 문득 진정한 의심이 올라올 것입니다. 진정한 의심을 몇 번 경험하시면 참선에 대한 간절함도 생길 것입니다. 너무 조급하게 간절해져야겠다고 다그치지 마세요. 진정한 의심과 간절함은 기술적인 문제가 아닙니다. 진정성의 문제입니다.

간절함은 수행자가 스스로에게 부여하는 수행의 동기이고 당위성입니다. 이를 위해 옛 스승들은 참선 수행의 이익에 대해 자주 숙고하라고 하셨습니다. 참선 수행의 이익은 수행자 자신만이 아닌 모든 생명의 이익을 말합니다. 매일 꾸준하게 공안을 공부하시면서 가끔씩 이 수행이 나에게 어떤 이익이 있었는지, 앞으로 어떤 이익이 예상되는지 생각해 보세요. 또 내가 얻는 이익이 내 주변의 생명에는 어떤 의미가 있는지에 대해서도 생각해 보십시오.

참선 수행에서 얻어지는 이익을 전통에서는 '수행의 공덕'이라고 합니다. 꾸준한 수행과 더불어, 나는 왜 이 수행을 하는가? 성찰을 반복하다 보면 어느 순간 수행의 의미나 당위성이 사무쳐 올 것입니다. 마치 공안에 대한 진정한 의심이 갑자기 사무치는 것처럼 말입니다.

앞에서 '간절함을 위해 사유해야 할 것들'에 대해 드린 말씀을 기억해 보세요. 그중에서 저는 저의 죽음에 대해 성찰했을 때 간절한 마음이 생겼습니다. 또 어떤 분은 공부가 지독히도 안 돼서 비참한 마음이 되었을 때, 지나온 삶을 살펴보게 되더랍니다. 누구보다도 열심히 살아왔지만, 무엇 하나 제대로 결과를 낸 것이 없음을 깨닫고 나서 공부가 조금씩 되더랍니다. 수행이 잘 되든 안 되든 포기하지만 않는다면, 어느 순간에 문득 계기가 옵니다.

두 가지 질문, 하나는 말씀 중에 의심을 위한 의심을 하지 말라는 것에 대해서 좀 더 설명을 해 주십시오. 두 번째는 공안의 역할에 대해서인데, 공안은 스승이 수행자의 망상과 관념을 한순간에 끊어내기 위해

쓰는 방법이라는 이야기를 많이 들었습니다. 예를 들면 불성이 있다는 것에 집착하는 수행자에게는 '없다'라고 해서 '있다'라는 집착을 끊어주고, 불성이 없다고 생각하는 수행자에게는 잘못된 견해를 없애 주기 위해서 '있다'라고 했다는 것입니다. 그렇기 때문에 공안은 처음 받을 때 깨닫지 못하면 이후에 아무리 애를 써도 깨달을 수 없다는 것입니다. 어떻게 생각하시나요?

그렇게 말씀하신 분이 공안의 뜻을 확철하게 깨달은 분이라면, 저도 동의할 수 있습니다. 왜냐하면, 이미 깨달아 아는 차원에서 하는 말이기 때문입니다. 그러나 깨달은 분에게 들었던 말을 하는 것이라면, 저는 그 말에 동의하지 않습니다. 또한, 그분이 수행을 어떻게 하셨는지가 중요합니다. 그분도 공안을 단지 관념을 끊어 주기 위한 말이라고 처음부터 생각하고 수행했는지 질문해 보세요.

지금까지 깨달으신 스승들 가운데는 어떻게 하면 후배들이 좀 더 쉽게, 단박에 깨닫게 해 줄 수 있을까를 고민하고 다양한 방법을 시도해 오셨습니다. 그럼에도 대부분 그 결과가 완전하지 않았습니다. 수행자들이 그런 가르침을 통해 스승의 깨달음과 동일한 체험을 하는 것에 분명한 한계가 있었습니다. 그래서 저는 동의하지 않습니다.

공안은 선의 스승들이 진리에 대해서 설하신 가르침입니다. 진리에 대한 논리적 설명이 아니라 직접 깨닫게 하는 가르침입니다. 선의 스승은 수행자가 이 가르침을 알아듣기를 바라는 마음으로 설하신 것이지 단지 관념이나 망상을 끊어 주기 위해서 트릭을 쓴 것이 아닙니다. 그래서 공안을 공부하는 수행자는 반드시 스승의 뜻을 알아내려는 마음으로 수행해야 합니다.

저는 조주 스님의 무자 공안만 가지고 이야기하고 있지만, 다른 모든 공안도 마찬가지입니다. 알아내려는 마음이 없다면, 아무리 긴 시간을 방석에 앉는다 해도 공부가 되기는 어렵습니다.

수행자에게 공안은 스승의 뜻을 알아들으라고 주어지는 것입니다. 알아듣지 못했으면 알아내야 하는 것입니다. 알아내려고 하는데 모르니까 의심이 생깁니다.

공안을 의심하라는 것은 공안의 뜻을 알아내라는 요구입니다. 조주 스님이 왜 개에게 불성이 없다고 했는지 그 뜻을 알아내라는 요구입니다. 조주 스님은 없다는 말로 진리를 직접 가리킨 것입니다. 만약 수행자가 단박에 그 뜻을 알아차린다면 없다고 한 뜻을 의심할 것도 없이 곧바로 깨닫는 것입니다. 그런데 그 뜻을 모르니까, 가던 길이 막힌 것처럼, 알 수 없음에서 더 나아가지를 못하게 되는 것입니다. 막히긴 막혔지만 조주 스님이 가리킨 방향인 것은 맞습니다. 모르기 때문에 알아내기 위해서 계속 의심하게 됩니다.

알아내려는 마음이 없이 단지 의심만 하려고 하면, 의심을 위한 의심이 됩니다. 망상을 끊어내기 위해서만 의심을 하면, 의심을 위한 의심이 됩니다. 의심이 끊어지지 않도록 하기 위해 의심을 하면, 의심의 목적이 분명하지 못하면 의심을 위한 의심이 됩니다.

묻겠습니다. 조주 스님이 개에게 불성이 없다고 한 뜻이 어디에 있습니까?

모르겠습니다.

알아내십시오.

알겠습니다.

## 참구 2단계 체크 포인트

―

1. 이 공부를 하는 목적이 무엇입니까?
2. 이 공부는 당신에게 어떤 이익을 줄까요?
3. 당신이 얻는 이익은 당신이 사랑하는 존재들에게는 어떤 의미가 될까요?
4. 살아오면서 모든 면에서 만족스러웠던 것은 무엇인가요?
5. 당신에게 가장 소중한 것은 무엇인가요? 당신이 일주일 후에 죽는다면 그 소중한 것들은 어떤 의미가 있을까요?
6. 당신은 죽지 않고 영원히 살 수 있을까요?
7. 삶에서 당신을 가장 간절하게 하는 것은 무엇이었나요?
8. 삶도 초월하고, 죽음도 초월할 방법이 있다면 기꺼이 하시겠습니까?

# 참구 3단계 :
# 수행의 본류本流에 들다

- 몰자미沒滋味
- 닭이 알을 품듯이 정성스런 참구
- 공안 참구에 힘이 생김
- 거친 번뇌가 소멸되어 몸과 마음의 청정을 느낌

## 위기이면서 기회인 몰자미沒滋味
―

아무래도 저는 참선을 할 수 없을 것 같습니다. 하면 할수록 엉망이 되는 것 같아서 허망하기까지 합니다.

그동안의 경험을 좀 자세하게 말씀해 보세요.

처음 1단계에서는 망상이 참 많았습니다. 그래도 망상을 신호 삼아서 공안을 참구하면 문득문득 알 수 없는 화두에 머물 수 있었습니다. 점차 망상도 적어짐을 느꼈습니다. 2단계에서는 알 수 없는 화두 위에서 조주 스님이 왜 없다고 했을지 의심하면, 마음이 그 의심에 걸리는 느낌이 들고, 알 수 없는 화두가 더더욱 뚜렷해졌어요. 물론 때때로 망상이 휘몰아쳐 오기도 했고 졸음이 몰려와 난감하기도 했습니다. 그렇지만 참선을 시작하기 전과 비교하면 마음도 훨씬 여유로워지고 평화로워졌습니다. 좌선할 때나, 일상생활 중에 일부러 공안을 참구하지 않는데 저절로 의심이 일어나기도 했었어요. 공부가 이렇게 조금씩 되어가는 것이구나 하고 느끼기도 했습니다.

그런데 얼마 전부터 모든 게 엉망이 되고 있습니다. 공부가 처음 시작 때보다도 못한 거 같습니다. 제가 참선을 하긴 했었나 싶은 마음까지 듭니다. 망상이 일어날 때 알아차리고 얼른 공안을 참구해도 알 수 없는 화두에 걸리지를 않습니다. 그냥 미끄러져 버리는 느낌입니다. 공안을 참구한 흔적이 없어요. 공안을 참구하는 것인지 망상을 하는 것인지 구분이 안 될 때가 대부분입니다. 혼침에 들어있지도 않은데 마치 혼침 속에서 헤매는 것 같기도 합니다. 제가 무엇을 하는지 알 수 없다는 생각도 듭니다. 망상은 분명히 훨씬 적어졌지만, 공안 참구는 되지 않습니다. 어느 때는 조주 무자 공안이 생각이 안 나서 당황하기도 합니다.

참구하면 생생하게 걸리던 화두도 없습니다. 꼭 찢어진 풍선에 낑낑대고 바람을 불어 넣는 기분입니다. 길을 잃은 것 같습니다. 더 해 봤자 될 것 같지 않습니다. 안개 속에서 무작정 허우적대기만 하는 기분입니다. 진중하게 속으로 들어가고 싶지만, 표면에 동동 떠도는 느낌입니다. 아귀가 전혀 맞지 않는 맷돌을 돌리는 기분입니다. 맥이 빠집니다. 자신감도 없습니다. 허망하기도 하고 분하기도 한데 어찌해야 할까요?

그동안 수행을 짬지게 잘하셨군요. 수고하셨습니다. 결론부터 말씀드리자면, 지극히 정상적으로 진행되고 있다는 것입니다. 잘못된 것이 없습니다. 지금 당신은 수행에서 매우 긴요한 단계에 접어들고 있습니다. 지금 당신이 겪고 있는 현상을 선에서는 몰자미沒滋味라고 부릅니다. 아무 재미가 없는 상태입니다. 재미만 없는 것이 아니라 매우 혼란스럽고, 지금까지 해왔던 수행에 심각한 회의가 일어나기도 할 것입니다. 실제로 이 단계에서 많은 수행자가 선 수행을 포기합니다. 또는 수행 방법을 다른 것으로 바꾸기도 합니다. 그만큼 선 수행에서 위기의 순간입니다. 그런데 바로 이 몰자미는 수행에 새로운 전기가 시작된다는 강력한 신호이기도 합니다. 이때 가장 중요한 것은 포기하지 않는 것입니다. 무기력과 혼란스러움을 딛고 앞으로 한 발 나아가야 합니다.

이 몰자미는 왜 오게 되는 것일까요? 거친 망상이 대부분 해탈되었기 때문입니다. 그렇다고 생각이 사라져 버린 것은 아닙니다. 생각들은 나를 둘러싼 다양한 환경에 따라 자연스럽게 일어납니다. 그러나 당신은 이제 그런 생각들을 붙잡거나 밀어내지 않습니다. 그래서 마음이 편안하고 고요해졌을 것입니다. 전체적으로 에고의 울타리가 약해지고 듬성듬성 사라진 상태입니다. 마치 아주 작은 골방에만 있던 사람이 사방이 탁 트인 밖으로 나온 것과 같습니다. 에고가 약해짐에 따라 마음이 본래의 완전성과 더 가까워진 것입니다.

비유하자면, 에고의 작은 집에 살다가 그 집의 벽과 담이 사라져서 광활한 자연을 마주하게 된 것과 같습니다. 그런데 문제는 아직 공안을 참구하는 힘이 충분하지 않다는 것입니다. 에고의 집에 살 때는 작은 전등 하나만으로도 집안을 모두 비추는 것이 가능했지만, 벽이 사라져서 드러난 탁 트인 공간 너머까지 비추기에는 전등의 불빛이 너무 약한 것과 같습니다. 이때 필요한 것은 공간 너머까지 충분히 비출 만한 밝고 강력한 전등 불빛입니다. 희미한 전등을 들고 에고의 벽이 사라졌다고 절망하고 포기하는 것이 아니라는 것이지요.

선 수행에서 몰자미는 당신이 에고로부터 그만큼 벗어났다는 반증입니다. 당신의 완전성에 그만큼 가까워졌다는 반증입니다. 다만 공안을 참구하는 힘이 아직 커지지 않아서 넓어진 당신의 내면을 가득 채우지 못하고 있을 뿐입니다. 당신이 선택해야 할 것은 수행의 포기가 아니라

한층 더 수행의 열정을 불태우는 것입니다. 결코 수행을 포기하는 우를 범해서는 안 됩니다. 더욱 정성스럽게 공안을 참구하고 알 수 없는 화두를 들어야 합니다. 만약에 수행을 포기한다면 완전성을 깨달을 수 있는 천재일우의 기회를 날려버리는 것입니다. 당신만의 불행이 아니라 모든 생명의 불행이 됩니다. 앞에서도 말씀드린 것처럼 당신이 선을 수행한다는 것은 모든 생명의 행복과도 연결되어 있는 것이기 때문입니다. 부디 선 수행의 기회와 몰자미에 들어선 좋은 기회를 놓치지 말고 한층 더 수행에 박차를 가하시기 바랍니다.

## 몰자미沒滋味에서의 공안 참구
―

수행자에게 늘 필요한 것은
초심初心이다.

공안을 처음 접했을 때의 마음을 기억하십시오. 처음의 어리숙함을 기억하라는 게 아닙니다. 공안 공부를 시작하실 때 분명히 반드시 마치고 밀겠다는 그 결심을 다시 일깨우시라는 것입니다. 그리고 공안 전체를 처음부터 끝까지 잘 살펴보십시오. 공안의 전제全提를 떠올리세요.

개도 불성(佛性)이 있습니까? 하고 물었더니… 없다고? 〈全提〉
왜 없다고 했지? ……. 알 수 없다! 〈話頭〉
왜 없다고 했을까?

처음 두세 번은 공안의 전제를 들어서 참구하세요. 그러다가 마음이 알 수 없음에 걸려 머물게 되면 단제〈單提〉만을 들어서 참구합니다.

왜 없다고 했을까? … (알 수 없음)
왜 없다고 했을까? … (또 알 수 없음)

이렇게 단제를 들어 참구하되, 공안의 뜻이 조주 스님이 무無, 없다고 하신 이유에 있기 때문에 참구의 초점을 '왜?'라는 의심에 맞추어 참구합니다.

이렇게 알 수 없는 화두에 대고 가볍게 의심을 일으키고, 그 의심을 지켜보아[觀] 가세요. 의심이 일어나든 안 일어나든 개의치 말고 의심을 일으켜서 관해 갑니다. 의심이 일어나지 않아도 알 수 없는 화두가 점점 분명하게 다시 자리를 잡게 될 것입니다. 그 화두에 대고 알려고 하는 마음으로 가볍게 의심을 일으켜 관觀하기를 반복합니다. 망상이 일어나거나, 관하는 기운이 약해지거나, 없어지면 즉시 다시 의심을 일으켜서 관합니다. 이렇게 자꾸 반복함에 따라 계속 의심도 차곡차곡 쌓여가고 그 힘도 점점 강해지게 됩니다. 이렇게 해도 몰자미의 상태가 계속된다면 다음과 같은 방법으로 참구하세요. 공안 참구를 호흡과 연동시키는 방법입니다.

숨을 내쉴 때
의심을 일으켜라.

두세 번 정도는 호흡과 무관하게 전제를 들어 참구합니다. 마음이 알 수 없음에 걸려 머물게 되면 단제만을 들어서 참구하는데 이때부터는 호흡의 날숨과 연동시켜서 의심을 일으킵니다.

당신은 예비 공부에서 수식관을 했던 것을 기억하실 것입니다. 그때 어떻게 했었지요?

숨을 깊게 마시고… 잠시 멈추었다가… 길게 내쉬면서 숫자를 붙여주었습니다.

그것과 동일한 방법인데 여기서는 숫자 대신 공안에 의심을 일으키는 것이 다릅니다. 수식관을 설명드릴 때 마음을 고요하게 집중하는 것 외에 나중에 공안을 참구할 때도 필요하다고 말씀드렸을 것입니다. 이때의 호흡은 복식호흡입니다. 숨을 너무 빵빵하게 마시거나 너무 길게 내쉬면 안 됩니다. 적당한 양의 숨을 적당한 길이로 마시고 내쉬어야 합니다. 예비 공부의 수식관 방법을 기억해 보십시오. 그리고 다음과 같은 방법으로 호흡과 공안 참구를 연동시켜 가세요.

적당히 숨이 배에까지 오도록 마십니다… 잠시 참았다가… 길게 내쉬면서 '왜 없다고 했을까?' 하고 의심을 일으킵니다. 알 수 없습니다. 그 알 수 없는 화두를 지켜보면서 숨을 길게 마십니다… 잠시 참았다가… 길게 내쉬면서 '왜 없다고 했을까?' 의심을 일으킵니다. 처음에는 의심이 나든 말든 관계없이 숨을 내쉴 때마다 '왜 없다고 했을까?' 의심을 일으키세요. 수식관에서 날숨에 숫자를 붙였던 것과 같은 요령입니다. 이때는 숫자 대신 의심을 일으키는 것입니다.

숨을 마심… 잠시 참음… 숨을 내쉬면서 '왜 없다고 했을까?' … (알 수 없음)

알 수 없는 화두를 지켜보면서 숨을 마심… 잠시 참음… 숨을 내쉬면서 '왜 없다고 했을까?'

이렇게 숨을 내쉴 때 공안에 대한 의심을 일으켜서 알 수 없는 화두로 돌아가는 것입니다. 처음에는 숨을 내쉴 때마다 의심을 일으키고 지켜봅니다. 반복함에 따라 마음이 점점 알 수 없는 화두에 걸려 머물게 됩니다. 이제 내쉴 때마다 의심을 일으키지 말고 한 번씩 걸러서 의심을 일으켜 봅니다. 그다음은 두 번씩 걸러서 의심을 일으킵니다.

의심에 힘이 생기면 다섯 번 여섯 번…. 열 번의 숨을 걸러서 의심을 일으켜도 됩니다. 숨을 마시고 내쉴 때 알 수 없는 화두나 의심의 기운이 유지된다면 의심의 간격을 점차 벌려가세요. 내쉴 때마다 일으키던 의심을 한 번… 두 번… 열 번… 걸러서 일으키는 것입니다.

호흡과 의심을 연동시키는 방법은 몇 가지의 분명한 장점이 있습니다. 이것이 습관화되고 깊어지면 숨을 내쉴 때마다 의도하지 않아도 저절로 의심을 일으키게 됩니다. 그리고 바르게 앉아서 복식호흡을 반복하게 되므로 건강에 매우 좋습니다. 또 중요한 장점 중 하나는 공안 참구에서 가장 경계해야 할 상기上氣 현상을 방지할 수 있습니다.

간화선 수행 전통에서는 공안에 대한 의심만을 강조해 왔습니다. 호흡에 의존해 참구하는 것을 극력 비판하기도 했습니다. 그런데 전강 스님이라는 뛰어난 선의 스승이 호흡과 공안 참구를 연동시키는 방법으로 수행자들을 지도하면서부터 널리 보급이 되었습니다. 저는 몰자미의 위기에 빠진 수행자를 위해 이 방법을 이야기하고 있지만, 모든 수행자가 처음부터 시도해도 손색이 없는 수행 방법임을 말씀드립니다.

참구는 마음의 힘을 빼고
가볍게 의심하고

화두는 자세하게 지켜보라.
결코 힘을 쓰거나 집착하지 말라.

공안에 의심을 일으킬 때는 너무 힘을 써서는 안 됩니다. 가볍게 의심을 일으키세요. 너무 강하게 의심을 일으키면 오히려 의심이 나지 않습니다. 알아내야겠다는 마음으로 의심하라는 말은 의심을 강하게 일으키라는 말이 아닙니다. 마음은 가장 미세한 세계입니다. 미세한 마음은 힘을 쓴다고 잘 다루어지지 않습니다. 미세한 먼지를 쓸어낼 때를 생각해 보세요. 빗자루질을 힘을 줘서 해야 잘 쓸어질까요? 아니면 힘을 빼고 살살 쓸어야 할까요? 당연히 힘을 빼고 천천히 비질을 해야 합니다. 의심을 일으키는 것도 마찬가지입니다. 마음은 먼지보다 훨씬 미세합니다. 의심은 마음에 힘을 빼고 가볍게 일으키십시오.

마음에 힘을 써서 자꾸 강하게 의심하는 것이 반복되면 은연중 몸에도 불필요한 힘이 들어갑니다. 몸과 마음이 긴장하게 됩니다. 몸의 기혈이 거칠어져 머리에 열기가 몰리기도 하고 심한 경우엔 아파지기도 합니다. 마음이 맑아지기는커녕 오히려 탁해집니다. 부정적인 생각과 감정이 생겨납니다. 알 수 없는 화두도 맺히지 않고 뭉개져 버립니다. 의심도 일어나지 않습니다. 알고 싶은 마음이 간절해야 하지만 집착해서는 안 됩니다. 집착하면 불필요한 힘을 쓰게 됩니다.

가볍게 의심을 일으키고 일어난 의심을 자세하게 관하세요. 의심이 나지 않아도 괜찮습니다. 알 수 없는 상태에 머물러 자세하게 지켜보면 됩니다. 마음에 힘을 빼고 가볍게, '조주 스님은 왜 없다고 했을까?' 의심이 나든 안 나든 차분하게 자세하게 지켜보십시오.

눈을 뜨고 있다면 늘 참구하라.

짧은 시간이라도 좋다
틈만 나면 참구하라.
닭이 알을 품듯 공안을 참구하라.

이제부터는 깨어있는 모든 시간에 공안을 참구한다고 여기십시오. 좌복에 앉아서 좌선할 때는 물론이고 그 외의 시간에도 마음을 잘 갈무리해서 틈만 나면 공안을 참구하는 습관을 들여야 합니다. 티베트의 명상 수련원에서는 '짧게 자주'라는 말을 강조합니다. 좌복에 앉아서 하는 정규 수행 외에도 생활 속에서 틈틈이 1~2분의 짧은 시간이라도 기회만 되면 명상을 하라는 것입니다. 서 있을 때든 앉아 있을 때든 누워 있을 때든 틈만 나면 명상으로 마음을 챙기라는 것입니다. 짧게, 자주, 여러 번 명상해야 한다고 가르칩니다. 당신도 이제부터 틈만 나면 멍하게 있지 말고 공안을 참구하시기 바랍니다.

의미가 좀 다르긴 하지만 선에서도 공안 참구는 '닭이 알을 품듯' 하라고 가르칩니다. 어미 닭이 알을 품는 모습은 보기에도 눈물겹다고 합니다. 알이 잠시라도 식으면 병아리로 부화孵化되기 힘듭니다. 그래서 어미 닭은 알을 품에서 잠시도 떼어놓지 않습니다. 모이도 잘 먹지 못하고 물도 잘 먹지 못하면서도 알이 깨어 병아리가 될 때까지 알을 품고 보호합니다. 이렇게 약 20일이 경과하면 달걀 안에서 병아리가 되어 어미에게 신호를 보냅니다. 어미는 신호를 듣고 품고 있던 알을 부리로 가볍게 쪼아 병아리가 쉽게 알을 깨고 나오도록 돕습니다. 만약에 어미가 진득하게 알을 품지 않고 툭하면 일어나 다른 짓을 반복한다면 그 달걀은 충분한 온기를 받지 못해서 병아리로 부화하기 어렵습니다. 당신이 어미 닭이라면 알 수 없는 화두는 달걀입니다. 어미 닭이 달걀을 늘 품고 있듯이 당신은 알 수 없는 화두를 마음에 늘 품고 있어야 합니다.

어미 닭이 먹는 것도, 마시는 것도 돌아보지 않고
한결같이 알을 품는 것처럼
마음에 늘 알 수 없는 화두를 품어라.

어미 닭이 체온으로 따듯하게 알을 데우듯이
알 수 없는 화두가 점점 자라도록
의심하고, 의심하고 또 의심하라.

몰자미沒滋味의 상태는 당신의 수행이 퇴보하는 것이 아닙니다. 지금까지의 삶에서 당신이 견고하게 구축해 놓은 갖가지 개념과 관념이 공안 참구로 무너지고 해체되는 현상에서 잠시 드러나는 혼란스러운 경계입니다. 당신의 완전성이 드러나는 과정입니다. 이 상태에서 결코 포기하지 말고, 마치 처음 공안 공부를 하는 것처럼, 어미 닭이 알을 품어 병아리가 되게 하는 것처럼, 정성스럽게 참구해 가십시오. 이 몰자미는 당신의 수행이 잘 되어가고 있다는 신호입니다. '조주 스님은 왜 없다고 했을까???' 계속 참구하십시오.

## 수행의 본류本流에 들어가다
—

몰자미 상태를 만나서도 수행을 포기하지 않고, 의심이 일어나든 안 일어나든 개의치 않고, 몸과 마음의 힘을 너무 쓰지 않고, 가볍지만 정성스럽게 공안을 참구해 가면, 마음이 점점 생생하게 깨어나는 것을 경험하게 됩니다. 마음이 생생하게 깨어남에 따라 과거에서도 떠나고 미래에서도 떠나 분명하게 현재에 머물게 됩니다. 마음이 현재에 머물면 생생한 가운데서 또 고요해집니다. 이때를 '텅 빈 충만'이라고도 표현하고 '마음의 현존現存'을 느낀다고도 합니다.

> 몸과 마음이 예전과 다르게
> 가볍고 편안하고 맑아진다.
> 그러나 이것에 집착하지 말라.
> 집착 없이 나아가면
> 수행의 본류本流에 들어간다.

텅 빈 충만감, 마음의 현존감은 수행자의 마음을 지극히 편안하게 합니다. 예전과는 확연하게 달라진 마음을 볼 수 있습니다. 조화롭고 편안하고 고요함이 지속됩니다. 선에서 이야기하는 선정禪定의 기미가 보이는 것입니다. 또 이유를 알 수 없는 환희심이 일어나기도 합니다. 좌선할 때는 물론이고 일어나 움직일 때도 마음이 매우 고요해집니다. 욕망에 대한 집착심도 현저하게 약해집니다.

공안의 뜻을 의심하면 힘을 들이지 않아도 알 수 없는 화두가 매우 선명하게 들립니다. 일상생활 중에도 마음의 고요함이 유지되고 문득문득 알 수 없는 화두에 대한 의심이 저절로 일어나기도 합니다. 지금까지 참선을 수행하느라 노력했던 시간과 애씀에 대한 충분한 보상이라고 여기셔도 좋습니다. 참선을 선택한 것에 대한 자부심과 수행에 대한 확신을 느낄 수 있습니다. 꽤 많은 수행자가 새롭게 다가온 편안함, 안정감, 환희로움 등에 매료되어 이 순간에 머물고 싶은 마음을 내거나 집착하기도 합니다.

그러나 명심하세요. 이것도 과정입니다. 이런 현상에 집착하고 머물러 있으면 안 됩니다. 계속 나아가야 합니다. 환희롭고 편안하고 고요한 상태가 아무리 좋아도 좋아서 집착하는 그것이 가장 경계해야 할 망상입니다.

마음이 괴롭고 혼란스러운 상태는 누구나 쉽게 알아채고 피하려 하지만 즐겁고 편안한 상태에 대한 집착은 놓아버리기가 쉽지 않습니다. 그럼에도 내려놓고 앞으로 나아가야 합니다.

수행자가 편안함에도 머물지 않고 공안을 참구해 가면 마음이 아주 가뿐해지는 순간이 옵니다. 가뿐해지면서 선명한 존재감이 일어납니다. 이것을 '마음의 경안輕安'이라고 합니다. 마음의 경안이 일정 시간 지속되면 몸도 전에 없이 가뿐해집니다. 이것을 '몸의 경안'이라고 합니다. 공안을 참구하다 보면 아주 잠깐씩 이와 비슷한 경험을 할 것입니다. 이렇게 잠깐 일어났다 사라지는 것은 경안이라고 하지 않습니다.

경안은 특별한 일이 없으면 지속적으로 유지됩니다. 마음과 몸의 경안은 삼매三昧에 들기 전에 주로 일어납니다. 수행이 본류本流에 들어가는 길목에 접어들었다고 할 수 있습니다. 몸과 마음이 아주 가볍고 편안하고 맑아지는 것이 확연하게 인식됩니다.

공안 참구에도 확연하게 힘이 생깁니다. 참구할 때 힘이 들지 않습니다. 참구하려고 하지 않아도 저절로 의심이 일어날 때가 잦아집니다. 이것을 선에서는 '화두 공부에 힘을 얻었다', 득력得力했다고 표현합니다. 확실한 힘이 생긴 것입니다.

이때부터가 참으로 중요합니다. 자칫 성급한 마음을 내서는 안 됩니다. 수행에 확신이 생기고 공안 참구에 힘이 생길수록 마음을 더욱 세심하게 써야 합니다. 거칠게 하거나 힘을 써서 해서는 안 됩니다. 아주 미세한 먼지를 청소할 때 어떻게 해야 된다고 했지요? 힘을 빼고 천천히 비질을 해야 한다고 했지요?

이제부터 공안 참구도 거칠게 힘을 써서는 안 됩니다. 가벼우면서도 자세하게 관찰하듯이 하십시오. 아주 쉽게 깨지는 물건을 다루듯이 하십시오. 닭이 알을 품듯이 하십시오. 그러면 점점 선명해지고, 분명해지고, 알 수 없는 화두가 점점 마음에 뭉쳐올 것입니다. 화두의 뭉침과 함께 마음은 더 고요해지고 더 맑아질 것입니다. 간절하게 알려는 마음은 내되, 거칠게 힘을 쓰면 안 됩니다.

두꺼운 콘크리트 벽이 유리로 변한 듯
구름이 다 걷히고 창공蒼空이 드러나듯
욕망조차 투명해진 듯
마음이 깨끗하고 맑아진다.
이제 그대는 본류本流에 녹아든다.

## 이 단계를 물과 파도에 비유하자면…

바람이 없어서 물결이 없고
물결이 없어서 고요하다.
수면에 부유하던 크고 작은 찌꺼기들
힘을 잃고 조용히 가라앉는다.

바람도 자고 바람에 쓸려 요동치던 파도도 잠잠해진 물과 같습니다. 물에는 더 이상 바람을 따라 움직이던 힘도 남아있지 않습니다. 수면부터 아래까지 파동이 없이 고요해진 물과 같습니다. 물에 섞여 있던 찌꺼기들이 떠 있을 힘도 모두 사라졌습니다. 그래서 크고 작은 눈에 보이는 찌꺼기들이 서서히 바닥에 가라앉습니다. 그만큼 물은 맑아집니다. 아직 눈에 잘 보이지 않는 미세한 찌꺼기들은 여전히 물에 섞여 있지만 거친 찌꺼기들이 가라앉은 것만으로도 물은 확연하게 맑아져 보이지요. 이 단계는 거친 망상이 소멸되어 그만큼 마음이 맑고 깨끗해진 상태입니다. 망상이 누르던 마음의 부담도 사라져 가뿐해진 상태로 비유할 수 있습니다.

## 묻고 답하기

저는 앞에서 설명해 주신 몰자미와 전혀 다른 상태를 경험하고 있습니다. 소나기가 쏟아지는 것처럼 망상이 쏟아져 들어옵니다. 그동안에 망상이 없던 것은 아니지만 이런 정도는 아니었어요.

전에는 망상이 일어날 때마다 충분히 공안에 대한 의심을 통해 알 수 없는 화두로 들어갔습니다. '마음이 참 고요하구나' 하는 것도 경험했고요. 강하지는 않지만 공안의 뜻에 대해 의심도 일어났었습니다. 그런데 요즘 갑자기 망상이 심해져서 방석에 앉기가 두려워집니다.

예전에 말씀하시길, 마음에는 한순간에 하나의 생각만 일어난다고 하신 것 같은데 요즘 제가 느끼는 것은 한 번에 몇 개의 망상이 동시에 쏟아져 들어오는 것 같습니다. 이때는 공안을 참구해도 효과가 없어요. 어떻게 해야 할까요?

처음에는 잘 되다가 근래 들어 망상이 더욱 극성을 부린다니 참 난감하실 거 같습니다. 결론을 말씀드리면 당신이 겪고 있는 현상도 몰자미沒滋味 중 하나입니다. 몰자미는 고정된 현상을 말하는 것이 아닙니다. 말 그대로 심각하게 수행을 방해하는, 그래서 수행의 재미를 빼앗아 버리는 현상을 지칭하는 것입니다. 그나마 비슷한 점이 있다면 처음에는 수행이 좀 되는 듯하다가, 어느 순간부터 미미하게 시작되다가 거세지기도 하고, 그냥 처음부터 거세게 일어나기도 합니다. 수행할 마음을 몽땅 없애버릴 것처럼 진행됩니다.

앞에서 말씀드린 몰자미는 수행의 효과로 수행자의 에고가 약화되고 마음이 본래의 상태로 회귀하는 과정에서 일어나는 현상이었다면, 당신의 경우는 에고가 무너지는 현상이라고 생각합니다. 마치 집이 무너지는 것처럼요. 이것 또한 당신의 수행이 그만큼 효과를 내고 있다는 신호로 받아들이세요. 망상은 마음 어딘가에 저장되어 있다가 나오는 게 아닙니다. 늘 조건에 대응해서 일어나는 마음이지요. 그래서 순간순간 생겨나고 사라지는 것입니다.

그러나 조건에 대응하는 습관이나 패턴은 거의 정해져 있는 것 같은 경향성을 가지고 있습니다. 당신의 수행이 내재되어 있던 그 경향성을 해체시키거나 약화시킬 수 있습니다. 그 반대급부로 망상이 걷잡을 수 없이 일어날 수 있습니다. 수행을 포기하지 않고 진행해 간다면 아마 곧 진정이 될 것입니다.

공안을 참구하려 해도 망상이 너무 강하게 일어나서 어렵습니다. 수행을 어떻게 해야 될까요? 이것이 극복할 수 있는 것이라면 당연히 수행을 포기하고 싶지는 않습니다.

좋습니다. 우선 아무리 지금의 상태가 혼란스럽더라도 지금까지 해오신 수행의 과정에 이미 이 상황을 무난히 극복할 수 있는 충분한 힘이 있다는 확신을 가지세요. 용기를 드리려는 것이 아니라 사실이기 때문입니다. 일단 두 가지 방법을 적용해 보십시오. 하나는 앞에서 말씀드린 방법 중 공안 참구와 수식관을 연동시키는 방법입니다. 수식관만을 하셔도 좋겠지만 이미 공안을 참구해 오셨으니 두 개를 연동시키는 방법이 더 적합할 것 같습니다.

이렇게 해도 효과가 없을 수 있습니다. 그러면 호흡에만 의지하는 방법이 있습니다. 자연스럽게 들어오고 나가는 숨에 가볍게 마음을 두고 지켜보십시오. 숫자도 붙이지 말고 공안을 참구하지도 마세요. 다만 들고 나는 숨에 마음을 가볍게 두고 알아차려 보세요. 망상이 일어날 것입니다. 어떤 망상이 일어나든 지켜만 보십시오. 설사 마음이 망상에 끌려가서 한참 헤매어도 상관없습니다.

망상은 어떤 것이든 끝나게 되어 있습니다. 마음을 끌고 간 망상이 끝나는 순간 망상에 끌려왔다는 것과 그 망상이 끝났다는 것을 알게 됩니다. 망상이 끝난 그 순간을 지켜보세요. 망상은 일어나는 순간을 알아차리기는 어렵지만 끝나는 순간을 알아차리기는 쉽습니다. 망상이 끝나 텅 빈 마음을 지켜보세요. 또 망상이 일어나면 일어남을, 진행되면 진행됨을, 끝나면 끝남을 지켜봅니다.

티벳의 족첸에서는 하나의 망상이 끝나고 다음 망상이 시작되기 전 그 망상의 공백 상태를 보라고 표현합니다. 긴장하지 말고 편안한 마음으로 지켜봅니다. 이것을 반복하세요. 그러면 곧 망상의 본질에 대해 알게 될 것입니다.

망상은 아무리 거세게 일어나도 집착하거나 회피하지 않고 지켜보고 내버려 두면 힘없이 사라집니다. 그러면 당신이 표현하신 것처럼 소나기처럼 쏟아지는 망상에서 벗어나거나, 공안을 참구할 정도의 여유를 찾을 수 있습니다. 그러면 다시 공안을 참구하십시오. 즉시 수행의 본류에 들어가게 될 것입니다.

## 참구 3단계 체크 포인트

1. 몰자미를 경험했는가?(몰자미를 경험하지 않고 넘어가더라도 문제될 것은 없다.)
2. 몰자미를 경험하고 있다면 어떻게 대처하고 있는가?
3. 공안 참구 시 몸과 마음에 불필요한 긴장이나 힘을 쓰지는 않는가?
4. 생활 중에도 틈틈이 공안을 챙기고 있는가?
5. 몸과 마음의 경안輕安을 경험하고 있는가?
6. 문득문득 공안에 대한 의심이 저절로 일어나는가?

# 참구 4단계 :
# 본연의 고요함을 만난다

- 의정疑情이 시작됨
- 미세번뇌 소멸
- 본연의 고요함, 부동심不動心
- 첫 번째 마음의 고양高揚

## 알 수 없는 화두에 점차 의정疑情이 시작된다

몰자미라는 혼란스럽고 지루한 위기를 잘 넘기고 나면, 화두 의심이 있을 때는 물론이고 설사 없을 때라도 마음은 분명 훨씬 맑고 가벼울 것입니다. 망상이 일어나더라도 그 망상조차 예전처럼 두껍고 견고하게 느껴지는 것이 아니라 얄팍하고 반투명처럼 느껴지기도 합니다.

공안에 의심을 한 번 일으키면 그 의심의 힘이 예전과 다르게 오래 지속됩니다. 수행에 온전한 힘이 생겼다는 게 느껴집니다. 아직 완전한 것은 아니지만 당신의 수행이 생각으로 하는 주작의 차원에서 마음 차원으로 깊어졌다는 의미입니다. 감정感情의 상태가 되었다는 것입니다.

앞에서 참구를 설명드릴 때 의심이 나든 안 나든 개의치 말고 의심을 일으켜서 화두로 마음을 돌려주기만 하라고 했던 것을 기억하실 것입니다. 그 의심이 쌓이고 쌓여서 이제 생각의 차원을 지나 감정의 영역에 자리를 잡아간다는 의미입니다. 이렇게 생각보다 깊은 감정의 영역에서 일어나는 의심을 의정疑情이라고 합니다.

 알 수 없는 화두에 의정이 나면 수행은 더 수월해집니다. 의심을 한 번 일으키면 그 의심의 힘이 생각으로만 하던 때와 비교할 수 없을 만큼 오래 지속됩니다. 또 일부러 의심을 일으키지 않아도 저절로 의심이 올라오기도 합니다. 망상에 빠져 있을 때는 화두 의심이 없지만 그 망상이 끝나는 순간에는 문득 '왜???' 하는 화두 의심이 올라옵니다.

 또 바쁘게 움직이고 일을 보다가 잠시 한가해짐을 느끼는 순간에도 화두 의심이 처음부터 그곳에 있었던 것처럼 올라오기 시작합니다. 길을 걸을 때도 저절로 의심이 올라오기도 합니다.

### 의정이 시작되면 더욱 분발해야…

 의정이 났다는 것은 당신이 참다운 수행을 할 수 있는 토대가 단단해졌다는 뜻입니다. 수행에 가장 방해가 되는 망상과 졸음이 현저하게 줄어들고 참구의 힘은 그만큼 커진 것입니다. 참구의 질質도 예전에 비해 훨씬 정밀하고 순수해졌을 것입니다. 몸과 마음도 가뿐해져서 수행하기 참 좋은 조건이 된 것을 스스로 느끼실 것입니다. 수행에 더욱 분발하지 않을 이유가 없습니다. 다만 지금 시작되는 의정은 그 힘이 너무나 미약합니다.

 이제부터는 공안을 한 번 참구할 때마다 알 수 없는 화두와 당신이 일으키는 의심이 조금씩 서로 엉겨서 한 덩어리가 되어갑니다. 알 수 없는 화두에 당신의 의심이 사무쳐 들어갑니다. 의정이 더 깊어지기를 바라지 말고, 의심이 강해지기를 바라지 말고, 다만 알 수 없는 화두에 알려는 마음으로 의심만 일으키세요. 간화선의 방법은 오직 이것 하나입니다. 의심을 일으키되 힘을 과하게 써서는 안 됩니다. 가볍지만 분명하게 '왜 없다 했을까?' 합니다. 그리고 알 수 없는 화두를 지켜봅니다.

만약 이때 어떤 이유로든 힘을 쓰면, 일어나던 의정도 뭉개져 버립니다. 선에서는 이것을 묘妙함이 끊어진다고 합니다. 알 수 없는 것에 대한 의심이 생생하게 일어나면 그 의심을 말로 정확하게 표현하기 어려운데 그래서 묘하다고 합니다. 망상이 일어나서 이 묘함이 끊어지면 다시 참구하면 되지만, 마음을 거칠게 급하게 힘을 쓰면 묘함이 뭉개져 버리는 경우가 있습니다.

그래서 스승들께서는 닭이 알을 품듯 하라고 비유하는 것입니다. 닭은 알을 품으면서 체온만 전하는 것이 아닙니다. 체온을 전하면서 마음의 눈으로는 알의 상태, 변화 등을 예의 주시하는 것입니다. 그러면서 깨지지 않도록 조심해서 다룹니다.

참구할 때의 마음도 이래야 합니다. 마음을 섬세하게 써야 합니다. 간절하게 의심하고 의심 직후의 '알 수 없음'을 정성스럽게 지켜보세요. 알 수 없는 그것에 의심을 일으켜 놓고 그것에서 답이 나오기를 기대하는 것처럼 의심하고 지켜보세요. 의정은 점차 더욱 깊어질 것입니다.

## 마음길이 끊어진다

—

섬세한 참구가 계속될수록 망상은 점점 사라집니다. 의정이 점점 깊어집니다. 마음은 점점 생생해집니다. 알 수 없는 화두가 더욱 분명해집니다. 망상이 사라지고 의정이 깊어지면 자연스럽게 알 수 없는 화두도 끊어지지 않게 됩니다. 한 번 의심을 일으키면 은은한 의심과 알 수 없는 화두가 주욱 이어집니다. 설사 끊어져도 끊어졌다는 것을 인식하는 순간 저절로 의심이 일어나 이어지게 됩니다.

이때 마음은 아주 생생하게 깨어나고 고요해집니다. 망상이 일어난다 해도 화두 의정을 깨뜨리기보다는 의정을 더 강화시켜 줄 것입니다. 이런 마음의 상태를 성성적적惺惺寂寂이라고 합니다. 가만히 이때의 마음을 느껴보면 생생함과 고요함이 정확하게 균형이 잡혀 있을 것입니다. 성성한 것은 깨어있음이고 적적한 것은 마음의 들뜸이 없는 것입니다. 성성함과 적적함이 나뉘어져 있는 것이 아닙니다. 성성해서 적적한 것이고 적적해서 성성한 것입니다.

이쯤 되면 당신은 망상의 지배를 받지 않게 됩니다. 생각, 관념, 개념의 영향에서 벗어납니다. 이것을 마음길이 끊어졌다고 하는 것입니다.

## 첫 번째 마음의 고양高揚, 본연本然의 고요를 느끼다
—

공안 참구로 마음길이 끊어지고 화두 의심이 이어지면, 당신의 마음은 성성하고 적적한 상태에 들게 됩니다. 성성하고 적적한 상태가 지속이 되다가 어느 순간, 마치 절대적인 것 같은 고요가 찾아옵니다. 이 고요는 아주 사나운 꿈을 꾸다가 깨어난 것 같고, 공안을 참구해서 알 수 없는 화두를 만났을 때와 비슷하지만 훨씬 강렬한 느낌의 고요함입니다. 마음길이 끊어진다는 것을 현실적으로 경험하게 됩니다.

고요함 이전과는 달라진 것이 없으면서 모든 것이 달라진 그런 고요함입니다. 오랫동안 거듭된 공안 공부, 알 수 없는 화두 참구에서 비롯된 것은 분명하지만, 그런 것과도 상관없이, 그 무엇 때문이 아닌, 본래부터 그랬던 것 같은 고요함입니다. 어떤 상황에서도 깨어지지 않을 것 같은 고요함, 마음에 들뜸이 전혀 없고 지극히 편안하면서 어떻다고 규정하기 애매한 고요함입니다. 또한 매우 맑다고도 할 수 있고 밝다고도 할 수 있습니다. 먼 길을 돌아오면서 꿈속 같은 환영을 잔뜩 보다가 참으로 편안하게 쉴 수 있는 실재의 안식처에 들어온 것 같은 느낌입니다.

오직 이것 하나구나! 이 고요함 하나가 모든 것이구나. 이것 외에 다른 것은 다 허깨비구나! 참으로 좋다! 이렇게 느낄 만한 고요를 만납니다. 이때 '내가 깨달았구나!' 하는 착각을 일으킬 수가 있습니다. 이것은 깨달은 것이 아니라 부단한 수행의 결과로 부동심不動心에 도달한 것입니다. 이때가 수행자의 마음이 첫 번째로 고양高揚되는 순간입니다. 기억하시나요? 간화선은 스승의 가르침인 공안公案을 통해 수행자의 마음이 고양되어 깨달음에 들어가는 수행법이라고 말씀드렸지요?

마음이 부동不動의 경계에 드는 이때가 당신의 마음이 첫 번째로 고양되는 순간입니다. 마음이 부동의 상태에 이르면 미세한 망상과 번뇌도 소멸되기 시작합니다. 말로 표현하기 어려운 안정감이 찾아옵니다. 마음이 진정으로 쉬어집니다. 더없이 고요하지만, 알 수 없는 에너지가 함께합니다. 고요함 속에는 살아있는 생동감이 가득합니다. 간화선 공부만이 아니라 여타의 다른 수행을 하는 수행자에게도 이 부동의 마음은 매우 중요한 경계境界입니다.

## 가장 큰 위기, 마장魔障

―

부동심不動心의 상태가 좋기는 참으로 좋지만, 동시에 가장 큰 위기의 순간이기도 합니다. 무엇이 위기인가? 수행자가 마장魔障에 빠지는 것입니다. 마장이란 수행을 방해하는 현상이나 마음을 말합니다. 작게는 공안 참구를 방해하는 크고 작은 망상들과 혼침昏沈, 무기無記 등도 마장이지만, 이런 것은 수행자 자신이 이미 좋은 것이 아님을 알기에 아무리 수행을 방해한다 해도 큰 마장이라 할 수는 없습니다. 그러나 이 부동심의 상태는 지금까지 경험했던 어떤 것보다 좋고 편안해서 자꾸 집착하게 됩니다. 그리고 자신의 완전성에 가까워진 상태라서 느낌으로는 수행을 더 이상 할 것도 없다고 여기기 쉽습니다.

가장 큰 문제는 급기야 '내가 이제 깨달았다! 이제 공부가 끝났다!' 하는 마음을 내는 것입니다. 부동심을 경험하고 깨달았다고 착각하는 것이 선 수행에서 가장 큰 마장입니다. 실제로 이 부동심의 경계에서 착각 도인(깨달았다는 착각에 빠진 수행자)이 가장 많이 나오기도 합니다. 이 마장에 빠지면 세상에 자기 위에는 아무도 없어집니다. 이천오백 년 전 고타마 붓다께서 '천상천하 유아독존'이라고 말씀하신 뜻이 이해되는 듯합니다. 경전이나 스승님들의 심오한 가르침도 몇 번 생각해 보면 그 뜻이 확연하게 드러나는 것 같습니다.

"아직 깨달은 것이 아니다"라는 주변 의견도 받아들이지 않습니다. 깨달았다고 생각하니 공안 공부를 더 하려고 하지 않고 다른 사람의 말을 다 무시하니 자기만의 부동심에 머물게 됩니다. 이렇게 시간이 지나면 수행자는 점차 다시 예전의 망상과 욕망에 잠식되어 갑니다. 그 결과는 결코 좋을 수가 없습니다. 정말 조심하고 세심하게 살펴봐야 할 경계가 이 부동심의 상태입니다.

다음은 깨달음에 대한 조급한 마음이 일어나는 것입니다. 깨달았다고 착각하는 것에 비하면 아주 가볍지만, 이 또한 조심해야 할 마장입니다. 부동심을 경험하면 본능적으로 깨달음을 갈망하는 마음이 일어납니다. '지금도 이렇게 좋은데 완전히 깨달으면 얼마나 좋을까! 어서 깨달아 보자!' 깨닫고 싶은 마음 자체는 좋은 것입니다. 깨닫기 위해서 참선 수행도 하는 것이니까요. 그런데 부동심에 든 수행자에게는 이런 조급한 마음, 깨달음에 대한 집착심이 마장이 될 수 있습니다. 어서 깨달아야겠다는 조급함이나 집착하는 마음은 수행의 질을 현저하게 떨어뜨립니다. 스승들은 이런 마음이 지금까지의 수행을 모두 망칠 수 있다고 경고합니다. 앞에서 이야기한 '미세한 먼지를 청소하는 법'을 기억하세요.

깨달음은 바르게 수행한 결과로 맞이하는 축복입니다. 수행의 목적이고 목표이기도 하지만 실제 수행에서는 한 번 한 번의 공안 참구의 결과로 오는 것입니다. 당신이 깨달음으로 한 걸음 한 걸음 다가가는 것이지 깨달음을 마구 당겨서 가져오는 것이 아님을 명심하세요. 어서 깨닫겠다는 마음, 깨달음에 대한 집착을 모두 내려놓으세요. 그런 마음을 아예 내지 않아야 합니다. 깨달음에 대한 집착이 수행의 초입에서는 별문제가 되지 않고, 간혹 수행의 열정을 북돋아 주는 요소가 되기도 하지만, 지금은 도움은 안 되고 방해만 됩니다.

거친 참구, 조급한 참구, 불필요한 긴장과 힘을 쓰는 참구, 어서 깨달아야겠다는 욕망은 마음의 고요와 맑음을 다 뭉개 버립니다. 근근이 이어지던 화두 의정도 끊어집니다. 시간이 흐를수록 그처럼 확고하던 부동심도 깨어집니다.

## 부동심에서의 참구

—

부동심 상태에서 마음을 바라보면 더없이 편안하고 맑고 고요합니다. 또한 우뚝한 존재감과 안정감에서 은은한 환희와 확고한 존재감을 느끼게 합니다. 더 이상 무엇을 하지 않아도 그냥 이대로 만족할 만한 상태이지요. 이때 알 수 없는 화두를 참구한다는 것은 고요와 평화를 깨뜨리는 것으로 여겨질 수도 있습니다. 그래서 부동의 마음을 지켜보는 것으로 수행을 삼아야겠다는 유혹에 빠지기가 쉬워요.

만약 부동의 마음을 관하는 것으로 수행을 삼는다면 그것은 간화선이 아닙니다. 좋게 평한다 해도 묵조(默照)의 수행이 되는 것입니다. 간화선의 입장에서는 묵조 수행은 바른 방법이 아닙니다. 편안하고 안정적인 고요함과 조금 불편한 화두 참구 중 무엇을 택해야 하는가? 간화선에서는 당연히 불편하더라도 화두 참구를 택해야 합니다.

깨닫겠다는 마음 없이
다만 의심을 가볍게 일으켜서
의심의 끝을 잡고 자세히 지켜보라.

닭이 알을 품어 보호하듯
고양이가 쥐구멍을 지켜보듯

'왜 없다고 했을까?' 의심의 끝은
다만 알 수 없을 뿐
이미 조주도 없고 개도 없고

불성이 없다는 생각조차 없는데
하물며 깨달아야겠다는 마음이랴.

## 부동심의 경계를 비유하자면…
—

　부동심의 경계에 든 수행자의 마음은 어떤 상태일까요? 비유하자면 이렇습니다. 깨끗하게 청소가 되어 있는 집입니다. 티끌이나 먼지는 깨끗하게 치워서 없지만 그 티끌과 먼지가 쌓이는 집은 뚜렷하게 있는 상태입니다. 거듭되는 공안 참구의 힘으로 거친 망상, 미세 망상 등이 잠잠해져서 번뇌가 멈춘 듯하지만, 그 번뇌와 망상의 집인 중생성, 근본 어리석음은 여전히 뚜렷하게 남아있는 상태입니다. 벽도 없고 담도 없고 지붕도 없다면 그냥 탁 트인 허공이겠지만, 집이 여전히 남아있어서 아무리 깨끗하다 해도 시간이 지나거나 거센 바람이 불어오면 다시 먼지가 쌓이고 티끌이 모여들게 됩니다.
　벽도 없어지고 담도 없어지고 지붕도 없어진다면 탁 트인 허공이라 바람이 자유롭게 횡행하겠지만, 집의 구성이 굳건하게 있기 때문에 바람이 불어도 일정한 길을 띠리 움직이게 됩니다. 여전히 중생성의 패턴이 굳건한 상태입니다. 번뇌와 망상이 말끔하게 잦아들어서 마음은 더없이 고요하고 맑아진 듯한데, 아직은 참구의 힘이 약한 상태라고 하겠습니다.

## 이 단계를 물과 파도에 비유하자면…

바람이 멈추어서 파도도 멈추고 물에 남아있던 파도의 힘도 멈추어서 고요해진 상태입니다. 무겁고 거친 티끌들이 이미 다 가라앉았고 입자가 미세하고 가벼운 티끌도 모두 바닥에 가라앉아서 완전하게 맑아진 상태에 비유할 수 있습니다.

하늘에 떠 있는 달이 물에도 그대로 선명하게 비추어서 마치 물에 떠 있는 것처럼 보이는 상태와 같습니다. 그 풍치가 고요하고 맑아서 보기에 더할 나위 없이 좋은 풍경입니다. 바람이 불지 않는다면 이처럼 좋은 풍경이 유지되겠지만, 바람이 불면 파도는 다시 치고 달그림자는 이지러지고 흩어지겠지요. 바다에 고요히 가라앉은 거칠고 미세한 티끌도 떠오르고 물은 다시 예전처럼 탁해질 것입니다. 수행이 중요한 길목에 접어든 만큼 더 세심하게 정진해 가야 합니다.

## 묻고 답하기

부동심不動心이 곧 선정禪定 아닌가요?

마음이 부동의 경지에 이르러 더없이 고요하고 안정되어 있다고 해서 간화선에서 말하는 선정은 아닙니다. 그 고요함에 알 수 없는 화두 의정疑情이 있어야 합니다. 의정이 없이 그냥 고요하다면 선정이라고 하지 않습니다.

또한 화두 의정이 있다고 해도 고요한 마음 따로, 화두 의정 따로 나뉘어져 있다면 이것도 간화선의 선정이 아닙니다. 간화선에서 선정에 들었다고 하는 것은 마음에 화두 의정 하나만 돋아나 있는 상태를 말합니다. 이 의정의 상태가 지극히 고요하게 안정되어 있는 상태입니다. 이때는 고요할 뿐 아니라 맑고 밝은 깨어남이 함께하게 됩니다. 마음에 오직 화두 의정 하나만 고요하고 맑게 빛나고 있을 때 선정이라고 할 수 있습니다. 선정은 끊임없는 공안 참구의 결과로 오는 과정 중 하나입니다. 오직 공안을 참구하고 참구하는 일에만 마음을 쓰시기 바랍니다.

마음에 이미 화두 의정이 있을 때는 다시 의심을 일으킬 필요가 없지요?

그렇습니다. 마음에 화두 의정이 선명하게 살아있는 상태에서는 다시 의심을 일으키지 않아도 됩니다. 그런데 이 의정의 힘이 충분하지 않다면 주욱 지속이 되다가 약해질 때가 있습니다. 선명함이 약해지는 것이지요. 이때는 가볍게 의심을 일으켜 주세요. 전제로 일으키지 말고 그냥 단제로 '왜 없다고 했을까?' 또는 '왜? 왜?' 이렇게만 의심을 일으켜도 의정은 다시 선명해질 것입니다. 의정에 다시 의심을 더하는 것인데, 마치 물에 물을 더하는 것과 같습니다. 달리는 말에 채찍을 더하는 것과 같습니다. 의정의 상태가 희미해지거나 없어진다면, 마음이 아무리 고요하고 편안하더라도 즉시 의심을 일으켜야 합니다.

부동심의 경계는 수행자라면 누구나 만나게 되는 과정인가요?

수행의 과정에서 누구나 겪는 과정이기는 합니다. 그런데 사람에 따라 확연하게 느끼기도 하고 미처 알아차릴 새도 없이 지나가기도 합니다. 알아차릴 새도 없이 지나간다면 그 수행자는 부동심의 함정에 빠지지도 않겠지요. 문제는 이 단계에서 머물려고 하거나, 깨달았다는 생각을 내는 것입니다. 선의 경구警句에 "길을 갈 때, 부처가 없는 마을에는 들어가지 말고, 부처가 있는 마을은 신속하게 지나가라!"라는 말이 있습니다. 이 경구가 부동심의 경계를 만난 수행자가 어떻게 해야 하는지 아주 정확하게 설명하고 있습니다.

수행자는 아무리 좋은 상태에 들어도 공안에서 조사祖師의 뜻을 완전하게 간파하기 전까지는 참구를 멈추어서는 안 됩니다. 앞의 경구에서 부처를 부동심으로 바꾸어서 생각해 보세요. 신속하게 지나가야 합니다.

## 참구 4단계 체크 포인트

1. 부동심의 상태에 들었다면 혹시 내가 이제 깨달았다는 생각이 일어나지 않았는가?
2. 부동심의 상태에 집착하여 공안의 참구를 잊고 있지는 않은가?
3. 어서 빨리 깨닫고 싶다거나, 깨달아야겠다는 조급함에 휘둘리고 있지는 않은가?
4. 부동심의 마음까지 다 비우고 내려놓을 수 있는가?

# 참구 5단계 :
# 에고는 죽고 본래 지혜가 발현된다

- 진의眞疑, 의심관疑心觀
- 의단독로疑團獨露, 삼매三昧
- 두 번째 마음의 고양高揚


참으로 좋은 부동심의 경계를 만나고도 깨달았다는 망상을 내지 않고, 은은하게 지속되는 화두 의정疑情을 바탕으로 정성스럽게 공안을 참구하면, 수행자는 간화선의 가장 긴요한 단계에 접어들게 됩니다. 여기까지 오시느라고 정말 수고하셨습니다. 정말 장하십니다.

이 단계에 완전하게 접어들면 깨닫고 싶다는 조바심을 내지 않아도 공부가 저절로 진행되고, 깨닫기 싫어도 깨닫게 됩니다.

왜일까요? 지금까지 깨달음의 씨앗을 마음에 계속 심어왔기 때문이지요. 깨달음이란 그 결과입니다.


## 진의眞疑, 공안에 대한 진정한 의심이 일어난다

부동심의 상태에서 은은하게 깔려 있는 의정을 느끼면서 가볍고도 정성스럽게 공안에 대한 의심을 지어가다 보면 어느 순간부터 내면에서 의심이 올라옴을 느끼게 됩니다. 당신이 일부러 일으키던 의심과는 그 힘이 다르다는 것을 알 수 있습니다. 내면에서 올라오는 의심은 아주 뚜렷하고 분명합니다. 일부러 일으키는 의심에는 미세하긴 하지만 욕망이 섞여 있습니다. 그러나 내면에서 올라오는 의심은 아주 맑고 순수한 의심입니다.

일부러 일으키는 의심이 밖에서 안으로 향하는 것이라면 내면에서 올라오는 의심은 안에서 밖으로 나오는 것입니다. 이 의심을 간화선의 진정한 의심, 진의眞疑라고 합니다. 공안에 대한 의심이 생각에서 감정으로 전환된 상태에서 의정을 느끼고, 의정에 점점 더 강한 힘이 고이고 생기면 마음 밖으로 드러나게 되는데 이것이 진의입니다.

무쇠솥에 밥을 짓는 것에 비유해 보겠습니다. 쌀을 씻어 적당량의 물과 함께 솥 안에 앉힙니다. 아궁이에 불이 쉽게 붙을 만한 것을 넣고 땔감도 준비합니다. 이것은 간화선을 수행할 준비에 해당됩니다. 불쏘시개에 불을 붙이고 준비된 땔감을 조금씩 넣으면서 불을 점점 키워 갑니다. 불이 너무 약하면 안 됩니다. 또 중간에 꺼져도 안 됩니다. 이것이 앞에서 말씀드린 참구 1, 2단계에 해당이 됩니다. 일부러 의심을 일으켜서 공안을 참구하는 것이지요.

이렇게 충분히 불을 때면 솥 안의 물이 점점 뜨거워집니다. 쌀도 자연히 뜨거워지겠지요. 물과 쌀이 뜨거워지는 것을 의정疑情이라고 할 수 있습니다. 참구 3, 4단계에 해당합니다. 만약 불 때기를 멈춘다면 솥은 차갑게 식고 쌀도 밥이 못 되겠지요.

물이 끓어오를 때까지 불을 계속 때주어야 합니다. 공안 참구도 마찬가지로 계속 해야 습관이 되어 감정화가 되고 의정이 됩니다. 계속 불을 때면 곧 솥이 달궈지고 물이 끓어올라 솥뚜껑 사이로 김이 새어 나옵니다. 이것이 참구 5단계인 공안에 대한 진의眞疑에 해당됩니다. 불을 충분히 때줘서 온도가 임계점에 도달하면 물이 끓습니다. 참구에서는 의정에 참구의 힘이 계속 가해져서 진의로 드러나는 것입니다.

솥에 물이 끓고 나면 이제 뜸을 들여야 합니다. 물이 끓었어도 쌀은 아직 충분히 익지 않은 상태니까요. 뜸을 들일 때는 아궁이의 불을 조금 빼서 열기가 과하지 않도록 조절해 줘야 합니다. 뜸을 들이는 것은 쌀알이 물을 머금고 불어서 익게 하는 과정입니다. 이때 불을 과하게 때면 쌀이 타버려서 맛있는 밥이 되지 않습니다. 참구에서는 진의가 일어난 이후의 공부에 해당됩니다.

만약 당신이 간화선 수행에 대한 불신을 조금이라도 가지고 있었다면 진의를 경험하는 순간 모두 사라질 것입니다. 진의는 그만큼 선명합니다. 그런데 진의가 한 번 일어났다고 해서 곧바로 계속 지속되지는 않습니다. 일어났다가 점차 사라질 것입니다. 참구의 힘이 아직 임계점에 도달하지는 않은 것이지요. 사라지면 가볍게, 너무 힘을 쓰지 말고 가볍게 '왜?' 하고 의심을 일으키세요.

이때 주의할 것은 경험했던 진의에 집착심을 내지 말라는 것입니다.
'진의? 그거 참 좋구나! 얼른 참구해서 또 일어나게 해야겠다!'
이런 마음을 내면 일어날 진의도 일어나지 않습니다. 부동심도 진의도 일어날 만한 조건이 되었을 때 일어나는 것입니다. 진의가 또 일어나지 않더라도 공안만 가볍고, 정성스럽게 의심해 갑니다. 이미 의정에 든 상태이므로 공안을 참구하는 것이 그리 어렵지 않을 것입니다. 이렇게만 해나가면 진의는 또 일어나고 또 일어나고 할 것입니다. 진의가 일어나는 것이 두 번째로 마음이 고양되는 것입니다.

## 진의眞疑의 참구는 의심관疑心觀

—

"공안에 의심을 일으켜서, 그 의심을 관하라"라는 가르침이 있습니다. 처음 참구하는 수행자에게도 좋은 가르침이지만, 진의가 일어난 수행자는 더욱 명심해야 할 가르침입니다. 참구 1단계에서 의심을 일으키고 알지 못하는 마음, 알 수 없는 상태를 지켜보라고 한 것과 같은 맥락입니다. 진의가 일어나면 망상 피우지 말고 일어난 진의를 지켜봅니다. 마음에 힘을 빼고 담담한 마음으로 진의를 지켜보세요. 진의에 녹아들어 간다고 할 수도 있습니다. 진의에 아주 자연스럽게 몰입된다고도 할 수 있습니다. 이것을 의심관疑心觀, 의관疑觀이라고 합니다.

진의에 대한 의심관이 간화선에서 말하는 진정한 참구입니다. 진의는 '알 수 없는 화두'가 '알 수 없는 의문'으로 전환된 것입니다. 진의에 대한 의심관을 계속해 나가면 진의는 점점 더 오래 지속이 되고, 점점 마음 전체에 확장되어 갑니다. 의심관 중에는 망상이 비워져서 그 자리에 의심이 가득 찹니다. 느낌이 그러하더라도 특별히 마음을 크게 쓰려고 하지 말고 담담하고 정성스럽게 의심관만 이어가세요. 마음은 더욱 생생하게 깨어나고 고요해질 것입니다.

진의의 상태는 망상이 비워져서 텅 빈 듯 고요하지만, 본원적 생명의 에너지가 가득한 상태입니다. 그래서 마음이 진의가 되어 생생하게 깨어나고 살아나는 자리입니다. 이 생명의 에너지는 당신이 지켜볼수록 강해지고 지켜볼수록 확장됩니다.

진의에 든 수행자는 부디 분주함을 떠나라.
몸과 마음을 한가롭게 하라.

의심과 하나가 되는 것만이
세상에서 할 만한 일이다.

진의는 간화선의 요체입니다. 수행자들이 대부분 각자 인연에 따라 다른 공안을 받아 공부하지만, 모든 화두 수행자가 지나게 되는 첩경捷勁입니다. 여기까지 와서 마음을 다잡지 않는다면 이 세상에 그것보다 안타깝고 애석한 일은 없을 것입니다. 당신이 진의에 들었다면 사는 데 꼭 필요한 것 외에는 모두 멈추어야 합니다. 하루를 밋밋하고 단순하게 살 수 있도록 모든 일정을 조정하세요. 꼭 필요한 것이 아니라면 일을 만들지 마십시오. 앞으로 계속 그래야 한다는 것이 아닙니다. 수행이라는 여정의 막바지에 와 있으니 마칠 때까지만 한시적으로 그러시라는 것입니다. 일단 한가한 시간을 많이 갖도록 하세요. 그리고 그 시간을 수행에 전념하세요. 가능하다면 단기간이라도 수행 센터에 들어가시는 것이 좋습니다.

## 의단疑團, 가장 순수한 생명 에너지

―

진의의 상태는 망상이 비워져서 텅 빈 듯 고요하지만, 본원적 생명의 에너지가 가득한 상태입니다. 그래서 생생하게 깨어나고 살아나는 자리입니다. 이 생명의 에너지는 당신이 지켜볼수록 강해지고 지켜볼수록 확장됩니다. 의심관에 의해 진의가 더 선명해지고 확고해지면 마치 뭉쳐지는 것 같은 존재감을 갖게 됩니다. 알 수 없는 의심이 더 확고하게 마음을 채우고 자리 잡습니다. 이것을 '의심덩어리', 의단疑團이라고 합니다. 의단은 에고가 죽는 자리, 에고가 해탈되어 지혜로 전환되는 자리입니다. 의단은 가장 순수하게 각성 된 의식입니다.

　알 수 없는 의심과
　의심을 보는 자가 하나가 된다.
　'나'라는 생각이 사라진다.
　다만 알 수 없는 의심 하나가 드러날 뿐이다.

　의단이 무르익으면 그것을 보는 마음도 의단이 됩니다. 내면에서 알 수 없는 의심이 계속 일어납니다. 알 수 없는 의심에는 나라는 의식이 없습니다. 결국 알 수 없는 화두, 알 수 없는 의심, 의심을 보는 자가 한 덩어리가 됩니다. 마음을 보면 알 수 없는 의심 한 덩어리입니다. 이때를 '의단독로疑團獨露'라고 합니다. 이렇게 의단만 몰록 드러나 있을 때, 간화선에서는 이것을 선정禪定이라 하고 삼매三昧라고 합니다.
　의단은 자잘하게 일어나는 망상까지 흡수하듯 의단으로 변환시킵니다. 이것을 파리에 비유하는 표현도 있습니다. "파리가 앉지 못하는 곳이 없지만 단 한 곳 불덩어리에는 앉지 못한다." 파리가 불덩어리에 앉으면 즉시 타버리는 것처럼 망상이 의단을 만나면 즉시 의단으로 흡수되는 것을 비유하고 있습니다. 그래서 의단독로의 상태가 망상에 끊어지지 않고 계속 이어지게 되는데 이것을 '타성일편打成一片'이라고 합니다. 알 수 없는 의심이 망상에 끊어져 깨지지 않고 말쑥하게 커다란 한 조각을 이루고 있는 상태를 말합니다.

　자칫 깨지기 쉬운 보물을 쥐고 있는 것처럼
　날카로운 칼날을 쥐고 있는 것처럼

더욱 주의 깊게 의심관을 지어가라.

당신이 의단독로, 타성일편의 경지에 들었다 해서 공안 참구를 놓아서는 안 됩니다. 이 단계에서는 일부러 의심을 일으키지 않아도, 참구해야 한다는 것을 기억하는 것만으로도 공부는 진행됩니다. 만약 이때 마음을 방치하거나 거칠게 쓰면 공부에 큰 장애가 생길 수도 있습니다. 마음이 매우 미세하고 순수한 상태이기 때문에 작은 틈만 생겨도 반갑지 않은 방해 요소들이 생겨날 수 있습니다. 더욱 주의 깊게 의심을 관하고 마음을 편안하게 해야 합니다.

잔뜩 낙서가 되어 있는 종이에 당신이 점 하나를 찍으면 별로 표시가 나지 않을 것입니다. 그러나 새하얀 백지에 점을 찍으면 상대적으로 뚜렷하게 표가 나겠지요. 처음 공부할 때처럼 마음에 온갖 망상이 어지러울 때는 망상이 일어난다고 해서 크게 표시가 나지는 않습니다. 다만 공안에 대한 의심이 깨지고 마는 정도지요. 그런데 의단독로의 경계에서는 대수롭지 않게 일으킨 망상이 상대적으로 큰 방해가 되기도 합니다.

도고마성道高魔盛이라는 말이 있습니다. 도가 높을수록 마장魔障도 치성해진다는 뜻입니다. 마장은 수행을 방해하는 요소들입니다. 수행자의 다양한 욕망과 망상들이 모두 마장의 씨앗들입니다. 의단독로의 경계는 도가 매우 높아진 상태입니다. 마음이 백지에 아주 가까워진 상태입니다. 이때 자칫 마음을 잘 단속하지 않으면 그 빈틈으로 욕망이 비집고 들어와 마장이 만들어질 수 있습니다.

매우 깨지기 쉬운 귀한 보물을 손에 쥐고 있다고 가정해 봅시다. 아마 앉아있을 때, 걸어갈 때, 이야기를 할 때 등 무엇을 할 때라도 그 보물이 깨지지 않게 하려고 주의를 기울이고 조심하겠지요? 그것처럼 의심관을 지속해야 합니다. 날카로운 칼날 조각을 손에 쥐고 있다고 상상해 보세요. 자칫 딴생각을 따라 함부로 움직이면 손을 크게 베일 것입니다. 손을 베이지 않으려면 무엇을 하더라도 칼날을 쥐고 있는 손에 주의를 기울여야 합니다. 그것처럼 무엇을 하더라도 알 수 없는 의심에 주의를 가지셔야 합니다. 마음에 빈틈이 생기지 않도록 의심관을 놓지 말고 지어가세요.

### 의단독로는 수행자를
### 은산철벽銀山鐵壁에 밀어 넣는다.

의단독로에서도 주의 깊게 의심관을 지어나가면 어느 순간 당신은 더 갈 곳이 없는 지경에 다다를 것입니다. 의단이 몸과 마음에 가득 찬 듯해서 더 이상 의심도 일으키기 어려워집니다. 어떤 분은 '마음 길이 다 끊어져서 갈 곳이 없어졌다!'라고 하고, 어떤 분은 '모르는 것도 몰라졌다!'라고 하는 상태입니다. 의단을 버리려고 해도 버려지지도 않고 떼려고 해도 떨어지지를 않는다고 합니다. 이때를 선에서는 '은산철벽銀山鐵壁'을 만났다고 합니다. 히말라야 같은 산의 한가운데 있는 것과 같고, 사방이 문도 없는 까마득한 쇠벽으로 둘러쳐진 곳에 있는 것과 같다는 말입니다. 이미 공안 참구의 극에 다다른 것이라서 더 이상 해볼 것도 없어진 상태입니다.

은산철벽은 수행자가 크게 한번 죽는 자리입니다. 수행자가 죽는다는 것은 수행자의 에고가 완전히 죽는다는 것입니다. 죽지 않고는 은산을 넘을 수 없고 문도 없는 철벽에서 나올 수가 없습니다. 수행자의 마음은 자나 깨나, 앉으나 서나, 무엇을 하든 알 수 없는 의심에서 벗어날 수가 없습니다. 알 수 없는 의심, 의단이 바로 은산철벽이기 때문입니다.

이때를 선에서는 행주좌와行住坐臥 어묵동정語默動靜 중에도 의단이 한결같다고 말합니다. 몸이 고요하게 좌복에 앉아 있을 때나 일어나 거닐 때나 한결같고, 마음에 망상이 없을 때나 망상이 일어날 때나 한결같다고 말합니다. 생시에서나 꿈속에서나 한결같고, 깊은 잠속에서도 한결같다고 말합니다. 삼매 중의 삼매이고 선정 중의 선정입니다. 이제 은산철벽이라는 큰 죽음에서 다시 살아날 수 있는 유일한 방법은 '깨달음' 하나입니다!

은산철벽銀山鐵壁에서
크게 죽은 수행자야,
그대! 어찌해야 다시 살아날까.

옛 스승들은, 죽음 가운데서
크게 한번 뒤집으라 했는데…

은산철벽 가운데서, 왜 없다고 했을까?
다시 크게 의심하라.
알 수 없는 의심에 녹아 들어가라.

## 묻고 답하기
―

번거롭더라도 처음 참구에서부터 은산철벽까지의 과정을 좀 더 쉽고 간략하게 설명해 주시겠습니까?

처음에는 단지 알 수 없는 공안의 뜻을 알아내겠다는 마음으로 '왜 없다고 했을까?' 하고 일부러 의심을 일으킵니다. 이 의심의 끝은 '알 수 없음'일 것입니다. 이 알지 못하는 마음을 지켜봅니다. 또는 왜 없다고 했을까? 하는 의심의 씨앗을 호흡과 함께 단전에 떨어뜨리고 지켜보는 것처럼 해도 좋습니다. 이것이 처음 참구하는 요령입니다.

이때 명심할 것은 공안을 생각으로 의심하되 의심이 진짜로 일어나든 일어나지 않든 상관하지 말아야 한다는 것입니다. 진정한 의심은 생각의 영역이 아니라 감정의 영역이기 때문입니다. 생각은 당신의 의도대로 일으킬 수 있지만 감정은 마음 먹는다고 일어나는 것이 아닙니다. 다만 의심이 나든 안 나든 개의치 말고 계속해서 생각으로 의심을 일으키는 것입니다.

계속해서 반복하는 의심은 나중에 저절로 감정으로 깔립니다. 일어나는 망상에 대고 '왜 없다고 했을까?' 하고 참구하는 것이 습관이 되면 어쩔 수 없이 그 의심이 감정으로 깊어지게 됩니다. 의심이 일어나는 것은 마음대로 할 수 없을지라도 의심을 일으키는 것은 얼마든지 마음대로 할 수 있다는 것을 명심하세요.

이렇게 알 수 없는 공안을 자꾸 의심해서 이것이 습관이 되면 의심이 궁금증 즉, 감정이 됩니다. 이 감정을 의정疑情이라고 하는데 이쯤 되면 의심을 일으키면 약하지만 궁금증이 일어납니다. 공안을 참구하는 데 그만큼 힘이 생기는 것입니다.

의정 상태에서 참구를 계속하면 의정에 힘이 강해짐에 따라서 일어나는 의심이 강해집니다. 내면에서 알 수 없는 의심이 올라오는 것을 느낄 수가 있습니다. 이것을 진의眞疑라고 합니다. 생각으로 일으키는 의심을 따라서 진정한 궁금증, 의심이 일어나는 것입니다. 진의는 당연히 그 힘이 억지로 일으키던 의심과는 다르게 강하고 선명합니다.

진의 상태에서 참구를 계속하면 내면에서 올라오는 의심이 마치 솜뭉치처럼 의심의 덩어리나 의심의 다발처럼 느껴지는데 이것을 의심덩어리 즉 의단疑團이라고 합니다. 진의가 더욱더 안정화되고 힘이 생긴 상태입니다. 여기서 참구를 계속하면 마음에 망상이 사라지는 만큼 의단만 자리하게 됩니다. 이것을 의단독로疑團獨露라고 합니다. 마음에 이런저런 망상이나 생각이 없이 다만 알 수 없는 의심덩어리만 선명하게 드러나게 되는 것입니다.

의단이 독로하게 되면 이 의심이 순수하고 말쑥하게 한 조각을 이루는데 이것을 타성일편打成一片이라고 합니다. 의단독로와 타성일편은 거의 같은 것이라고 생각하셔도 좋습니다. 의단독로, 타성일편이 되고 여기에 참구의 힘이 더 생기면 '의단을 놓을 수도 없고 떼어버릴 수도 없는' 상태가 되는데 이것을 은산철벽銀山鐵壁을 만났다고 표현합니다. 도저히 알 수 없는 의심의 벽을 만나는 것입니다. 이 은산철벽이 간화선의 진정한 선정禪定이고 삼매三昧입니다.

그리고 점차 어리석음과 망상에 가리어져 있던 당신의 완전성이 드러날 준비가 된 것입니다. 달걀이 병아리로 깨어날 준비가 다 된 것입니다. 좀 더 분명하게 정리가 되셨나요?

예. 고맙습니다. 은산철벽을 말씀하시면서 선정과 삼매를 이야기해 주셨습니다. 간화선의 선정에 대해서 간단하게 더 설명해 주십시오.

불교 수행에서 선정과 삼매는 수행의 전통에 따라 그 기준이나 내용이 다릅니다. 선의 전통에서는 본래 선정에 대한 가르침이 큰 비중을 차지하고 있지는 않았습니다. 아주 단순하게 화두를 타파해서 스스로의 완전성과 합일되는 것을 주로 강조해 왔지요. 또 선에서는 들어가는 것이 있고 그래서 나오는 것이 있는 선정을 진정한 선정으로 보지 않는 견해를 가지고 있어요. 앉아서는 선정에 들어있는데 일어나서 움직일 때는 안 된다면 선정으로 보지 않는 것이지요. 그래서 다른 수행 전통에서 이야기하는 것과 차이가 있습니다.

선에서는 크게 세 가지 단계를 이야기합니다. 첫 번째는 '앉으나 서나 의단이 한결같음'입니다. 앉아서 공안을 참구할 때나 일어나서 움직일 때나 의단의 상태에 변화가 없는 것을 말합니다. 이것을 동정일여動靜一如라고 합니다. 몸의 움직임만 아니라 마음의 움직임에도 마찬가지입니다. 망상이 일어나든 안 일어나든 의단의 상태가 같아야 합니다.

두 번째는 '잠을 자든 깨어있든 의단이 한결같음'입니다. 깨어있을 때는 마음에 의단이 생생하게 살아있지만 잠이 들면 없어진다면 아직 충분하지 않은 것이지요. 잠을 자다가 꿈을 꾸게 될 때 꿈속에서도 의단이 생생하게 살아있어야 한다고 봅니다. 이것을 몽중일여夢中一如의 상태라고 합니다.

또 꿈도 꾸지 않는 '깊은 잠 속에서도 의단이 한결같음'입니다. 이것은 숙면일여熟眠一如라고 합니다. 잠에 툭 떨어지기 전까지 의단이 생생하게 살아있다가 잠에서 깨어나는 순간에도 마음에 의단이 살아있는 것을 최소한의 기준으로 합니다.

간화선의 이런 기준은 공안의 문제를 해결해 가는 과정에서 공안 참구의 힘이 얼마만큼 응집되고 있는가, 수행자의 마음이 얼마나 간절한가를 엿볼 수 있습니다.

또 수행자가 공안의 문제를 어느 단계에서 해결했을 때 진정한 해결이라고 할 수 있는지를 판단하는 기준이 되기도 합니다. 수행자 스스로 자신의 공부를 점검해 보는 기준이 될 수도 있습니다. 간혹 수행자가 이런 선정을 수행의 목표로 삼기도 하는데 어떤 선정이든 목표가 아니고 과정이라는 것을 기억하시기 바랍니다. 또 앉든, 거닐든, 꿈을 꾸든, 삼매에서는 시간과 공간의 개념이 사라집니다. 앞에서 말씀드린 선의 삼매는 시간과 공간 속에서 인식되는 것을 말씀드린 것이고 진정한 삼매에서는 앉는다, 거닌다, 꿈을 꾼다, 잠을 잔다는 그 개념도 사라집니다. 이것이 간화선의 삼매입니다.

## 참구 5단계 체크 포인트
—

1. 좌선 시 일부러 의심을 일으키지 않아도 알 수 없는 의심이 있는가?
2. 밥을 먹거나, 걸어갈 때나 알 수 없는 의심이 생생하게 살아있는가?
3. 꿈을 꿀 때 알 수 없는 의심이 있는가?
4. 잠에 드는 순간과 잠에서 깨어나는 순간에 의심이 살아있는가?
5. 만약 의심이 끊어지거나 약해질 때가 있을 때 공안 참구를 게을리하지 않는가?

# 참구 6단계 :
# 깨달음, 보임保任

- 세 번째, 마음의 고양高揚
- 공안의 문제를 해결(화두 타파)
- 존재의 완전성을 만남(깨달음)
- 보임保任

## 마음이 세 번째로 고양되는 순간 깨달음이 열린다

 은산철벽 앞에서 에고가 철저하게 죽은 수행자는 깨달음으로 다시 살아나게 됩니다. 은산철벽에 막힌 수행자에게는 일상의 사소한 순간들이 모두 깨달음을 여는 특별한 기회가 됩니다. 은산철벽의 삼매 속에서 수행자의 내면은 깨달음의 에너지로 가득 찹니다. 스스로 만들고 스스로 들어앉아 있는 어리석음(無明)의 주머니가 의단독로의 힘을 더 이상 버티지 못하고 터져버리는 순간이 옵니다. 이 순간 수행자의 마음은 아주 작은 자극에도 최고조로 고양됩니다. 그리고 깨닫게 됩니다.
 깨닫는다는 것은 알 수 없는 의심덩어리인 의단이 깨지는 것을 뜻합니다. 이것을 화두 타파話頭打破라고 합니다. 개에게 불성이 없다고 하신 조주 스님의 뜻을 알아챈 것이지요. 깜깜하게 모르던 것을 알게 된 것입니다.
 이때의 앎은 지식이 아니라 내면의 본래 지혜가 폭발하듯 발현되어나온 것입니다. 지식은 밖에서 들어오지만 깨달음의 지혜는 내면에서 터져 나옵니다. 배워서 아는 것, 보고 들어서 아는 것과는 전혀 관계가 없습니다. 이제 수행자의 마음과 조주 스님의 마음이 깨달은 의식으로 하나가 된 것입니다. 모든 존재와 현상의 완전성이 온전하게 드러나 합일된 것입니다.

은산철벽의 앞에 선 수행자는 언제 어떻게 깨달음이 터져 나올지 알 수 없습니다. 밥을 먹다가 툭 터지고, 걸어가다가 문득 툭 터지고, 하품하다가도 터지고, 어떤 분은 찻잔의 물이 손에 쏟아져 뜨거움을 느끼는 순간 터지기도 했답니다. 또 청소하다가 빗자루에 쓸려간 돌이 나무에 맞는 순간 탁~ 하는 소리에 깨달았답니다.

어떤 분은 좌선 중에 종소리를 듣고 깨달았고, 어떤 분은 활짝 핀 꽃을 보는 순간 툭 터졌답니다. 어떤 분은 스승으로부터 공부 점검을 받다가 터지기도 하고, 시장에서 사람들이 싸우는 소리에 깨닫기도 하는 등 스승의 가르침은 물론이고, 일상에서의 모든 순간들이 수행자의 깨달음을 여는 촉매의 인연이 됩니다.

선에서의 깨달음은 관점과 안목이 완전히 바뀌는 일대의 사건입니다. 깜깜하게 어두운 중생의 안목이 부처의 완전한 지혜로 바뀌는 것입니다. 세상이 바뀌는 것이 아니라 세상이 본래 완전성의 작용임을 비로소 알게 되는 것입니다. 결코 평범한 사건이 아닙니다.

그래서 수행자는 깨달음의 순간에 기존의 자신과 세상이 모두 무너지는 것 같은 경험을 한다고 합니다. 하늘과 땅이 뒤집힌 것 같다고도 합니다. 어떤 분은 깨달음의 순간이 너무 대단하고 좋아서 3일 동안이나 춤을 추었다고도 합니다. 스스로 만들고 스스로 받던, 어리석음과 괴로움에서 벗어난 그 말쑥한 지혜, 그 큰 자유, 숨 한 번 마시고 내쉬는 그것이 그대로 완전한 것임을 통달한 기쁨이 어찌 평범할 수 있을까요.

## 반드시 스승을 찾아가 깨달음의 내용을 점검받아야

—

의단독로의 은산철벽에서 그 알 수 없는 의심이 타파되어 세상이 바뀌면, 반드시 스승을 찾아가 점검을 받아야 합니다. 깨달음의 경계가 진실하고 바른 것인지, 아니면 스스로에게 속은 것인지를 반드시 확인해야 합니다. 수행자 자신이 생각할 때 아무리 틀림없고 영락없다고 여겨지더라도 반드시 스승의 확인을 받아야 합니다.

깨달음을 확인하기 위해서 스승은 수행자에게 질문을 던질 것입니다. 또는 그 자리에서 어떤 미션을 주시기도 할 것입니다. 당신은 그 물음에 어떤 방법으로든 답을 해야 합니다. 당신의 깨달음이 진실한 것이라면, 아마도 스승의 물음에 저절로 딱 맞는 답을 제시하게 될 것입니다. 이런 점검을 선문답禪問答이라고 합니다.

요즘 세상에서는 말장난이나 서로가 이해할 수 없는 맥락 없는 대화를 흔히 "선문답을 하느냐"라고 비아냥대기도 합니다. 본래 선문답의 가치는 그런 비아냥의 대상이 될 수 없는 것입니다. 무엇보다 진지하고 철저한 문답입니다. 무엇보다 정확하게 통하는 대화입니다.

전통적인 표현으로 비유하자면, 스승이 맷돌의 윗돌을 내놓으면 수행자는 아랫돌을 내놓아야 합니다. 만약 수행자가 그 맷돌의 아랫돌이 아닌 다른 것을 내놓으면 완전함이 어그러지게 됩니다. 아랫돌이라도 다 맞는 게 아니고 스승이 내놓은 맷돌의 아랫돌이라야 되는 것이지요. 하물며 맷돌이 아닌 엉뚱한 것을 내놓는다면 그 문답은 당연히 어그러지겠지요. 또 스승이 대나무 쪼갠 반쪽을 내놓으면 수행자는 나머지 반쪽을 내놓아야 합니다. 서로 맞추어 보면 딱 들어맞겠지요. 수행자가 다른 대쪽을 내놓는다면 서로 맞을 수가 없을 것이고요. 스승의 질문과 수행자의 답이 맷돌의 위아래 돌처럼, 대쪽의 만남처럼 딱 맞는다면 수행자의 깨달음은 진실한 것이라고 할 수 있습니다. 만약 어긋난다면 수행자의 수행이 어느 단계인지, 어디에 오류가 있는지를 판단할 기회가 되기도 합니다.

선문답은 이런 의미의 대화입니다. 이해를 돕기 위해 맷돌과 대나무로 비유했지만, 대화의 주제가 이미 완전성을 맞추어 보는 것이라 논리와 관념의 범주를 벗어나 있게 됩니다. 형식은 말로 하는 문답이지만 완전성 전체가 움직이는 생각 밖의 대화입니다.

## 보임保任, 완전성에 대한 깨달음에 녹아들기
―

당신이 여기까지 오셨다면, 공안을 참구하는 수행이 끝난 것입니다. 아마도 스승님은 당신이 향후에 무엇을 어떻게 해야 하는지 정확한 지침을 주실 것입니다. 당신이 성취한 깨달음을 공고히 하기 위한 가르침을 주실 것입니다. 그 가르침을 따르십시오. 이것을 선에서는 보임保任이라고 합니다. 지금 막 깨달은 당신의 완전성에 온전하게 녹아드는 과정입니다. 당신이 여기까지 오셨다면, 그 공덕은 당신은 물론 모든 생명에게 가장 값진 궁극의 선물이 될 것입니다.

보임은 모르는 것을 알기 위해서 하는 것이 아닙니다. 깨달아 안 것과 온전하게 하나가 되는 과정입니다. 당신이 지금까지 수행해 온 과정을 모두 펼쳐놓고 복기해 보는 것입니다. 당신이 깨달은 내용과 부처님의 가르침을 대조해 보는 과정입니다. 역대 선의 스승들이 깨달으신 것과 당신이 깨달은 것을 대조해 보는 과정입니다. 이미 깨달았는데 이 과정이 왜 필요할까요? 선의 스승들은 이렇게 이야기합니다. 알 수 없는 의심을 타파해서 완전성을 본 수행자는 마치 갓 태어난 아기와 같다. 사람이긴 사람이지만 사람 노릇을 하지는 못한다. 보임은 갓 태어난 깨달은 아기가 어른으로 성장하는 과정이라고 합니다. 어리석음의 상태에서 익혀 왔던 찌꺼기들이 아직 남아있을 수 있습니다. 그러한 것들을 완전성에 녹아들면서 모두 정화시키는 것입니다. 깨달은 관점에서 깨달음을 온전하게 수용하는 것입니다.

## 간화선으로 시작된 수행이 조사선의 깨달음으로 끝난다

시간을 과감하게 삭제하고 생각해 보세요. 당신이 조주 스님과 어떤 수행자가 서로 문답을 주고받는 현장에 있다고 가정해 보는 것입니다. 수행자가 조주 스님께 "개에게도 불성이 있습니까?" 하고 묻습니다. 조주 스님은 엉뚱하게도 "없다!"라고 생각 밖의 답을 합니다. 이 답을 듣는 순간 당신은 조주 스님의 뜻을 단박에 알아듣고 깨닫습니다.

다시 지금으로 돌아와 생각해 보세요. 당신은 약 천년 후에 다른 인연을 통해 조주 스님이 개에게 불성이 없다고 한 가르침을 들었습니다. 처음에는 그 뜻을 몰라 '조주 스님이 왜 개에게 불성이 없다고 했을까?' 의심하고 또 의심해 왔습니다. 간화선을 수행해 온 것입니다. 그러다가 의단독로의 삼매 상태에서 문득 조주 스님의 뜻을 알아차리고 깨달았습니다. 깨달음의 순간은 말끝에 단박에 깨닫는 조사선祖師禪의 모습입니다. 다를 것이 조금도 없습니다. 앞에서 제가 간화선을 수행해서 조사선의 깨달음을 이룬다고 말씀드린 이유입니다.

# 깨달음 이후,
# 중도中道의 삶

- 수처작주隨處作主 입처개진立處皆眞

## 수처작주隨處作主 입처개진立處皆眞

—

예전의 그는 지금의 내가 아니나
지금의 나는 여전히 예전의 그이네.

깨닫고 나서 깨닫기 전의 자기 자신까지 온전히 수용했다는 말입니다. 깨닫기 전에는 까맣게 몰랐지만 깨닫고 나서 보니 깨닫지 못한 그 상태도 완전성을 떠나있지 않음을 알겠다는 말입니다. 지혜와 어리석음을 모두 수용한 것입니다. 붓다와 중생을 모두 수용한 것입니다. 선善과 악惡을 모두 수용한 것입니다. 사랑과 미움을 모두 수용한 것입니다. 산란散亂함과 고요함을 모두 수용한 것입니다. 주인의 자리와 노예의 자리를 모두 수용한 경계입니다. 이런 마음이 참으로 주인의 마음입니다.

> 모진 질병 돌 적에는 약풀 되어 치료하고
> 흉년 드는 세상에는 쌀이 되어 구제하고

높음과 낮음, 귀함과 천함, 잘남과 못남, 삶과 죽음, 윤회와 열반 등 관념의 밧줄에 꽁꽁 묶여 있던 노예 의식이 완전성을 깨닫고 나서 깨달음으로 다시 보니, 모든 게 다만 생각의 모양이 비치는 환영임을 알았다는 것입니다. 이제는 그런 환영에 끌려다니는 삶은 끝났습니다. 모든 것은 가변성으로 굴러가면서 필요에 따라 필요한 만큼의 가치를 발휘해 가고 있지만, 이런 가변적 가치도 완전성의 진실을 떠나있지 않음을 본 것입니다. 깨달은 자는 가변성의 노예가 아닌 주인으로서, 가변성으로 존재합니다. 필요하다면 산도 되고 물도 됩니다. 왕도 되지만 능히 노비도 됩니다. 의사이기도 하지만 능히 환자도 될 수 있습니다. 이렇게 모든 것을 수용한 마음과 삶을 '중도中道적 삶'이라고 합니다. 원래 깨달음과 중도는 설명할 수 없다고 합니다. 맞습니다. 그렇지만 말로 하는 설명의 땟국물도 한때의 가변성이니 그냥 이야기해 봅니다.

> 모진 질병 돌 적에는 약풀 되어 치료하고
> 흉년 드는 세상에는 쌀이 되어 구제하되
> 여러 중생 이익한 일 한 가진들 빼오리까!

이산 혜연 스님이라는 분의 가슴 저리는 발원문 내용입니다. 제가 느끼기에 깨달은 자의 중도행中道行을 이처럼 가슴 뛰게 묘사한 내용은 지금까지 못 봤습니다. 아무것에도 얽매이지 않는 대자유와 깨달은 자의 존재 이유를 이처럼 명료하고 힘 있게 설하는 가르침이 없는 것 같습니다. 오연傲然하게 '이것이 중도中道이다!'라고 보여주는 것 같습니다.

# 당부의 말씀

- 반드시 선지식善知識을 모시고 수행할 것

- 오늘 하루 사용법

- 노파심의 잔소리

## 반드시 선지식善知識을 모시고 수행할 것

—

가장 궁극적인 진리를 탐구하는 것은 매우 예민하고 섬세한 일입니다. 스승이 없이 혼자 수행한다는 것은 사실 불가능에 가깝습니다. 붓다의 가르침에 의하면, 스승이 없이 수행해서 무사히 궁극의 깨달음까지 도달할 수 있는 사람은 여래如來밖에 없다고 했습니다. 간화선 수행에도 반드시 스승이 필요합니다. 처음에는 책이나 인터넷의 자료를 찾아서 흉내내 보기를 해도 좋습니다. 선이 무엇인가, 참선은 어떻게 하는 것인가 등을 이해하는 것에는 도움이 될 것입니다.

그러나 본격적으로 수행을 시작하기로 했다면 가장 먼저 지도해 주실 스승을 찾아야 합니다. 옛 수행자들은 스승의 인연을 만나기 위한 노력이 정말 대단했습니다. 스승을 찾는 과정에서 이미 수행의 절반은 이루어질 정도였습니다. 반드시 수행을 완성하겠다는 큰 결심은 이 과정에서 다져지는 경우가 많으니까요. 옛 수행자들이 우리보다 어리석어서 그처럼 훌륭한 스승을 만나기 위해 고생한 것이 아닙니다. 그만큼 중요한 일이고, 반드시 필요한 일이라서 그랬던 것입니다. 수행을 중간에 그만둘 것이라 해도 스승은 꼭 찾아서 시작하시기 바랍니다.

## 오늘 하루 사용법

—

참선 수행은 하루를 사는 것입니다. 수행자는 하루를 사는 존재입니다. 아침에 태어나고 밤에 죽는 존재입니다. 오늘이 어제의 찌꺼기를 이어서 사는 날이 아니라, 오늘의 발원으로 사는 존재입니다. 당신은 오늘이라는 하루하루를 어떻게 사시겠습니까?

아침에 잠에서 깨는 순간, 급한 마음으로 서둘러 몸을 일으키는 것은 삼가세요. 잠자리에서 눈을 뜨고 기지개를 충분히 켜서 몸을 깨웁니다. 누워서 이리저리 몸을 풀어줍니다. 바르게 누운 채 양손을 아랫배에 얹고 잠깐의 수식관을 하거나, 가볍게 공안을 참구합니다. 일어나서 화장실 등 급한 볼일을 본 후, 방석에 칠지좌법으로 앉아서 5분 정도만이라도 공안을 참구합니다. 예비수행 중인 분은 수식관을 하시면 됩니다. 짧은 시간이지만 이렇게 아침을 맞이하면 하루 전체가 청정해집니다. 출근길, 버스나 전철을 기다리는 짧은 시간과 차 안에서, 스마트폰을 보는 것에 모든 시간을 허비하지 마십시오. 필요한 것만 보고, 나머지 시간에 공안을 참구합니다.

책상에 앉아서 업무를 시작하기 전 1분 정도라도 공안을 참구합니다. 고요하게 깨어있는 마음으로 업무를 시작하세요. 한 시간 일을 했다면 잠깐이라도 휴식을 취합니다. 몸도 풀어주고 눈을 감고 공안을 참구하세요. 업무 중에는 다양한 이유로 상황이 매우 복잡하게 전개되는 경우도 있습니다. 이처럼 일이 잘 풀리지 않을 때는 계속해서 매달리지 말고, 잠깐 공안을 참구하세요.

공안을 참구하면 마음이 쉬어집니다. 복잡했던 생각들이 고요하고 단순해집니다. 공안을 참구하는 것이 잘 안 된다면, 수식관이라도 하시길 바랍니다. 하나에서 열까지 순관과 역관을 한 번 하시는 것만으로도 마음이 쉬어질 수 있습니다. 고요하고 단순하고 상큼한 마음으로 복잡한 문제에 접근해 보세요. 단순하고 고요한 마음은 당신에게 새로운 시각을 줄 수도 있습니다.

동료와 이야기를 나눌 때는 말을 하기보다 말을 들어주세요. 말이란

하기보다는 들어주는 것이 필요합니다. 당신이 말을 하기보다 들어줄 때, 당신의 마음을 고요하게 챙기기 쉽습니다. 동료의 말을 잘 들어주는 것만으로도 일상의 소통에 큰 문제는 없습니다. 오히려 일상에서의 소통이 더 향상될 수도 있을 것입니다. 공안을 참구할 여유나 틈이 없을 때는 마음의 고요함만이라도 챙기십시오.

퇴근 후에는 필요하지 않은 모임은 가급적 갖지 않도록 합니다. 차를 기다리는 시간이나 차 안에서의 시간에 공안을 참구하세요. 잠자리에 들기 전 반드시 방석에 앉아 잠깐이라도 공안을 참구하세요. 잠자리에 들어서도 공안을 참구하면서 잠이 들도록 합니다. 잠이 들기 전에 하는 공안 참구는 잠의 세계를 청정하게 합니다.

아침과 저녁 중 언제 시간의 여유가 더 있나요? 아침에 시간이 더 여유롭다면 아침 수행을, 저녁에 시간이 더 여유롭다면 저녁 수행을 점차 늘려 가세요. 처음 5분에서 10분으로 나중에는 최소 한 시간 이상 방석에 앉아서 하는 수행 시간을 늘려 가십시오.

당신이 잠에서 깨어나 다시 잠들 때까지, 길게 혹은 짧게 틈틈이 실천하는 공안의 참구는, 당신이 사는 하루라는 시간 전체에 훌륭한 수행의 징검다리가 되어 줄 것입니다. 조급해하지 않아도 서두르지 않아도 매일 이렇게 실천한다면, 당신의 수행은 곧 깊어질 것이고, 마음은 공안에 대한 의심으로 더욱 깨어날 것입니다.

그러면 당신이 틈틈이 공안을 참구해 왔던 모든 순간들이 징검다리가 되어, 당신의 하루 전체가 끊어지지 않는 수행의 시간이 될 것입니다. 밥을 먹는 것도, 걷는 것도, 보는 것도, 듣는 것도 모두 수행이 될 것입니다. 매 순간이 수행의 시간이 될 것입니다.

## 노파심老婆心의 잔소리
―

**1.**
당신은 본래부터 완전한 존재입니다.
모든 존재, 모든 현상은 본래 완전합니다.
이것이 선禪의 의미이고, 완전성과 합일되는 것을 참선參禪이라 합니다.

**2.**
공안公案은 당신의 완전성에 관한 직접적인 가르침입니다. 당신의 완전성을 가리키는 스승의 손가락입니다. 지식을 전하는 가르침이 아니라 당신의 완전성을 체험하게 하는 깨달음의 가르침입니다. 공안은 당신에게 더없이 소중한 기회입니다.

**3.**
공안을 참구할 때는 의심을 위한 의심을 해서는 안 됩니다. 그 가르침의 뜻을 반드시 알아내겠다는 마음으로 참구해야 합니다. 깨닫기 전의 우리는 공안의 뜻을 알 수 없습니다. 그래서 의심할 수밖에 없습니다. 의심을 하면 답은 나오지 않고 모르는 마음만 남습니다. 그 모르는 마음에는 한 생각도 존재하지 않습니다. 텅 빈 채로 이 순간에 깨어있습니다. 공안을 의심해서 드러난 모르는 마음을 저는 화두라고 합니다.

**4.**
이 화두 자리에는 당신의 완전성, 공안의 뜻이 들어 있습니다. 그래서 이 자리를 주시하라고 하는 것입니다. 모르는 마음은 마치 달을 가리고 있는 구름과 같습니다. 구름 뒤에 달이 있듯, 모르는 마음에 공안의 뜻이 있습니다. 달을 보기 위해 가리고 있는 구름을 지켜보듯이 당신의 완전성을 보기 위해 모르는 마음을 지켜보세요. 공안을 의심하지 않으면, 화두 자리도 드러나지 않습니다.

5.
간절하게 의심한다는 것은 몸과 마음에 힘을 쓰라는 것이 아닙니다. 이것 외에는 다른 대안이 없다는 마음으로 의심하라는 것입니다. 가볍고 자세하게 '왜 없다 했을까?' 의심을 일으키세요. 그리고 모르는 마음을 지켜봅니다. 의심을 일으켜도 진정한 의심이 일어나지 않는 것처럼 간절해지고 싶다고 금방 간절해지지 않습니다. 반복하다 보면 쌓이고 쌓여서 의심이 일어나고 간절함이 일어나는 것입니다.

6.
'왜 없다 했을까?' 의심했는데 의심이 일어나지 않는다고, 곧바로 다시 의심을 일으키지 마십시오. 텅 비고 깨어있는 모르는 마음을 지켜보세요. 그 상태에서 마음이 편안하고 맑게 쉬게 하세요. 망상이 일어나 모르는 마음을 놓쳤을 때 다시 의심을 일으키면 곧바로 모르는 마음에 들어갈 것입니다. 그 마음을 편안하게 지켜보세요. 지금까지 번뇌에 시달려 온 당신의 마음에, 억지로 의심을 일으키려고 또 하나의 부담을 얹을 것이 아니라 모르는 마음에 머물러 편안하게 쉬는 것이 먼저입니다.

7.
수행을 하면서, 몸에서 일어나는 감각, 눈에 보이는 무엇 등을 공부의 기준으로 삼지 마세요.

또한 앞에서 이야기한 삼매의 현상을 목표로 해서도 안 됩니다. 수행자는 오직 공안의 문제를 해결하는 것 하나만을 목표로 해야 합니다.

## 8.

참선에는 본래 단계를 두지 않습니다. 스승의 가르침을 대하는 즉시 알아듣고 깨닫는 것입니다. 공부하는 학생이 선생님 앞에서 설명하는 것을 남김없이 알고 이해하는 것과 같습니다. 그런데 알 수 없다면, 따로 책을 펴놓고 공부해야 합니다. 선도 마찬가지입니다. 스승의 가르침인 공안을 대했을 때, 그 뜻을 알지 못한다면 공안을 펼쳐놓고, 무슨 뜻일까 알기 위해서 의심하고 의심하는 것입니다. 의심하는 것이 목적이 아니고 알아내는 것이 목적입니다.

앞에서 단계를 나누어 설명드린 것은 공안 참구의 진행에 따라 수행자의 마음이 어떤 과정으로 변화하는지를 설명드린 것입니다. 수행하다가 힘들더라도 포기하지 말고 단계별 설명을 참고하시라는 뜻으로, 잔소리 삼아서 중언부언 말씀을 드린 것이니 잘 살피시기 바랍니다.

# 맺는 말씀

- 선禪은 당신께 드리는 궁극의 선물

- 무여 스님 화두 법문(2024년 10월 소참법문)

## 선禪은 당신께 드리는 궁극의 선물

지금까지 저의 이야기를 들어주셔서 진정 고맙습니다. 당신이 정확하고 쉽게 이해하실 수 있도록 노력은 했지만, 저의 수행이 아직 깊지 못해서 한계를 뚜렷이 느낍니다. 다만 이런 자리가 당신과 저를 포함해서 고통 속에 있는 모든 생명이 진정한 행복으로 들어가는 작은 단초가 될 것이라는 점은 의심치 않습니다. 이 순간 꼭 그렇게 되기를 발원하고 발원합니다.

선은 제가 당신과 모든 생명에게 드리는 '궁극의 선물'입니다!

제게 선과 삶을 가르쳐 주시는 스승님은 경북 봉화 축서사鷲棲寺에 계시는 금곡무여金谷無如 스님입니다. 지난 20여 년 동안 스님은 저와 수많은 수행자에게 진정 간절한 가르침을 주시고 계십니다. 시간이 지남에 따라 공부가 정말 깊어진 수행자들도 아주 많습니다. 그러나 저는 아직 공부가 서툴고 거칩니다. 스승님께는 참 죄송스럽습니다. 특히 스승님이 부처님께 삼배를 드리는 모습에서, 저는 그 어떤 방대한 논설의 가르침보다도 훨씬 깊은 울림을 받습니다. 매번 그렇습니다. 더없이 소중한 스승님을 오랫동안 뵙기를 발원합니다.

마지막으로, 매달 열리는 참선 철야 정진 법회 중, 지난 10월 정진에서 수행자들을 점검하시면서 내리신 무여 스님의 말씀을 간단하게 정리해서 전해 드리는 것으로 이 자리를 마치도록 하겠습니다. 함께해 주셔서 고맙습니다. 고생하셨습니다.

이 공덕功德으로 모든 생명에게 행복과 행복 원인이 생겨나기를……!

### 〈무여 스님의 소참 법문. 2024. 10. 축서사 선열당〉

**1.**

철야 잘하셨죠? 〈대중, 예〉

화두가 되고 있죠? 〈대중, 예〉

화두가 순일하게 늘 되도록 하세요. 그런 상태가 지금 이 순간부터 댁에 가셔서 주무실 때까지 또 내일도, 언제라도 화두가 순일하게 되는 그런 상태가 되도록 부단히 노력하고 애쓰시기 바랍니다. 그래서 화두가 잘 되는 그런 상태로, 훗날 언젠가는 누구나 가시게 되는데, 그 순간까지도 화두를 놓지 마세요. 그러면 가장 잘 사시다가 가장 잘 가시는 분이다, 그렇게 말씀 드릴 수가 있어요.

늘 화두가 없어지지 않도록 하세요. 순일하게 들리고 아주 성성하고 적적하게 들리는 그런 상태가 늘 지속이 되도록 하세요. 그렇게 사시는 분이 가장 잘 사시는 분이고 가장 큰 사람이래요.

그렇게 안 되시는 분은 마음을 고요하게 하세요. 마음이 고요해지거든 '이 뭣고~?', '어째서 무無라고 했을까?', '어째서 삼서근麻三斤이라 했을까?' 의심을 너무 급히 일으키거나 되게 일으키지 마시고, 약간 느슨할 정도로, 가벼울 정도로 그렇게 일으키고, 일으키고, 일으키다가 보면, 어느 사이에 화두가 들려 있을 거래요. 만약에 그렇게 해서 안 되거든 화두를 조금 더 강하게 드세요.

그렇게 해서 화두가 진정한 의심이 꼭 나야 돼요. 진정한 의심까지는 아니더라도 의심이 확실하고 분명하게 나는 정도는 꼭 하셔야 돼요. 화두를 한다는 것은 의심을 일으키는 것이래요. 의심이 분명하게 나는 것이 화두를 잘하는 것이래요. 안 되더라도 안 된다, 어렵다, 괴롭다, 힘들다… 살다 보면 이런저런 어려움과 괴로움의 둥지 속에서 살더라도, 화두할 때는 늘 고요하고 편안한 상태에서 화두만 분명하게 확실하게 그렇게 챙겨 가세요. 그러면 이내 마음이 고요하고 편안할 거래요. 그런 상태를 하루 종일 지속시키세요.

화두가 되느냐 안 되느냐, 화두가 돼도 분명하게 확실하게 되느냐 못 되느냐, 그것이 아주 중요해요. 그것이 확실하게 되고 잘 되면, 내가 살아있다, 내가 잘살고 있다, 이 정도면 되지 않느냐, 화두가 잘 되면 그 어떤 분도 부럽지 않아요.

그렇게 늘 화두가 되는 상태에서 좀 어렵더라도, 괴롭더라도, 살다 보면 이런저런 별일이 다 있을 텐데, 그렇더라도 화두는 놓치지 마세요. '내 생명줄이다. 내가 이생에 살아있는 가장 중요한 요인이다.' 그런 생각을 하면서 화두, 화두… 인간적으로나 주변 환경적으로 이런저런 부족함이 있고 어려운 점이 있고 괴로운 점이 있더라도, 그걸 다 놓으세요.

그런 일은 세상에서 살아가는 데는 중요한 일이고, 가장 앞서는 일일지 몰라도, 우주 법계에서 큰 삶을 사는 데는 아주 지엽적인 일이래요. 이 화두! 화두가 되느냐 안 되느냐, 거기에 모든 것을 걸듯이, 막 전부를 던지듯이, 올인하듯이 애쓰고, 애쓰고, 노력하시기 바랍니다.

그래서 여러분이 금생에 여기까지 오시게 된 것이 자랑스럽고, 어딜 가도 떳떳하고 당당할 수 있는, 큰소리가 자연스럽게 나오는 그런 길이, 그런 방법이, 바로 공부하는 길이다, 그런 생각을 하면서 한순간도 화두를 안 놓치려고 부단히 애쓰고 노력하시기 바랍니다.

2.
화두는 오직 실참실구實參實句입니다. 화두는 이론이나 알음알이로

헤아리지 않아야 합니다. 그것을 헤아리면 한도 없고 끝도 없고, 그렇게 해서는 화두 근처에도 못 가요. 그러니까 그런 알음알이가 있어서 나름대로 '내가 알았다, 느꼈다' 그런 생각이 들더라도 그것도 접고, 오직 화두만 들고, 화두에서 진정한 느낌을 받으세요. 그렇지 않으면 일생을 애쓰고 노력해도 실제 얻는 수확은 별로 없는 그런 결과가 될 수 있어요. 오직 화두, 화두만 하세요. 그래야 진수를 조금이라도 느낄 수 있지 알음알이와 아는 지식만 쫓으면 나중에는 화두의 화자도 알기가 어려워요.

### 3.

화두는 자기 마음을 고요하게 하고 편안하게 하는 것이 화두래요. '화두가 어렵다, 괴롭다, 힘들다' 그런 생각도 하지 마시고, 갑자기 해서 크게 된다는 그런 생각도 하지 마시고요. 편안한 마음으로 숨쉬듯이, 밥 먹듯이, 그렇게 하면 의외로 쉽고 바로 돼요.

막 어거지로, 잘하겠다는 생각으로 너무 되게 하시면, 좀 어려워지고 괴로워지지요. 그러면 삶 자체도 좀 어렵고 괴로워질 거예요. 마음을 고요하고 편안하게 해서… 화두를 갑자기 들지 마시고, 좀 서서히, 약간 느슨한 기분으로 그렇게 들어가시면, 차츰차츰 안정이 되고, 본격적으로 의심이 날 거예요. 그렇게 화두만 다스리는 것이 아니라, 자기 자신까지도 만들어 가세요. 그래서 생활이나 자세나 이 삶 전체를 초보 상태에서 살아가듯이, 그렇게 화두도 하고, 삶도 사시면, 상당히 갖추고 원만하고 무난해서, 보람을 느낄 수 있지 않겠나 싶습니다. 화두는 마음을 다스리기만 하는 것이 아니라, 인간성까지 근본적으로 변화시키고 바꾸는 것이 화두래요.

4.
우리는 참으로 귀중한 보물을 가지고 있으면서 보물인 줄 모르고 있어요. 참으로 애쓰고 노력할 때래요. 참으로 애쓰라고 해서 되게 하고 지나치게 하지 말고, 편안한 마음으로 화두 자체만 놓치지 마세요. 그걸 (좌선)할 때만 하지 마시고, 새벽에 눈 딱 떠서부터 주무실 때까지 늘 화두를 하세요. 〈단전에서 가슴까지 꽉 차는 느낌이 듭니다.〉 그게 이제 의단이 되는 거예요. 열심히 하세요. 일상생활 중에서 가장 중요한 것처럼 해야 해요. 가정에서나 회사에서나 필요한 일은 해야겠지만, 가급적 마음을 쉬듯이 하면서 화두에 전념하듯이 하셔야 해요.

5.
화두를 안 하는 분, 화두를 체험하지 못하신 분은 화두의 대단함을 알 수가 없어요. 화두는 대혜 선사 이후에 역대 조사와 천하의 선지식들이 한결같이 '오직 이 길뿐이다, 이것은 안 할 수 없다'라고 아주 고구정녕히 노파심절하게, 전해 오신 말씀들입니다.

여러분들은 다행히 좋은 길로 들어오셨어요. '이 길은 어떤 길보다도 더 좋다고 할 수 있고, 완성된 길이고, 참으로 믿고 의지할 길이다'라는 말을 해도 조금도 과한 표현이 아니에요. 어쨌든 좋은 길로 들어왔을 때, 여러 가지 어려움이 있고 괴로움이 있더라도, 설혹 잘 안 되는 것 같더라도, 이런저런 번뇌 망상이 떠오르더라도, 거기에 대해서는 가급적이면 마음을 쉬시고, 화두, 화두, 화두에 꾸준히 애쓰시고 노력해서, 화두에서 여러분의 인생을 참으로 빛나게 하고, 훗날 '잘살았다, 이 정도면 되지 않느냐, 더 이상 어떻게 잘살 수 있느냐'라는 자신만만하고 자부심이 뿌듯한, 그런 일생이 되도록 노력하시고 살아가시길 바랍니다.

# 부록: 참선의 자세

**다리 갈무리법**
- 결가부좌
- 반가부좌
- 평좌

**수인법**
- 법계정인(선정인)
- 금강인

**방석의 사용법**

**칠지좌법**

불교의 여러 가지 수행법 중 간화선은 자세를 심하게 규정하지는 않습니다. 공안을 참구한다는 것은 꼭 앉아서만 하는 것이 아니기 때문입니다. 간화선에서는 생활하고 살아가는 모든 순간이 수행이 되어야 한다고 봅니다. 그래서 자세를 중시하기보다 어떤 상황에서도 마음이 공안을 참구하고 있어야 하는 것입니다.

그러나 수행을 시작하는 순간부터 이처럼 모든 순간이 수행이 되기는 어렵습니다. 시간이 필요하고 노력이 필요합니다. 그래서 처음 참선을 시작할 때는 앉아서 하는 것이 중요합니다. 방석에 바르게 앉아서 노력하다 보면 생활하면서도 늘 공안이 참구가 되는 힘이 생깁니다. 수행의 힘을 기르는 데는 바르게 앉아서 하는 것만큼 좋은 자세가 없습니다.

그래서 간화선에서도 처음 공안을 참구하는 데 효율적인 자세를 제시하고 있습니다. 이 자세는 매우 오랜 세월 전승된 전통입니다. 물론 수행에 확실한 힘이 생긴 숙련된 수행자는 이런 자세의 제한을 받지 않고 현재의 상황에 맞추어 자유롭게 수행을 지어가면 됩니다.

앉을 수 있을 때는 앉아서 하고, 걷고 있을 때는 걸으면서 하고, 누워 있을 때는 누워서 합니다. 그러나 수행의 기초와 힘은 앉아서 수행할 때 가장 효과가 좋기 때문에 누구나 처음 수행을 시작할 때는 앉아서 하도록 합니다.

이제부터 설명 드리는 자세를 바르게 익히시기 바랍니다. 이 자세를 바르게 유지하는 것만으로도 건강에 큰 도움을 받을 수 있습니다.

# 다리 갈무리 방법

—

예부터 수행자들은 주로 세 가지의 좌법을 사용해 왔습니다. 결가부좌結跏趺坐, 반가부좌半跏趺坐, 평좌平坐인데, 이 세 가지 좌법은 각각 장단점이 있습니다. 반드시 어느 좌법으로 앉아야 하는 것은 아닙니다. 컨디션에 따라 그때그때 가장 편안한 것을 선택하면 됩니다.

## 1) 결가부좌

결가부좌는 전문 수행자들이 가장 기본으로 삼아온 좌법입니다. 이것의 장점은 가장 굳건하고 안정감을 주는 좌법이라는 것입니다. 요가에서는 이 좌법을 연꽃좌[蓮華坐]라고 부릅니다. 이 좌법을 완전하게 습득해서 오래 앉으면, 몸의 모든 기혈이 소통되고, 모든 질병이 치유된다고 설명하고 있습니다. 요가의 수많은 자세가 바로 이 연꽃좌를 완전하게 습득하기 위한 것이라고 할 만큼 어려운 좌법입니다. 참선에서는 요가처럼 자세에 대한 기준이 까다롭지는 않지만, 오랜 시간을 편안하게 앉기 위해서는 점차적인 노력이 필요합니다.

결가부좌로 앉을 때
오른발을 왼쪽 허벅지에 먼저 올리는 자세를 항마좌降魔坐
왼발을 오른쪽 허벅지에 먼저 올리는 자세를 길상좌吉祥坐라고 합니다.
항마좌는 바른 마음으로 삿된 마음을 누른다는 의미가 있고, 길상좌는 고요함으로 산란散亂한 마음을 누른다는 의미가 있습니다.

좌선을 할 때는 어느 자세가 더 효과적일까요? 항마좌와 길상좌 모두 효과가 좋습니다. 다만 수행자의 고관절 상태에 따라 경중을 둘 필요는 있습니다. 항마좌나 길상좌 중 더 불편한 자세가 있다면 그 자세를 더 자주 더 오랫동안 취하십시오. 다리와 고관절 상태의 불균형을 교정할 수 있습니다.

【 결가부좌. 그림 참조 】

○ 항마좌법

- 앉아서 두 다리를 쭉 뻗는다.
- 오른쪽 다리를 굽혀서 왼쪽 다리의 허벅지 위에 발을 얹어놓는다.
- 왼쪽 다리를 굽혀서 오른쪽 다리의 허벅지 위에 발을 얹어놓는다.
- 이때 허벅지 위의 양쪽 발이 아랫배에 닿을 만큼 몸쪽에 당겨 놓는다.
- 꼬리뼈에서 허리까지의 부위가 바닥과 수직이 되도록 척추를 쭉 편다.

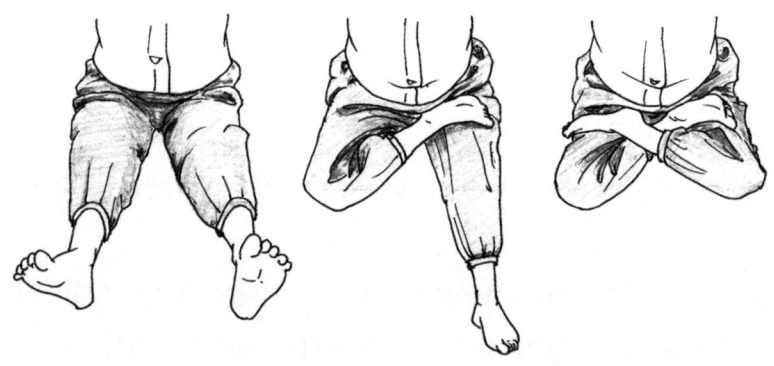

○ 길상좌법

- 다시 두 다리를 쭉 뻗는다.
- 왼쪽 다리를 굽혀서 오른쪽 다리의 허벅지 위에 발을 얹어놓는다.
- 오른쪽 다리를 굽혀서 왼쪽 다리의 허벅지 위에 발을 얹어놓는다.
- 허벅지 위의 양쪽 발이 아랫배에 닿을 만큼 몸쪽에 당겨 놓는다.
- 꼬리뼈에서 허리까지의 부위가 바닥과 수직이 되도록 척추를 쭉 편다.
- 오른쪽 다리를 먼저 시작한 자세로 5분을 앉았다면
- 왼쪽 다리를 먼저 시작한 자세로 5분을 앉아서 좌우 균형을 맞춰 준다.
- 왼쪽·오른쪽 바꿔가면서 여러 번 시도해서 고관절, 무릎, 발목 등을 풀어 준다.
- 처음에는 2~3분 정도 짧게 앉는 것을 연습하고 시간을 점차 늘려간다.

## 2) 반가부좌

이 좌법은 이름 그대로 완전한 가부좌가 아닌 반만 가부좌를 하는 것입니다. 결가부좌보다 자세를 취하기가 쉬우면서 편안하고 바른 자세를 유지하기 좋기 때문에, 수행자들이 가장 선호하는 좌법이기도 합니다. 결가부좌는 양발이 모두 반대편 허벅지 부위에 올라가야 하지만, 반가부좌는 한쪽 발만 반대편 허벅지 부위에 올려놓는 좌법입니다.

왼발을 오른쪽 허벅지에 올리는 좌법을 여의좌如意坐라고 하고
오른발을 왼쪽 허벅지에 올리는 좌법은 금강좌金剛坐라고 부릅니다.

여의좌는 결가부좌의 길상좌와 같은 의미가 있고, 금강좌는 결가부좌의 항마좌와 같은 의미가 있습니다.

어느 좌법을 선택해야 수행에 더 도움이 될까? 이런 고민은 안 하셔도 됩니다. 왜냐하면 어느 자세로 수행해도 다 좋기 때문입니다. 그런데 수행자의 고관절 이완 상태에 차이가 있다면 균형을 맞춰 주는 것이 좋습니다. 두 좌법 중 수행의 빈도와 유지 시간을 조절해서 점차 균형을 잡아갈 수 있습니다.

만약 왼쪽 고관절이 더 이완되어 있다면, 오른쪽 고관절의 이완을 촉진시키기 위해서 금강좌를 더 자주 더 오랫동안, 반대의 경우라면 왼발을 오른쪽 허벅지에 올리는 여의좌를 더 자주 더 오랫동안 하시는 것이 도움이 됩니다.

【 반가부좌. 그림 참조 】

○ 여의좌법

- 앉아서 두 다리를 쭉 편다.
- 오른쪽 무릎을 접어 오른발의 뒤꿈치 부분이 생식기에 닿도록 당겨 놓는다.
- 왼쪽 무릎을 접어 왼발의 바깥 부분을 오른쪽 종아리와 허벅지 사이에 가볍게 끼워 넣는다.

○ 금강좌법

- 앉아서 두 다리를 쭉 편다.

- 왼쪽 무릎을 접어 왼발의 뒤꿈치 부분이 생식기에 닿도록 당겨 놓는다.
- 오른쪽 무릎을 접어 오른발의 바깥 부분을 왼쪽 종아리와 허벅지 사이에 가볍게 끼워 넣는다.

○ **고관절 이완 상태 체크 방법**

- 편안하게 누워서 양발을 어깨넓이 정도로 벌리고 전신을 충분히 이완한다.
- 고개를 들어 발가락 끝의 벌어진 상태를 본다.
- 왼발 끝이 밖으로 더 벌어져 있다면 왼쪽 고관절이 오른발 끝이 더 벌어져 있다면 오른쪽 고관절이 더 이완되어 있는 상태이다.
- 두 발끝의 각도가 균등하다면 양쪽 고관절의 이완 상태가 같다는 의미이다.

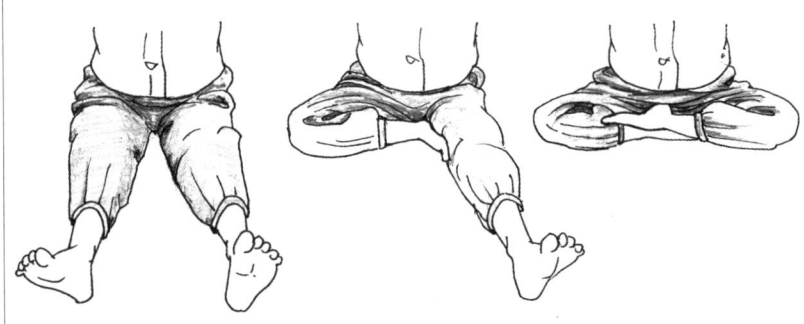

## 3) 평좌

평좌는 발목과 무릎에 가장 자극이 덜한 좌법입니다. 미얀마를 위시한 남방 불교에서 가장 선호하는 좌법이기도 합니다. 다리에 부담이 가장 적기 때문에 비교적 오래 앉아 있을 수 있는 장점이 있지만 수행자에 따라, 또 숙련도에 따라 안정감이 다소 떨어질 수도 있습니다.

이 좌법도 어느 발을 먼저 시작하느냐에 따라 불편감에 차이가 있습니다. 이것은 좌법에 문제가 있는 것이 아니라, 수행자의 고관절과 다리의 컨디션의 차이에서 오는 느낌입니다. 좌법을 취했을 때 더 불편한 자세가 있다면, 골반과 다리의 균형을 맞추기 위해서 그 자세를 더 자주 더 오랫동안 취하는 것이 좋습니다.

【 평좌. 그림 참조 】

○ 평좌 방법

- 반가부좌에서 위에 있는 발을 아래에 있는 발 앞에 내려놓는다.
- 앞에 있는 발이 뒤의 발과 떨어지지 않도록 한다.
- 앞에 있는 발의 뒤꿈치가 뒤에 있는 발목의 일부를 살짝 누르듯이 한다.

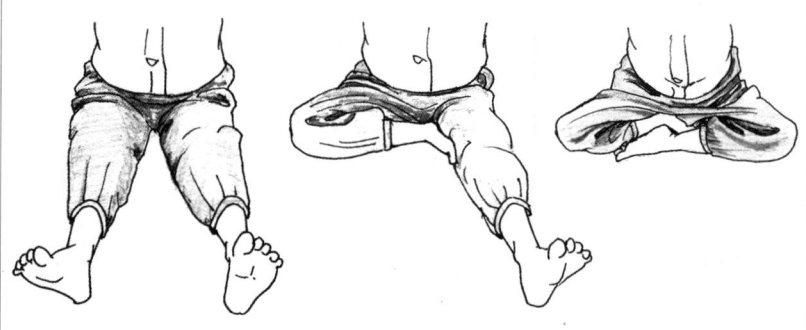

## 수인법手印法 : 손의 갈무리 방법

몸과 마음을 바르고 고요하게 하기 위해서는 다리의 갈무리도 중요하지만, 손을 어떻게 갈무리해야 하는지도 매우 중요합니다. 참선 수행에 적합하게 갈무리된 손의 모양을 수인手印이라고 합니다. 사찰에 가서 불상佛像을 보시면 손의 모양이 여러 가지라는 것을 보게 됩니다. 다양한 손의 모양은 다 내포하고 있는 의미가 있습니다. 이처럼 '어떤 의미를 내포하고 있는 손 모양'을 수인이라고 합니다.

티베트의 밀교密敎나 힌두교에서는 매우 다양한 수인을 수행과 기도에 사용하고 있습니다. 수인을 매개로 몸, 마음, 호흡이나 만트라를 합일시키는 수행입니다. 수인을 통해 몸의 에너지를 통제해서 병의 치유와 마음의 안정을 모색하기도 합니다. 오랜 경험과 실천을 통해 수많은 수인이 만들어졌고 소중하게 전수되어 왔습니다. 그래서 티베트에서는 수인이 없는 수행은 없다고 할 정도로 중요하게 여겨지고 있지요. 참선에서는 수인을 특별하게 강조하지는 않지만, 참선 수행에 도움이 되는 두 가지는 지금까지 전해져 오고 있습니다. 법계정인法界定印과 금강인金剛印이 그것입니다.

### 1) 법계정인法界定印

법계정인은 다른 말로 선정인禪定印이라고도 합니다. 이 수인은 '깨달은 자의 마음'을 뜻합니다. 선과 악, 기쁨과 슬픔, 괴로움과 즐거움, 사랑과 미움 등 모든 상대적 개념을 초월한 마음입니다. 현재의 모든 상황을 집착하거나 회피함 없이 있는 그대로 수용하는 마음을 뜻합니다.

양 손가락을 가지런히 펴서 왼손 위에 오른손을 포개고 엄지손가락 끝을 가볍게 마주 대고 있는 모양입니다.(그림 참조)

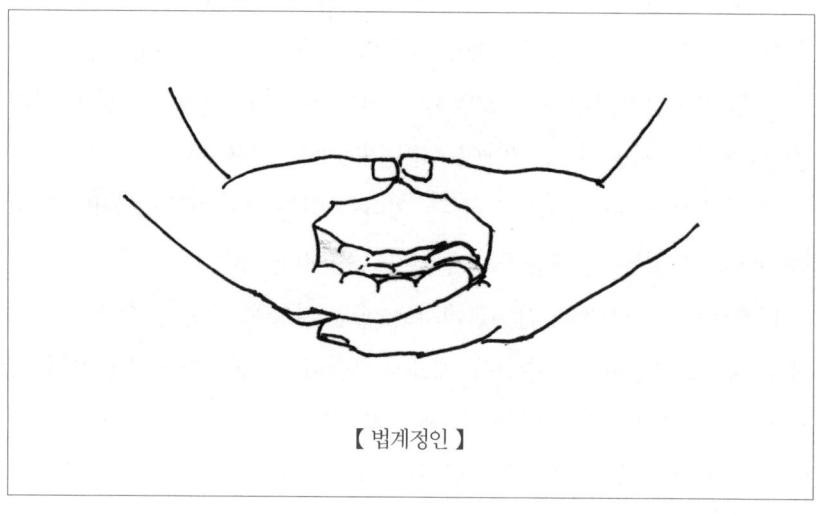

【 법계정인 】

이때 양손은 충분히 이완되어 있도록 합니다. 선정인을 지은 손은 발 위에 가볍게 올려놓거나 아랫배의 단전 부위에 가볍게 대어줍니다. 특히 두 엄지손가락 끝을 닿은 듯 떨어진 듯 유지하는 것이 중요합니다. 이 엄지손가락의 모양은 현재 수행자의 마음이 어떠한지를 나타내기도 합니다. 수행자가 현재에 맑게 깨어있다면 두 엄지손가락은 달걀을 뉘어 놓은 듯한 원만한 모양을 갖추게 되지만, 만약 수행자가 망상에 깊이 빠져 있다면 두 엄지손가락에 과도한 힘이 들어갑니다. 만약 수행자가 혼침昏沈(졸음)에 빠져 있다면, 두 엄지손가락은 제각각 무너지게 됩니다. 참선에 아직 익숙하지 않은 초심자初心者는 참선 시간에 이 수인을 가급적 오래 유지하기를 권합니다.

## 2) 금강인 金剛印

이 수인은 수행자의 굳건한 마음을 의미합니다. 금강은 가장 단단해서 깨지지 않는 다이아몬드를 지칭합니다. 반드시 자기의 완전성과 합일되고야 말겠다는 수행자의 굳건한 결심을 나타내는 수인법입니다. 또는 깨달은 자의 파괴될 수 없는 지혜를 나타내기도 합니다.

수인을 짓는 법은, 다섯 손가락을 가지런히 편 후 엄지손가락 끝을 네 번째 약지가 시작되는 곳에 가볍게 댑니다. 펴져 있는 네 손가락으로 엄지를 가볍게 감싸듯 쥐어줍니다. (그림 참조)

이때 주의할 것은, 감싸쥐는 네 손가락에 과도한 힘이 들어가면 안 된다는 것입니다. 모양은 유지하되 이완되어 있어야 합니다. 참선 중에 수행자가 망상에 빠지면 감싸쥔 손가락에 과도한 힘이 들어가고, 멍하거나 졸음에 빠지면 금강인의 모양이 풀어지기도 합니다.

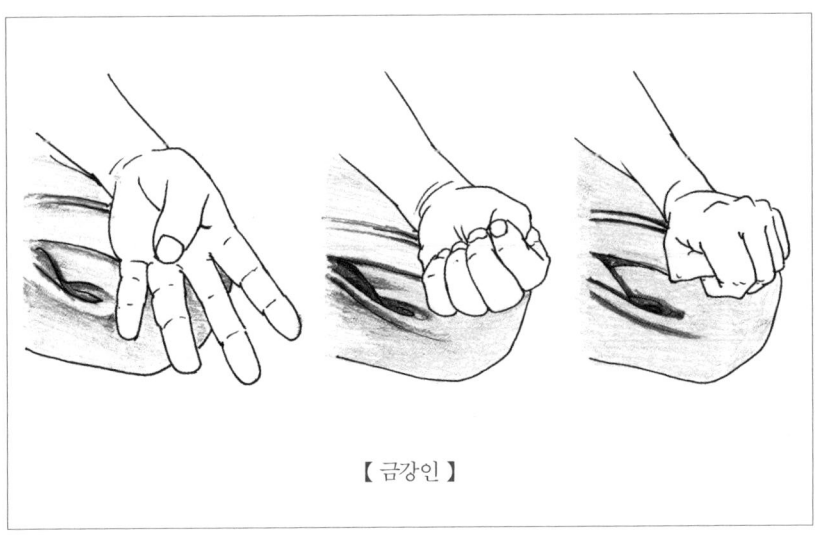

【 금강인 】

금강인은 양쪽 무릎에 편안하게 올려놓습니다. 손등이 무릎에 닿도록 뒤집어 놓아도 좋고 손등이 위로 올라오도록 엎어 놓아도 좋습니다. 주의할 점은 금강인과 팔에 힘을 줘서 자세를 유지해서는 안 된다는 것입니다. 그렇게 되면 팔과 어깨가 긴장하게 되고, 엄지손가락 마디에 극심한 통증이 생기기도 합니다.

## 방석의 사용법

앉아서 공안을 참구하는 것을 좌선坐禪이라고 합니다. 걸으면서 공안을 참구하는 것은 경행經行 또는 행선行禪이라고 합니다. 좌선을 약 50분 정도 하면 몸이 경직되거나 피로감을 느낄 수 있습니다. 그것을 풀어주기 위해 10분 정도 경행을 하게 됩니다. 대부분의 선 센터에서는

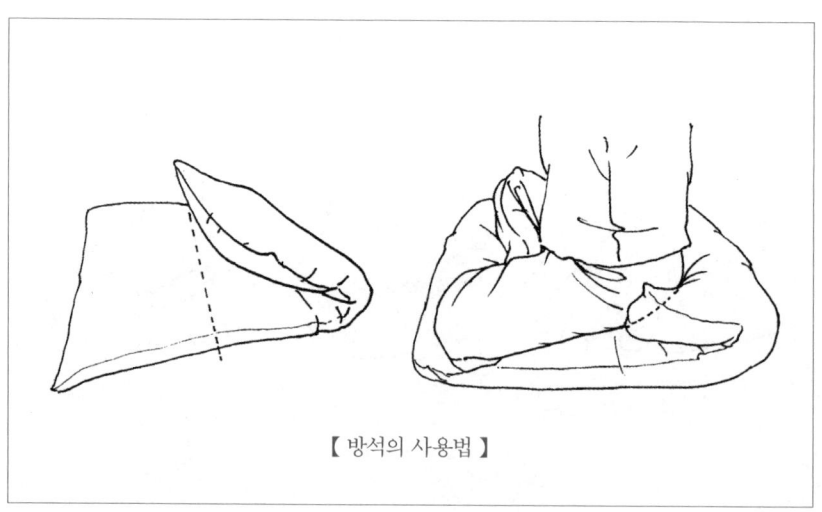

【 방석의 사용법 】

50분 좌선, 10분 경행을 반복합니다. 졸음이 밀려와 좌선을 계속하기 힘들 때도 경행을 통해 졸음을 물리치기도 합니다. 바닥에 앉아서 좌선을 할 때는 올바른 자세를 유지하기 위해서 방석을 사용합니다. 보통 '좌복'이라고 부릅니다.

좌선용 방석은 일반 방석보다 길게 만듭니다. 앉을 때는 긴 방석을 삼등분으로 나누고 삼분의 일 정도 접어서 사용합니다. 접혀서 더 두툼해진 부분에 엉덩이를 걸치듯 앉습니다. 무릎이 닿는 곳보다 엉덩이 부분을 약간 높게 앉는 것이지요.(그림 참조)

이렇게 엉덩이를 조금 높게 앉으면, 전체적으로 몸의 균형감과 안정감이 높아집니다. 단, 결가부좌로 앉을 때는 엉덩이 부분을 접지 않고 사용하는 것도 좋습니다.

저는 좌선용 방석이 없습니다. 대체할 방법은 없나요?

당장 좌선용 방석이 없다면 담요로 대신할 수 있습니다. 담요를 두툼하게 여러 번 접어서 앉으면 됩니다. 이때에도 직사각형 모양으로 길게 만들어서 앉을 때는 엉덩이 부분을 높이십시오. 그것이 여의치 않다면 적당한 두께의 베개나 쿠션 등을 깔고 앉아도 됩니다. 중요한 것은 앉았을 때 균형감과 안정감이 있으면 되는 것입니다.

지금까지 좌선에 필요한 좌법, 수인법, 방석의 사용법을 말씀드렸습니다. 이제 좌선 자세를 전반적으로 설명하겠습니다.

## 좌선의 자세 : 칠지좌법七支坐法

―

참선에서는 좌선의 자세를 비교적 자세하게 정하고 있습니다. 머리부터 발까지 각 부분을 어떻게 갈무리하는 것이 좋은지 일곱 가지로 설명하고 있습니다. 이것을 칠지좌법이라고 하는데, 오랜 시간에 걸쳐 수많은 경험을 토대로 정리된 내용입니다. 반드시 지켜야 하는 것은 아니지만, 가급적 이 기준을 따르는 것이 좋습니다. 칠지좌법의 방법은 다음과 같습니다.

【 칠지좌법. 그림 참조 】

1) 앉는 법

- 앉을 때는 결가부좌를 원칙으로 한다.
- 수행자의 상태에 따라 반가부좌 또는 평좌로 앉아도 무방하다.

2) 척추를 곧게 편다.

- 앉아서, 꼬리뼈에서 허리까지를 바닥과 수직이 되게 편다.
- 척추가 동전을 쌓아놓은 것처럼 바르게 되도록 한다.

3) 손의 갈무리법

- 손은 법계정인을 해서 단전 아랫부위 몸의 중심선에 놓거나
- 발 위에 편안하게 올려놓는다.

- 금강인을 할 때는 양손을 양 무릎 위에 편안하게 내려놓는다.

4) 어깨의 갈무리법

- 어깨는 좌우로 충분하게 이완한다.
- 팔꿈치를 옆으로 약간 벌려 준다.
- 그러면 양쪽 겨드랑이에 공간이 생긴다.
- 겨드랑이가 짝 달라붙도록 해서는 안 된다.
- 독수리가 날개를 둥글게 말아서 벌린 것에도 비유된다.

5) 머리의 갈무리법

- 머리를 바르게 한다.
- 턱은 약간 당겨서 정수리가 천정을 곧바로 향하게 한다.
- 경추(뒷목)가 살짝 위로 당겨지는 듯하게 하고 편안하게 한다.

6) 눈의 갈무리법

- 두 눈은 반개半開한다.
- 눈을 감고 편안하게 이완한 상태에서 가볍게 떴을 때 가장 편안한 상태.
- 안구에 힘을 주어 정면을 응시하기보다는 편안하게 적당한 거리에 시선을 던져 놓듯이 한다.

7) 혀의 갈무리법

- 혀는 입천정에 가볍게 붙인다.
- 혀끝과 가장자리가 윗니 뿌리 부분에 가볍게 대어진 상태.
- 혀의 가운데 부분에는 아주 작은 공간이 생긴다.

※주의할 점
- 자세를 바르게 하려고 과도한 힘을 주지 말 것.
- 힘은 자세를 유지하기 위한 만큼만 필요하다.
- 전체적으로 편안하고 안정감이 느껴지는 것이 좋다.

## 저자 소개

—

1960년생. 산보다는 도시를 좋아하는 게으른 재가 수행자.
간화선을 기반으로 티벳의 족첸과 포와, 마하시, 술륜, 쉐우민 전통의
위빠사나를 섭렵. 현재, 필요에 따라 간화선, 위빠사나, 티벳명상 등을
융합해서 수행을 안내하고 있다.
오랜 시간 극심한 내적 갈등으로 힘들어하다가
20대 중반 무렵 송광사의 일각 스님을 만나
마음을 내어놓으라는 한마디에 앞뒤가 꽉 막혀
주장자로 얻어맞은 후부터 고질병처럼 굳어져 있던 가슴의 울분이
급속히 녹아내리는 경험을 통해 선(禪)에 입문.
1991년 무렵, 불자가 아닌 분들을 위해
참선을 경험할 기회를 만들어 드리겠다는 열망에
처음으로 서울에서 요가와 참선 수행 안내를 시작.
1992년, 1993년부터 기회가 되는 대로
위빠사나와 티벳 명상을 수행하기 시작했는데
이 경험은 수행에 대한 새로운 안목을 갖는 계기가 되었고,
참선에도 큰 도움이 되고 있다.
1997년, 불가피한 인연으로 PC통신 유니텔의 불교동호회 활동을 시작.
온라인 모임의 한계를 넘기 위해
매주 한 번씩 오프 모임으로 참선 소모임 진행.
2000년 무렵부터는 동호회 도반들과 3년 넘게
선지식 초청 대법회를 10차례 개최하고
2005년쯤 법회에 모셨던 선지식 중 수행자의 상태에 따라
화두 외의 방편까지 폭넓게 쓰시는 축서사 무여 스님을
동호회 도반들과 찾아뵙고, 가르침을 청한 인연이 지금까지 이어짐.

【 이슈별 주요 활동 】

불교 전문 호스피스 봉사자 양성 교육 – 사회복지법인 연화원
세월호 희생자 유가족과 함께하는 명상 – 소비자생활협동조합 양천아이쿱
중증 장애 아동 가족과 함께하는 명상 – 명상나눔협동조합
고등부 인성 계발 교재인 안다미로에 명상 프로그램 개발 – 법무부 프로젝트
미 콜로라도주립대학 사회심리학 피진스키 교수팀과 명상과 공포에 관한 연구 참여
생명과 음식 그리고 온전한 식사법 – 우프코리아(wwoofkorea)
내부제보자 가족연대 힐링 명상 – 내부제보자연대 외

【 현재 주요 활동 】

축서사 토요정진회 참선 법회 초심자반 참선 안내
축서사 불교대학 '삶과 수행' 출강
KBS 명상동아리 명상 안내
행복한 삶을 위한 생활명상 프로그램 개발 중
서울 목동에서 축서사 문수선원 서울 모임 참선 수행 안내 외

【 네이버 카페 】

당신이 길입니다(https://cafe.naver.com/mediteacher)